뒤늦게 발동걸린 인생들의 이야기

뒤늦게 발동걸린 인생들의 이야기

초판 발행   2013년 10월 22일
4판 1쇄   2023년 1월 25일

지은이   김덕영
펴낸이   임수영
발행인   김덕영
인 쇄   삼아인쇄
디자인   소호디자인
마케팅   다큐스토리
문 의   010-4732-7001
이메일   docustory@gmail.com
홈페이지 http://www.2twohomes.com
블로그   http://blog.naver.com/altna84
페이스북 https://www.facebook.com/altna84
인스타그램 https://www.instagram.com/kimpdbook

발행처   다큐스토리 출판사
출판등록   2011년 11월 18일

ISBN 979-11-951271-0-8(03800)

이 책은 저작권법에 따라 보호받는 저작물이므로 무단전재와 무단복제를 금하며,
이 책 내용의 전부 또는 일부를 이용하려면 반드시 저작권자의 동의를 받아야 합니다.

뒤늦게 발동걸린 인생들의 이야기

지은이 김덕영

다큐스토리 출판사

'모든 책에는 고유한 운명이 있다.'
'Habent sua fata libelli'

- 차례 -

프롤로그: 지금과는 다른 인생, 그 두 번째 인생을   9
            살기엔 아직도 시간이 충분하다

제1장. 늙은 개에게는 새로운 기술을 가르칠 수 없다?

별들을 향해 목표를 세워라	17
전략적인 나이 먹기, 내 손으로 미래를 만들자	27
늙은 개에게는 새로운 기술을 가르칠 수 없다?	35
1,009번 닭을 튀긴 남자	44
차가운 돌 위에 3년	58
우리의 과거는 서막에 불과할 뿐이다	71
생기발랄한 창조와 혁신이 청춘의 전유물은 아니다	87
세상을 바꾼 위대한 아마추어들	99

제2장. 인생의 시계를 거꾸로 돌린 사람들

시계 거꾸로 돌리기 실험	105
78세에 처음 붓을 잡고 화가가 되다	115
취미 없는 인생, 재미도 없다	129
딸을 위해 55세에 구두 장인에 도전	135
살아남기 위해 평생의 상처와 맞서다	145
아흔 살 오케스트라 지휘자들	155
무대와 여인을 사랑했던 100세 코미디언	173

제3장. 평생 공부가 장수의 비결이었다

꿈을 위해 15개 언어를 마스터하다	185
두뇌는 늙지 않는 신체의 유일한 장기다	201
80살에 그리스어 공부에 도전했던 카토	213
경이로운 80대들	223
노년에 즐겁게 배운 것은 죽어도 썩지 않는다	226
취미와 건강은 닥쳐서 해결할 수 있는 문제가 아니다	229
영국 할아버지 미스터 퍼펙트(Mr.Perfect)와의 만남	232
평생공부가 장수의 비결이다	246
독서가 뇌세포를 살린다	249

제4장. 여행을 통해 인생을 배우다

별빛을 받으며 순례자의 길을 걷다	255
보고 싶습니다. 아버지...	261
봉 브와야지(Bon Voyage), 여행자들의 주기도문	275
Bike Ergo Sum. 자전거를 탄다, 고로 나는 존재한다	285
이야기를 싣고 달리는 유럽의 야간열차	290
북스토어 트래블(Bookstore Travel)	296
체크포인트 찰리, 베를린 시민들의 역사 수업	306
내 인생에 힘을 준 여행 친구들	316

에필로그: 제2의 인생을 위한 의미 있는 변화의 데이터들   327

프롤로그: 지금과는 다른 인생,
그 두 번째 인생을 살기엔 아직도 시간이 충분하다

인생에서 성공을 거둔 사람들 중에는 의외로 늦은 나이에 자신의 인생 좌표를 수정해서 원하는 목표를 이룬 사람들이 많다. 이 책은 바로 그들, 늦은 나이에 두 번째 인생을 성공적으로 완수한 사람들에 관한 이야기다.

그들은 남들이 늦었다고 생각하는 순간부터 다시 출발선에 있다. 나이가 들었다는 이유로 포기하거나 시간이 주는 초조함이나 불안감 때문에 좌절하지도 않았다. 오히려 자신 앞에 펼쳐질 새로운 인생에 대한 기대와 희망으로 숱한 난관을 이겨냈다. 늦었다는 생각은 애초부터 하지 않았다.

그 결과 그들이 살아간 두 번째 인생은 놀랍도록 화려했다. 심지어 어떤 이들에게는 상상할 수 없을 정도로 커다란 부와 명예가 기다리고 있었다. 평범하고 무료했던 그들의 첫 번째 인생과 비교하면 엄청난 변화였다. 그들에게는 사업의 실패나 은퇴, 명예퇴직 등으로 사회적 활동에서 물러나야 했던 순간이 오히려 자신의 숨겨진 능력을 발견하는 계기였다.

　인생의 위기가 닥쳤을 때 그들은 포기하지 않고 문제의 해결책을 찾기 위해 노력했다. 그 과정은 치열했고, 끊임없는 자기 혁신의 과정이었다. 게다가 그들은 철저한 낙관주의자들이었다. 그들은 스스로를 이렇게 다독거렸다.

'때로는 말이야.
뒤늦게 발동이 걸리는 인생도 있는 법이야!
꿈은 젊은애들만의 특권이 아니라구!'

　나는 이번 글을 쓰기 위해 우리가 익히 잘 알고 있는 위인과 영웅들, 예술가와 지식인들의 삶에 주목했다. 수많은 전기와 자료들을 찾아서 그들의 인생에서 성공의 전환점이 되었던 순간들을 꼼꼼히 살펴봤다. 그리고 그 결과 한 가지 결론에 도달했다. 그것은 인간에게 있어서 꿈이란 젊었을 때에만 효력을 발휘하는 것이 아니라는 점이었다. **꿈에는 유통기한이 없었다.**

　우리는 무의식적으로 꿈이나 도전과 같은 단어들을 오직 젊은 시절의 특권이자 전유물로 여기고 있다. 새로운 혁신을 이끌어 내거나 남들은 생각하지 못한 기발한 아이디어, 세상을 깜짝 놀라게 할 창조성은 오직 청춘시절에나 가능한 것이라고 여기고 있는 것이다. 하지만 이것처럼 어리석은 생각도 없다. 적어도 그런 얘기들은 '뒤늦게 발동걸린 인생들'에게는 전혀 어울리지 않는 것들이었다.

어차피 인간은 영원히 무언가를 꿈꾸고 갈망하는 존재다. 숨이 끊어질 때까지 인간의 마음속에는 무언가 간절히 원하는 것이 존재하고 있다. 그래서 미련도 있고 아쉬움도 많은 것이 인생이다. 하지만 그런 꿈이 있기에 우리의 삶은 쉼 없이 전진한다.

꿈이 젊은이들만의 특권이란 근거는 아무데도 없다. 그것은 우리가 젊었을 때 만들어낸 편견이다. 청춘의 특권을 누리기 위해 어리석게도 우리가 스스로 만들어낸 편견이다.

그래 이제부터 좀 솔직해지자. 혹시라도 그 편견의 덫에 걸려 넘어진 적은 없는가? 젊은 시절 한때만 꿈꿀 수 있는 게 진정한 꿈이라 믿고 있다면, 당신도 지금 편견의 덫에 걸려 허우적거리고 있는 것인지 모른다. 먼저 우리의 발목을 붙들고 있는 덫을 걷어치우자.

남들보다 조금 늦었지만, 뒤늦게 새로운 인생을 향해 발동이 걸린 사람들에게는 그런 솔직함과 용기가 있었다. 꿈을 달성하는 것은 그

다음 문제다. 우선 먼저 각자의 꿈을 회복하자. 어차피 꿈은 영원하다. 열정만 있다면 우리가 삶을 마감하는 순간까지 꿈은 우리 곁에 있다. 열정 없이 삶을 마감하는 비참한 인생도 없을 것이다. 모든 것은 우리 마음 먹기 나름이다. 로마의 황제 마르쿠스 아우렐리우스는 이렇게 말했다.

"우리의 생각이 우리의 인생을 만든다."

내친김에 아우렐리우스에 관한 에피소드 하나를 더 소개 하겠다. 어쩌면 그가 말했던 '우리의 생각이 우리의 인생을 만든다'는 명언은 그가 살면서 경험했던 처절한 실패의 교훈들로부터 비롯되었는지도 모른다. 그 이야기는 그가 로마의 대군을 이끌고 게르만족을 정복하러 갔을 때로 거슬러 올라간다.

오래도록 숲속에서 터를 잡고 살던 민족 게르만족은 로마인들에게는 그저 야만족에 불과했다. 하지만 그런 야만족들 때문에 로마는 한때 큰 고통을 당했다. 들불처럼 대륙을 점령해 나가던 로마 제국이 한갓 숲속의 야만족 때문에 진군의 발걸음을 멈춰야 했던 것이다. 결국 로마의 황제 마르쿠스 아우렐리우스는 자신이 직접 로마의 정예 병사들을 이끌고 전투에 참여한다. 그리고 게르만족들의 기를 꺾기 위해 그는 아프리카 식민지에서 데리고 온 굶주린 사자들을 숲속에 풀어놓는다.

배고파 성난 사자보다 게르만족에게 위협적인 것도 없을 것이라 여겼다. 드디어 성난 사자들을 묶고 있던 밧줄이 풀리자 사자들은 정신없이 먹잇감을 찾아 숲속을 누비기 시작했다. 로마의 병사들은 이제 곧 벌어질 사자들의 잔혹한 살육의 장면을 떠올리며 미소를 지었다. 그런데 숲속에서는 모두의 예상을 깨는 일이 벌어졌다. 사자를 처음 본 게르만족들은 처음에는 동물의 정체를 몰라 어리둥절했다. 모두가 허둥대고 있던 바로 그때, 게르만족의 장군 하나가 나타나 이렇게 외쳤다.

"저건 로마의 개다!"

사자를 사자가 아니라 개라고 외친 순간, 병사들의 두려움도 사라졌다. 그저 매일같이 봐오던 개일 뿐이라는 말 한 마디에 전세는 역전되었다. 그 말 한 마디에 게르만 병사들은 사자들에게 달려가 말 그대로 개 패듯이 두들겨서 잡았다. 사자의 성난 발톱과 날카로운 이빨도 게르만 병사들에게는 두려움의 대상이 될 수 없었다. 그들에게는 그저 집에서 키우는 개에 불과했던 것이다. 로마군이 그날 전투에서 대패했음은 두 말할 나위가 없다.

이 일화는 우리의 사고방식 하나가 행동에 얼마나 중요한 영향을 미치는가를 잘 보여주고 있다. 사자를 개 패듯이 두들겨서 몰살시켜 버린 게르만족들의 모습을 지켜보면서 로마의 황제는 인간의 의식보다 더 강하게 인간의 삶과 운명을 결정짓는 것도 없다는 진리를 깨달았다.

우리가 '뒤늦게 발동 걸린 인생'들의 이야기에 주목해야 하는 이유도 바로 여기에 있다. 그들은 생각부터 달랐다. 그들은 나이가 들수록 나이를 잊으려 했고, 이미 늦었다는 생각은 머릿속에서 깔끔히 지워버렸다. 마치 자신을 잡아먹으러 달려오는 로마의 사자 앞에서 '저건 로마의 개'일 뿐이라고 외친 게르만 장군처럼 자신의 운명 앞에 당당히 맞섰다.

나이가 얼마가 되었든 사람은 자신이 간절히 원하는 것을 위해 노력할 때 언제든지 땀을 흘린 보상을 받는다. '뒤늦게 발동걸린 인생들'의 삶이 그 사실을 입증하고 있다.

지금까지 자신이 살아온 인생이 조금은 시시해 보이고 성취한 것이 없다고 좌절할 필요가 없는 이유도 여기에 있다. 오히려 당신은 화려하게 펼쳐질 자신의 두 번째 인생을 기다리며 첫 번째 인생을 숨죽여 참고 기다려 온 것은 아니었을까.

누구에게나 두 번째 인생을 차근차근 준비하는 사람들에게는 새로운 기회가 기다리고 있다. 무엇보다 부정할 수 없는 것은 우리에게는 살아갈 남은 시간이 아직도 많다는 것이다.

누군가 해냈다면, 분명 우리도 해낼 수 있다. 지금부터 우리는 그들의 뒤늦게 발동걸린 인생 속으로 시간여행을 떠나려고 한다. 어쩌면 이곳에서 소개한 성공한 사람들보다 당신에게는 더 많은 시간과 기회가 존재하고 있는지도 모른다. 그게 가장 중요한 사실 아닐까. 누구에게나 올 멋진 신세계, 지금 그 두 번째 인생을 뛰는 가슴으로 맞이하자.

제1장.
늙은 개에게는
새로운 기술을 가르칠 수 없다?

별들을 향해 목표를 세워라.
당신의 영웅이 보일 것이다.

　우선 간단히 당신이 알고 있는 유명한 인물 몇 명을 거론해 보겠다. 보통 우리가 위인이라고 부르는 익히 잘 알려진 인물들이다. 사실 그동안 우리는 성공한 삶을 살았던 이들을 말할 때 그들이 이룬 업적이나 결과만을 이야기해 왔다. 하지만 잠시 시선을 돌려 그들이 성공에 이르기까지의 과정에 초점을 맞춰보자. 이럴 경우 몇 가지 새로운 사실들이 등장한다. 그것은 바로 그들이 매우 늦은 나이에 성공의 문턱에 도달했다는 사실이다. 오늘날의 나이로 치면 4,50대는 기본이고 심지어 7,80대에 원하는 성공적인 삶을 살기 시작한 사람도 있다.

　중요한 것은 남들은 이미 늦은 나이라고 포기해 버리는 연령대에 이르러서도 그들은 결코 자신의 꿈을 포기하지 않았다는 사실이다. 그들은 말 그대로 나이는 숫자에 불과하다고 생각했다. 하지만 이런 작은 생각의 변화가 가져온 결과는 실로 엄청났다.

먼저 르네상스 시대의 천재적인 예술가 미켈란젤로부터 시작해 보도록 하겠다. 그가 이탈리아 피렌체의 라우렌치아나 도서관을 설계할 당시 그의 나이는 55살이었다. 평균수명이 지금보다 절반밖에 되지 않았던 당시의 상황을 감안한다면, 55살이라는 나이는 꽤나 늦은 나이였다.

하지만 그것은 시작에 불과했다. 63세에는 성 베드로 성당 건축을 시작했다. 그가 성당 건축을 맡게 되었을 때, 나이가 들어서 노쇠해진 그에게 성 베드로 성당 건축처럼 막대한 비용이 드는 큰 공사를 맡기는 것이 적절한지 회의적인 시각을 갖는 사람들이 있었다. 그는 그들에게 이렇게 말했다.

"나는 지금도 계속 배우고 있다. 천재란 곧 끝없는 인내심이다."

나이 들어감을 배움과 동일시 했고 괜히 나이가 많다고 허세를 부리지 않았다. 오히려 자신의 경험과 지식을 겸손하게 사람들과 나누려고 했다. 덕분에 그는 반대 여론을 물리치고 계속해서 창조적인 작업에 매진할 수 있었다. 그렇게 해서 노년에 이르러 그의 역작인 '천지창조'와 '최후의 심판'이 탄생했다.

작업은 끝이지 않고 이어졌고 성 베드로 대성당의 반구형 지붕이 완성되었을 무렵 그의 나이는 무려 88세였다. 4,50세만 되도 늙었다고 생각되던 시절, 그는 90세 가까운 나이까지 혈기왕성한 창조 작업에 몰두할 수 있었다. 문학에서는 독일의 작가 괴테가 이런 범주에 들어간다. 그가 〈파우스트〉를 완성했을 때, 이미 그의 나이는 죽음 직전에 이른 83세였다. 하지만 그는 나이가 들어서도 항상 변화하고자 했다. 새로워지고 거듭나지 않으면 마치 돌덩이처럼 머리가 굳어버린다고 생각했다.

괴테에게는 특히 여행이 중요한 의미를 지니고 있었다. 〈젊은 베르테르의 슬픔〉으로 한창 인기를 얻어가던 시기, 그는 자신의 주변에서 다가오는 안락함에서 벗어나고자 무작정 이탈리아 여행길에 올랐다. 덜컹거리는 마차를 타고 몇 달 동안 독일에서 이탈리아의 여러 도시들을 여행하면서 괴테는 진정한 자신의 내면과 대화를 시도했다. 불편하고 고생스런 여행을 통해서 그는 자신의 자만과 싸워나갔다. 그가 여행을 하면서 하루하루 써내려간 일기 형식의 책 〈이탈리아 여행기〉는 그렇게 해서 그가 가장 사랑하고 아끼는 책이 되었다. 그는 그 여행을 통해서 대중적인 인기 작가에서 인류의 위대한 사상가로 거듭나는 계기를 맞이했다. 80대까지 오랜 작가 생활로 장수할 수 있었던 결정적 계기는 바로 괴테가 자기 자신을 찾아 떠난 이탈리아 여행에서 찾을 수 있다.

미국에서는 발명왕 토머스 에디슨의 삶이 이들과 유사했다. 그는 지금까지 역사상 가장 많은 특허출원을 한 사람으로 기록되어 있을 정도로 수많은 발명품을 남겼는데, 그가 마지막 1,093번째 특허를 신청할 당시 그의 나이는 83세였다. 그는 말 그대로 불굴의 사나이였다. 에디슨이 백열전등을 발명할 당시, 그는 자신이 성공에 대한 믿음을 잃어버리지 않기 위해 실패한 실험들을 기록에 남겼다. 그리고 그 기록들을 깨기 위해 자신과 싸웠다. 그가 남긴 노트에는 '1만 번의 실패'에 대한 기록이 꼼꼼하게 적혀 있었다. 천재는 1%의 영감과 99%의 땀과 노력으로 이뤄진다는 말이 허세가 아니었음을 실감할 수 있는 대목이다.

과학자이자 정치가였던 벤자민 플랭클린은 여러 가지 과학적 실험과 발명을 성공시켜 과학사에 괄목할 만한 업적을 남겼다. 특히 그가 이중초점 안경을 발명했을 당시, 그것은 바로 자기 자신을 위한 발명품이었다. 그의 이중초점 렌즈는 노화로 인해 시력감퇴를 스스로 극복하려 했던 벤자민 플랭클린의 눈물겨운 자구책이었다. 앞이 보이지 않고 점점 침침해져가는 자기 눈을 위해 그는 시간을 아끼지 않았다. 그때 그의 나이가 78세였다.

뿐만 아니라 미국 건국의 아버지로 추앙받는 그가 고작 비누제조업자의 아들로 태어나 대학교육은 고사하고 고등학교 정도의 교육밖에 받을 수 없었다는 사실 또한 흥미로운 사실이다. 그가 나이 들어서까지 결코 자신의 인생과 목표를 포기하지 않을 수 있었던 것은 바로 이런 젊은 시절의 역경을 이겨낸 불굴의 정신에서 찾아볼 수 있다. 나이를 먹는다는 것은 인격이 성숙해지고 지적으로 더욱 발전하는 것이라는 믿음을 그는 한 번도 잃어버린 적이 없었다.

음악가들 중에도 노년에 이르러 인생의 빛을 발한 인물들이 상당수 존재한다. 폴란드 출신으로 미국에 망명해서 활동했던 오케스트라 지휘자 레오폴드 스토코프스키는 95세로 생을 마감하는 마지막 해까지 지휘봉을 놓지 않았다.

그런데 이런 스토코프스키의 기록보다 더 오래 활동하겠다고 결심한 일본의 음악가도 있었다. 비록 아쉽게도 기록 갱신을 한 해 앞두고 기력이 다해 지휘봉을 놓긴 했지만, 그는 94세까지 NHK 교향악단을 비롯해서 일본의 대표적인 오케스트라들을 지휘했다. 아사히나 다카시라는 인물이 그 주인공이다.

놀라운 것은 그의 전공이 음악과는 전혀 무관했다는 점이다. 그가 대학에 입학 당시, 전공은 법학과 철학이었다. 대학을 졸업하고 얻은 첫 직장은 철도 회사였다. 음악과 전혀 무관 한 인생을 살던 그는 오케스트라에 매료되어 어느 날 음악가의 길로 접어들었고 그가 선택한 제2의 인생을 음악에 바쳤다.

전 세계 주요 도시들에 거미 조각상들을 하나씩 설치해 놓은 작가로 유명한 여성 조각가가 있다. 바로 루이 브루주아라는 예술가이다. '마망'(maman)이라 이름 붙여진 그녀의 거대한 청동거미 조각상은 그녀를 20세기 가장 유명한 조각가의 반열에 오르게 해주었다. 이전까지 그녀의 삶은 그녀 스스로도 느낄 정도로 비참했다. 그녀는 놀랍게도 99세까지 살면서 창작활동을 멈추지 않았다.

1998년 〈타임〉지가 세기의 무용가라 극찬했던 마사 그레이엄은 극심한 우울증으로 젊은 나이에 무용을 포기해야 했다. 그러나 그 모든 정신적 갈등과 고뇌를 극복하고 화려하게 무대 위로 복귀했다. 그녀가 무용단 감독직을 맡으면서 다시 무용계 복귀를 선언했을 때, 그녀의 나이는 78세였다. 그녀는 생의 마지막 순간까지 무용계를 깜짝 놀라게 했고, 여러 편의 수준 높은 작품들을 제작한 뒤 아름답게 생을 마감했다.

독일의 철학자 임마누엘 칸트는 평생 자신의 서재에 머물면서 인생을 마쳤다. 그는 비록 한 번도 제대로 된 여행을 하지 않았지만 세계를 정신으로 이해하고 가슴에 품었던 위대한 사상가였다. 그의 역작 〈순수이성비판〉이 처음 출간되었을 때 그의 나이는 57세였고 뒤이어 64세에는 〈실천이성비판〉이 쓰여졌다. 그렇게 이어진 칸트의 관념철학은 66세 세 번째 역작인 〈판단력비판〉으로 마무리가 되었다. 그는 78세를 일기로 조용히 자신의 집에서 세상을 떠났다. 평생 자신의 서재를 떠나 여행 한 번 한 적도 없었지만, 그는 독서와 지성의 힘으로 세계와 시간을 초월한 여행을 했다. 그는 인간의 이성적 활동이 노년에 이를수록 더욱 빛을 발한다는 사실을 스스로 입증하고 세상과 작별을 고했다.

러시아의 문호 도스토예프스키가 남겨놓은 〈악령〉과 〈카라마조프가의 형제들〉과 같은 작품들은 그의 60년 인생에서 가장 막바지에 완성됐다. 영국의 건축가 프랭크 로이드 라이트가 구겐하임 미술관을 설계했을 당시 그의 나이는 90세였다. 그는 노년의 나이에도 공사가 진행되는 스페인 구겐하임의 건설 현장을 늘 지켰다고 한다 평소에는 제대로 서 있을 기력도 없었던 사람들도 창작의 열정에 불이 붙으면 어디선가 힘이 솟구치는 경험을 한다고 한다. 그들이 바로 그랬다.

여기서 한 가지 흥미로운 것은 그들이 평범한 사람들보다 장수했다는 사실이다. 지금과는 비교도 할 수 없을 정도로 평균수명이 짧았던 과거에도 지성과 교양을 갖춘 작가와 예술가들은 남들보다 더 오래 살면서 활력 넘치는 인생을 살았다.

40대 후반이면 삶을 마감해야 했을 정도로 평균 수명이 짧았던 15세기, 모나리자를 완성시킨 레오나르도 다빈치의 나이는 당시로서는 노년에 해당하는 50세였다. 그는 67세까지 생존했다. 아이작 뉴턴 역시 당시 사람들보다 훨씬 늦은 나이인 85세까지 생존하면서 인류를 위한 위대한 사상과 이론을 창조했다.

'뒤늦게 발동걸린 인생들', 그들에게는 여러 가지 공통점이 발견되지만, 역시 가장 우리의 시선을 끄는 것은 그들이 끝까지 갖고 있던 삶에 대한 무한한 열정이다. 그들은 늘 새로운 것에 대한 호기심과 배움에 대한 열정으로 가슴 뛰는 인생을 살았다. 그들은 늘 뭔가를 배우는 것에서 즐거움을 찾았다. 그래서 다빈치는 라틴어와 그리스어로 된 고전을 읽기 위해 40대부터 그 언어들을 독학으로 공부하기 시작했다. 언어를 배우는 것은 새로운 세계를 체험하는 것이라고 믿었던 그에게 나이는 중요하지 않았다. 비슷한 예는 고대 로마 시대에도 찾아볼 수 있다. 고대 로마의 정치인이었던 카토는 고대 그리스 원전을 읽기 위해 80세의 나이에 그리스어 공부를 시작했다고 〈플루타르코스 영웅전〉은 기록하고 있다. 그들에게 배움은 끝이 없었고, 그 배움의 길에서 그들은 늙을 시간조차 없었다. 두렵고 공포로 가득 찬 미지의 세계에 대한 도전을 통해서 그들은 늘 삶을 발전시켰다. 그래서 위대한 노년을 살다간 다빈치는 말년에 자신의 젊은 제자들에게 이런 말을 남겼다.

"하늘의 별을 지표로 삼으면 어떤 폭풍우가 와도 길을 잃지 않고 항해할 수 있다."

인간이 살아가면서 왜 살아야 하는지, 무엇을 의지하며 살아 가야 하는지, 인간에게 삶의 목적이란 것이 얼마나 소중한지를 깨닫게 해주는 말이다.

결국 인생은 어떤 위치, 어떤 상황 속에서도 자신의 마음먹기에 따라 결정된다는 평범한 진리를 이들은 우리에게 보여 주고 있다. 단지 나이가 들었기 때문에 기력이 약해지고 새로운 것을 창조할 수 있는 열정이 식을 거라는 편견은 그래서 잘못된 오해에 불과하다. 나이가 들어서도 새로운 것에 호기심을 잃지 않고 새롭게 변화하려는 마음만 있으면 이들처럼 언제든지 활기찬 인생을 살 수 있다.

꿈을 이루기 위해서는 자신이 원하는 인생을 살다간 사람들을 거울처럼 돌아보아야 한다. 삶을 모방하고 싶은 위인, 나만의 영웅, 내 인생의 별들이 자리 잡고 있는 곳으로 인생의 좌표를 맞추는 일은 그래서 성공을 향한 가장 의미 있는 첫 걸음이다.

전략적인 나이 먹기
내 손으로 미래를 만들자

사람이 평생을 살면서 정말 간절히 원하는 것이 있다면 그것은 언젠가는 반드시 이뤄진다. 아니 이뤄지도록 노력해야 한다. 그래야 후회 없는 인생을 살았다고 말할 수 있을 것이다. 그런 점에서 경영학의 대가이자 훌륭한 구루(guru; 정신적 지도자)이기도 했던 피터 드러커의 말은 명언이 아닐 수 없다.

"미래를 예측하는 가장 좋은 방법,
 그것은 미래를 자기 손으로 만들어 가는 것이다"

차라리 미래를 만들어낼 수 있다면, 다가올 미래를 가만히 앉아 기다릴 필요도 없다. 누구나 자신의 미래가 어떻게 전개될지 알고 싶어 하지만, 막상 미래를 어떻게 만들어가야 할지 정답을 찾기란 쉽지 않다. 게다가 중년에 접어들면서부터 몸은 예전 같지 않고 새로운 정보를 찾아서 책이라도 읽으려면 침침해진 눈 때문에 오히려 스트레스만 커진다. 이것이 현실이다. 그러니 감히 어떻게 미래를 만들어갈 수 있겠냐고 스스로 포기하게 된다. 바로 그 순간부터 우리는 덫에 갇힌다.

몸의 변화가 생각의 변화를 몰고 온다. 그리고 그때부터 자신의 미래에 대한 생각은 곧 죽음에 대한 인식과 교차된다. 죽음을 깨닫는 순간부터 인간은 성찰적인 존재가 되기도 하지만 '역시 나이는 못 속인다'고 말하며 자기 앞에 장벽을 세운다. 혈기왕성하게 뛰어다니던 젊은 시절과는 달라진 자신을 발견하고 소스라치게 놀란다. 하지만 어차피 차분히 거울 앞에서 서서 자신의 과거를 돌아보고 남은 미래를 준비 하는 시기가 바로 중년다운 삶의 모습이다. 삶을 관조할 수 있는 능력이 주는 매력적인 모습이다.

'뒤늦게 발동걸린 인생'들에게도 당신과 똑같은 시기가 있었다. 그들에게도 아침의 햇살조차 뜨거울 정도로 눈이 부시고 따갑게 느껴지던 때가 있었다. 몸이 말을 안 듣고 천근만근 무겁게 느껴지던 하루하루, 과연 내 안에 목표를 향해 앞으로 나아갈 힘이 남아 있는지 의심이 들기도 했다. 그럴 땐 앞이 캄캄했다. 아무 것도 보이지 않는 어둠 속에서 홀로 항해를 하는 기분도 들었다. 그래서 그들은 자신의 별을 찾았다. 캄캄한 밤하늘에 떠 있는 북극성이 길을 잃은 항해사들의 길잡이 되어주듯이 그들은 인생이란 항로에서 별을 통해 길을 찾았다. 그 별들이 그들에게는 스승이었고 우상이었다.

뭔가 새로운 변화를 꿈꾸고 있다면 우선 남보다 먼저 그 길을 걸어간 별들의 자취를 찾아내야 한다. 그 흔적을 찾는 길에서 이미 변화는 시작된다. 별빛이 가리키는 언덕 너머로 우리가 가보지 못한 미지의 세상이 기다리고 있다. 영웅은 거창한 이름이 아니다. 두 번째 인생을 향해 도전할 채비를 하고 있는 당신에게 가장 필요한 영웅은 당신이 하려고 하는 바로 그것을 먼저 해낸 사람들이다. 별이 있는 곳, 그곳에 분명 당신의 영웅이 기다리고 있다. 그것이 가장 효과적이고 전략적인 나이를 먹어가는 방법이다.

어차피 젊었을 때 통했던 방식은 더 이상 통하지 않는다. 그러니 꿈을 찾아가는 방식 또한 달라져야 한다. 2,30대 청춘처럼 그대로 무작정 물불 안 가리고 아무 일이나 달려들 수도 없는 노릇이고, 성공을 바라며 모든 것에 판돈을 걸 수도 없는 노릇이다.

중장년층과 노년층을 위해서는 그들만의 특별한 성공 전략이 마련되어야 한다. 이것을 위해 먼저 자신이 바라는 이상적인 삶을 찾는 일이 필요하다. 아무리 여생이 많이 남았다고 해도 효율적이고 합리적으로 시간을 관리하지 않으면 낭패를 볼 수밖에 없다. 전략적으로 늙기 위한 방법. 그것은 바로 자신에게 가장 적합하고 존경

할 만한 인물과 그들의 삶에 초점을 맞추는 일이다. 그들의 삶은 늙는다는 것이 얼마나 전략적인 사고가 필요한 것인지를 잘 보여주고 있다.

우선은 늙는다는 것, 노화라는 것이 갖고 있는 부정적 인식부터 지워버려야 한다. 그걸 위해서 우선 사람들이 왜 노화에 대해서 부정적인 인식을 갖게 되었는지를 꼼꼼히 따져볼 필요가 있다. 노화에 대한 인식이 어떻게 변화해 왔는지를 따져볼 필요가 있는 것이다.

사실 늙는다는 것에 대한 부정적인 인식이 생겨난 것은 그리 오래된 일이 아니다. 살아가는 데 경험이 우선시 되던 그 옛날에는 경험이 많은 족장이나 연장자들이 부족의 운명을 거머쥐고 있었다. 먹고 살기 위해서는 그 노인들의 말을 들어야 했다. 어디를 파야 물이 나오고, 곡식은 어떻게 거두는지, 또 어떻게 덫을 놔서 사냥감을 안전하게 잡을 수 있는지 그런 생존의 지혜는 모두 노인들의 머릿속에만 간직 되어 있었다. 적어도 과학이 세상을 지배한다는 자만에 빠지기 전까지 인류의 문명은 노년의 지혜로 구성됐다. 모든 것이 그 늙은 노인들에게서 나왔고 결과 역시 다시 노인들에게로 돌아갔다.

그런데 기계문명이 발달하면서 노인의 경험 따위는 아무것도 아닌 것이 되어버렸다. 예측가능한 과학적 기술문명 속에 노년의 가치란 급격히 와해됐다. 산업화가 이뤄지고 새로운 기술과 첨단과학이 중심이 되는 물질중심의 가치관이 자리를 잡아가면서 늙는다는 것은 일종의 죄악이었다. 더 이상 노인들에게 어디를 파야 물이 나올지, 어떻게 먹잇감을 구해야 하는지 물을 필요가 없어져버린 것이다. 노인들의 경험과 지혜는 이제 수학과 물리학, 화학과 기계공학과 같은 과학적 도구에게 왕좌를 넘겨줘야 했다. 그렇게 서서히 오랜 세월 다져진 노년의 지혜가 설 자리를 잃어갔다.

게다가 근대 사회의 성공 신화는 육체의 힘과 무관하지 않다. 나이가 들어 몸에 힘이 빠진 노년들은 효율성이 떨어지는 존재로 여겨졌다. 역경을 헤치고 성공의 계단 위로 오르기 위해서는 무엇보다 계단을 뛰어오를 수 있는 튼튼한 두 다리와 힘이 있어야 했다.

성공을 향한 도전과 열정은 오직 젊은이들에게만 주어지는 특권이라는 편견이 생겨난 것도 이 시기다. 게다가 18,9세기 일어난 유럽의 낭만주의는 이런 젊음의 열정을 더욱 신성한 것으로 신비화시키는 계기였다. 혈기왕성한 청춘의 시기에 단 한번 불태울 수 있는 꿈과 사랑, 열정, 그리고 성공이라는 신화가 들불처럼 번져나갔다. 그렇게 젊은 시절 단 한 번 인생에서 기회가 찾아온다는 일회용 성공 신화 앞에서 나이든 노년들은 주눅 든 존재로 전락해갔다. 물질주의와 낭만주의라는 두 축이 몰고 온 사회적 변화의 물결은 거셌다. 그 뒤로는 그 누구도 노년의 말에 귀를 기울일 생각조차 하지 않았다. 노년의 경험과 지혜는 이제 폐기처분의 대상이 되었다.

하지만 만약 인생에서 성공의 기회가 일회용 건전지처럼 단 한 번 쓰고 버려야 하는 것이라면, 인생 사는 재미가 있을까. 역전이 없는 경기가 재미 없듯이, 뒤집지 못하는 인생만큼 재미 없는 드라마도 없다. 무엇보다 그런 게 인생이라면 너무 허무하지 않을까.

꿈을 향해 도전하고 달콤한 성공의 결과를 기대하는 것은 나이를 초월해서 누구에게나 언제든지 주어질 수 있는 것이어야 한다. 성공의 가능성이 언제나 시간을 초월해서 열려있다는 믿음, 그것이 내가 조사하고 만났던 사람들의 공통점이었다.

그들은 이런 믿음으로 자신의 두 번째 다가오는 미래, 자신만의 제2의 인생을 스스로 만들어갔다. 자신이 간절히 원하는 무언가를 이루기 위해서는 자신이 원하는 분야에서 성공한 인물들에게로 초점을 맞춰야 한다. 그들은 당신의 꿈과 성공을 보장하는 가장 빠르고 확실한 길이다. 그들은 곧 당신의 미래이고 당신이 바라는 삶의 모델이다.

지금은 미래의 당신을 위해서, 당신의 마음속을 비추는 별들을 향해서 목표를 세울 때이다. 캄캄한 밤하늘에도 별은 언제나 그 자리에 있다. 다만 어둠과 안개에 가려 우리가 보지 못하고 있을 뿐이다. 이제 주도면밀하게 미래를 준비했던 사람들, 전략적으로 자신만의 노년을 준비했던 뒤늦게 발동걸린 사람들의 이야기 속으로 들어가 보자.

늙은 개에게는
새로운 기술을 가르칠 수 없다?

세상이 노인 천지로 변하고 있는데, 세상에는 노년에 대한 부정적인 인식으로 가득 차 있다. 이런 모순도 또 없을 것이다. 효율성만 추구하는 문화, 지금 당장의 눈앞에 벌어질 이익에만 초점을 맞추는 삶이 지배해 온 결과다. 20세기 초반까지 과학과 기술에 기초했던 산업화 문명 속에서 고령화란 그저 비효율적이고 폐기처분 되거나 교체되어야 할 대상에 불과했다.

이런 노년의 삶에 대한 부정적인 인식을 앞장서서 퍼뜨린 사람들은 놀랍게도 지식인들이었다. 그들은 뇌의 기능이 신체가 노화되는 것과 마찬가지로 늙어가면서 점점 기능이 줄어들고 결국에는 어느 순간 멈춘다고 믿었다.

심지어 최근까지만 해도 인간의 뇌는 더 이상 재생이 불가능한 것으로 여겨졌다. 피부가 다치면 새살이 돋고, 부러진 뼈도 시간이 지나면 다시 붙는다. 심지어 혈액도 늘 새롭게 만들어진다. 하지만 인간의 두뇌를 구성하는 기초 단위인 뇌세포는 새롭게 만들어지지 않는다고 여겨졌다. 여기에는 노년의 부정적 인식을 확산시키려는 악의적인 왜곡이 존재했다.

뇌를 연구하는 심리학자나 과학자들이 노화에 따르는 필수적인 현상으로 두뇌 기능 감퇴를 주장하는 것이 대표적인 경우에 해당된다. 심지어 프로이트도 인간의 뇌가 50대 이후부터 쇠퇴하기 시작한다며 이런 주장을 폈다.

"나이 50세가 되면 일반적으로 심리치료를 가능하게 하는 정신과정의 탄력성이 결여된다. 늙은 사람들은 더 이상 새로운 것을 배울 수 없다."

그러다 보니 뇌는 10대에서 20대를 지나는 시기를 정점으로 최고조에 올랐다가 그 이후부터는 기능이 점차 감퇴되는 것으로 여겨졌다. 그들의 연구에 따르면 인간의 신체 중에서 유일하게 재생이 안 되는 것이 바로 뇌였던 것이다. 하지만 그것은 뇌의 한계가 아니라 뇌를 연구하는 과학자의 한계였다.

역설적이지만 프로이트의 유명한 저서들은 대부분 그의 나이 65세 이후에 씌어졌다. 프로이트 자신도 나이 들수록 더 창조적으로 활동했다는 뜻이다. 프로이트가 '늙은 사람들은 더 이상 새로운 것을 배울 수 없다'며 자신의 정신분석학 연구 원형으로 삼았던 고대 그리스의 희곡 작가 소포클레스의 경우에도 노년까지 혈기왕성한 창작활동을 했다. 프로이트에게 중요한 영향을 미쳤던 희곡 〈오이디푸스〉란 작품은 소포클레스가 71세에 쓴 것이다.

노년에 대한 부정적 인식은 따지면 따질수록 근거가 빈약하다. 일종의 사회적으로 광범위하게 퍼져 있던 편견이 문제였다. 어쩌면 이런 노년에 대한 근거 없는 사회적 편견은 사람들 마음속에 숨겨져 있던 죽음에 관한 왜곡된 욕망에서 기인했다. '늙고 싶지 않다. 죽고 싶지 않다. 늙을수록 죽음과 가까이 간다'라는 죽음에 대한 공포와 두려움과 깊은 관련이 있는 것이다.

그런데 20세기 중반부터 시작된 뇌에 관한 연구들은 기존의 노년기 두뇌 기능에 대해서 새로운 연구 결과들을 내놓기 시작했다. 두뇌 세포는 죽기만 할 뿐 새롭게 생성되지 않는다는 오류를 지적하는 사람들이 하나 둘 나타나기 시작한 것이다. 뇌가 갖고 있는 새로운 가능성의 발견이 본격화된 것이다.

성숙된 노년기의 두뇌 활동에 대해서 평생을 연구해온 미국의 정신과 의사 진 코헨은 나이가 들어도 인간의 두뇌는 퇴화되는 것이 아니라 오히려 새롭게 발전하고 있다는 과감한 주장을 폈다. 그에 의하면 뇌는 결코 단 한 번만 쓰고 버려지는 일회용이 아니다. 그가 주장하는 노년기 두뇌 발전의 4가지 특징은 다음과 같다.

첫째, 인간의 뇌는 경험과 학습에 반응하면서, 지속적으로 새롭게 발전한다. 둘째, 인간의 전 생애에 걸쳐 인간의 뇌세포는 계속 생성된다. 셋째, 나이가 들수록 뇌의 감정회로는 점점 성숙해지고 균형을 이룬다. 넷째, 나이가 든 사람일수록 두뇌의 좌,우반구를 더 균형 있게 사용한다.

특히 인간의 뇌세포가 나이가 들면 더 이상 증식하지 않는다는 기존의 입장을 거부하고 평생 동안 뇌가 발전할 수 있다고 주장한 부분은 충격적이었다. 적어도 지금까지 과학계에서는 뇌의 신경세포는 결코 재생되지 않는다는 믿음이 있었다. 뇌세포는 새로운 뉴런을 만들어낼 수 없고, 뉴런이 재생되지 않는다면 두뇌의 기능은 퇴화할 수밖에 없다는 논리였다.

그러나 새로운 실험과 연구결과는 이런 생각이 잘못된 가정이었음을 증명하고 있다. 1960년대 초 MIT 공대의 조셉 알트만 박사 연구팀이 쥐의 뇌를 관찰한 결과 새로운 뉴런이 만들어지고 있다는 놀라운 발견을 하게 된다. 히포캠퍼스라는 뇌의 영역은 기억을 형성하는 중요한 부분인데, 다 자란 어른 쥐들의 히포캠퍼스에서도 새로운 세포가 형성되고 있음을 발견해낸 것이다.

이 나이든 쥐들의 뇌에서 발견한 현상은 큰 의미를 지니고 있었다. 왜냐하면 쥐의 DNA는 인간의 DNA와 90퍼센트 이상 유사했기 때문이다. 나이든 쥐들의 뇌에서 새로운 세포가 생성 될 수 있다면, 그것은 곧 인간의 두뇌에서도 새로운 세포가 만들어질 수 있다는 것을 의미했다.

계속해서 새로운 실험과 연구들이 뒤를 잇는다. 그리고 1960년대 캘리포니아 대학의 해부학 교수였던 마리온 다이아몬드 교수의 실험을 통해 나이가 든 뇌에서도 적절한 환경과 자극이 주어지면 지속적인 성장이 가능할 수 있다는 사실이 밝혀진 것이다. 과학자들은 이런 가능성을 기초로 새로운 뉴런의 생성을 연구하는 학문에 '**신경발생**(neurogenesis)'이라는 이름을 붙였다. 이는 다른 말로 표현 하자면, 인간의 뇌도 회춘될 수 있다는 의미였다. 늙은 개들도 뭔가 새로운 것을 배울 수 있다는 놀라운 발견이었다.

이후로 수많은 신경발생 연구가 이어졌다. 하지만 많은 실험들은 시행착오를 거듭했다. 쥐들에게서 발견된 뇌세포의 증식이 곧바로 인간 뇌세포의 증식을 의미하는 것은 아니었기 때문이다. 적지 않은 시간과 연구진들의 노고가 뒤따랐다.

그러던 중 1998년 미국 캘리포니아 솔크 연구소에서 아주 흥미로운 실험 하나가 진행되었다. 실험실에서 현미경을 바라보고 있던 한 연구원의 눈에 지금까지 전혀 발견되지 않았던 새로운 물질 하나가 발견된 것이다. 생명을 지닌 채 분열과 증식을 계속하고 있는 뉴런 줄기세포를 할아버지들의 죽은 뇌세포에서 발견한 것이다. 편견으로 가득 차 있던 인간의 두뇌에 대한 오류와 거짓 정보들이 판을 치는 세상을 뒤집을 수 있는 극적인 드라마가 시작된 것이다.

1980년 페르난도 노테붐이란 조류 연구가는 우연히 새들이 계절마다 새로운 노래를 부른다는 사실을 발견했다. 그는 새의 뇌를 분석하면서 놀랍게도 새들이 노래를 바꿔 부르는 시기에 학습을 담당하는 뇌의 영역에서 새로운 세포가 자라고 있다는 사실을 발견했다. 그는 이 발견에서 힌트를 얻어 인간과 가까운 동물들로 연구를 확장시켰다.

그리고 드디어 인간의 뇌세포 증식에 대한 연구가 본격화 된다. 이 연구는 뉴런의 증식을 처음 발견했던 프레드릭 게이지에 의해서 이뤄졌다. 그는 실험의 성과를 확인하기 위해 'BrdU'라는 이름의 뇌세포 염색물질을 개발했다. 그것은 실제로 인간의 두뇌 안에서 일어나는 뇌세포의 증식을 찾아낼 수 있는 단서였다. BrdU는 살아서 증식하는 뇌세포를 찾아서 물들이는 아주 특이한 염색 물질이었다.

하지만 어떻게 우리 두뇌 속에서 일어나고 있는 이 현상을 확인할 수 있을까. 살아있는 인간의 두뇌를 실험 대상으로 삼을 수는 없었다. 실험대상을 찾아 고민하던 연구팀은 결국 삶을 마감하기 직전에 놓인 환자들이 있는 병실로 달려갔다. 그곳에서 생의 마지막 순간을 맞이해 죽음과 힘겹게 싸우고 있는 노인들과 마주했다. 그리고 자신들의 연구가 지니고 있는 의미를 설명했다. 그리고 자신들의 이론이 옳다는 것을 증명할 수 있게 해달라고 부탁했다. 바로 자신들이 개발한 BrdU라는 염색 물질을 뇌에 주입하는 것을 말하는 것이었다.

엄숙한 시간이 흘렀다. 비록 임종을 눈앞에 두고 있는 환자들이었지만, 그들의 몸속에는 여전히 뜨거운 피가 흐르고 있었다. 그들은 살아있는 인간이었다. 결코 쉽지 않은 결정이었다. 무엇보다 뇌에 염색물질을 주입하기 위해서는 환자들도 고통을 감수해야 했다. 아무리 사망선고를 받고 죽을 날만을 기다리는 환자들이라고 하더라도 살고 싶다는 욕망은 누구에게나 있다. 그게 인간이다. 죽을 때까지도 살고 싶다는 마음을 품을 수 있는 것이 바로 우리들이다. 그렇게 며칠이 흘렀다. 어느 날 환자들의 가족들로부터 연락이 왔다. '할아버지가 당신들의 실험을 받아들이기로 하셨습니다.' 그들에게 실험은 살아있는 동안 그들이 이 세상에 남길 수 있는 마지막 선물이었다.

예정대로 실험에 참가하기로 결정한 환자들의 뇌 속에 BrdU 염색 물질이 주입되었다. 오직 뉴런이 새롭게 생성되는 순간에만 뉴런을 물들인다는 그 물질이었다. 그것은 인간의 뇌 안에서 새로운 세포가 증식되고 있는지 확인할 수 있는 결정적인 단서였다.

얼마 후 환자들이 사망했다는 소식이 전해졌다. 드디어 사망한 환자들의 뇌가 실험실로 옮겨졌다. 자신들의 실험을 위해 기꺼이 뇌를 제공해준 환자들을 기리는 엄숙하고 경건한 시간이 흘렀다. 그리고 조심스럽게 뇌가 절개되어져 현미경 아래로 옮겨졌다. 과연 그들의 뇌에서는 어떤 일이 벌어지고 있었을까.

임종 직전 그들의 육체는 병마와 싸울 대로 싸워 더 이상 기력조차 없었다. 생명의 불꽃이 꺼져가기 직전의 그들에게는 오직 고통과 절망만이 가득했다. 잠시 후 환자들이 제공한 뇌세포의 표본을 현미경으로 들여다보고 있던 한 연구원의 눈빛이 밝아졌다. 그들이 애타게 기다리던 바로 그 순간 이었다.

예상대로 임종 환자들의 뇌에서는 작은 세포들이 밝게 빛나고 있었다. 바로 죽기 직전 노인들의 뇌에 주입되었던 BrdU라는 염색 물질이 빛을 발하고 있었던 것이다. 비록 육체는 죽어가고 있었지만 두뇌의 세포들은 끝까지 살아나려고 애를 쓰고 있었다. 연구원들의 눈시울이 뜨거워졌다. 인간이란 얼마나 고귀한 존재이며 놀라운 능력을 갖고 있는지 그 실험은 묵묵히 말해주고 있었다.

프레드릭 게이지의 실험은 인간의 두뇌가 끊임없이 재생되고 있다는 결정적 증거를 과학계에 남겼다. 이를 통해 과학자들은 인간의 두뇌가 지금까지 우리가 알고 있는 통념들을 초월한다는 사실을 깨달았다. 현대의 과학은 인간의 두뇌가 갖고 있는 1천억 개의 뇌세포가 결합되어 만들어지는 신비로운 현상에 감탄하고 있다.

더욱 놀라운 사실은 나이든 사람들의 뇌가 젊은이들의 뇌에 비해서 결코 그 기능이 약화되지 않는다는 점이다. 젊은 시절에 두뇌는 좌,우반구 중에서 한쪽 반구만을 집중적으로 사용하는데 반해서, 노년의 두뇌는 좌,우반구 양쪽 모두를 균형 있게 사용한다는 점도 최근의 새로운 발견 중 하나다.

이제 '늙은 개에게는 새로운 기술을 가르칠 수 없다'는 근거없는 믿음 따위는 깨져버렸다. 운동을 계속 할수록 근육이 튼튼해지는 것처럼 인간의 뇌도 쓰면 쓸수록 더욱 발전해 나간다. 나이와는 무관하게 인간의 정신 역시 새로운 일에 몰두하고 도전하면 할수록 더욱 발전해 나갈 수 있는 것임을 현대의 과학은 그렇게 증명해냈다.

1,009번 닭을 튀긴 남자

커넬 할렌 샌더스
(Colonel Harland Sanders:1890-1980)
미국 패스트푸드의 대명사 KFC 창업자.
66세의 나이에 1,009번째 도전 끝에 KFC 창업에 성공한 뒤 2백만 달러에 매각했다. 노년에 성공한 대표적인 사업가.

전 세계 100여 개의 나라에 매장을 오픈하고 있는 치킨 전문점 KFC, 이곳 매장 앞에는 흰색 양복을 말끔하게 차려 입고 환한 미소로 손님들을 맞이하는 할아버지 마스코트를 발견할 수 있다. 매장 곳곳에 새겨진 인심 좋게 생긴 할아버지의 이미지를 처음 본 사람들에게는 그저 광고용 마스코트 정도로만 보일 뿐이다.

실제로 KFC의 본고장인 미국에서조차 이 할아버지의 존재에 대해서 알고 있는 이들은 별로 많지 않다. USA 투데이가 18세에서 25세의 미국인들을 대상으로 조사한 설문조사에서 61%의 미국 젊은 이들은 그 할아버지가 누구이며, 왜 치킨 전문점 앞에 그의 모형이 세워져 있는지 모른다고 대답했다.

그들은 단지 배고픈 이들에게 닭튀김 요리와 햄버거를 제공하는 인상 좋은 할아버지, 혹은 매장을 가족적인 분위기로 만들기 위한 홍보물 정도로 인식하고 있다. 하지만 그것은 단지 치킨과 햄버거를 팔기 위해 세워놓은 단순한 광고 모형이 아니다. 그것은 KFC를 오늘과 같은 세계적인 기업으로 키워낸 할렌 샌더스(Harland David Sanders) 창업주의 모습을 형상화한 것이다. 그가 자신의 매장 곳곳에 자신의 모습을 새겨 넣은 것에는 사연이 있었다.

그는 성공을 향해 질주하는 미국인들을 위한 아메리칸 드림의 상징이었다. 그가 KFC를 창업할 당시, 그의 나이는 66세, 그의 손에는 고작 100달러 밖에 들려있지 않았다. 개발에 밀려 자신이 운영하던 레스토랑이 문을 닫게 되자 그는 생존을 위해서 뭔가 해야만 했다. 그는 자신만의 닭튀김 요리법을 팔기 위해 트럭을 개조한 뒤 미국 전역을 여행했다. 그리고 1,008번이나 거절을 당했다.

손자들 재롱이나 보고 여생을 살아갈 나이에 무려 1,008번이나 퇴짜를 받으면서도 그는 자신의 목표를 포기하지 않았다. 그리고 1,009번째의 도전 끝에 자신의 닭튀김 요리에 투자할 사람을 찾아냈다. 그가 트럭에 짐을 싣고 켄터키 고향 마을을 떠난 지 2년이 되는 해였다.

젊은 사람 앞에서 물건을 팔아달라고 고개를 조아리는 것이 정말 쉬운 일이었을까? 나이가 들수록 사람들은 남 앞에서 고개를 숙이기 쉽지 않다. 그것은 사람이 나이가 들수록 자신이 살아온 인생의 경륜을 인정받고 싶은 욕망이 가슴 한편에 자리 잡고 있기 때문이다. 때로는 이런 자존심이 너무 커져서 자신의 뜻을 이루지 못하고 좌절하는 경우도 많다. 샌더스는 이 모든 난관을 흰색 양복으로 이겨냈다. 훗날 KFC의 마스코트가 되었던 샌더스 할아버지의 흰색 양복에는 수많은 거절 속에서도 자신감을 잃지 않게 만들어준 신비한 능력이 숨겨져 있었다.

그는 트럭 속에서 구겨진 양복을 입고 잠을 자야 했고, 며칠 동안 샤워조차 못한 채 고속도로를 달려야 할 때도 있었다. 그렇지만 다음날 아침 새로운 고객을 방문하러 나갈 때면 그는 언제나 구겨진 양복을 손으로 폈다. 거울을 보며 머리를 빗고, 넥타이를 손수 맸다. 그런 정갈한 모습으로 그는 고객들의 문을 두드렸다. 무려 1,009번이나!

그가 살아온 인생을 통해서 우리는 인내하는 사람은 언젠가 반드시 보상을 받는다는 숭고한 진리를 깨닫는다. 그의 낡고 해진 흰색 양복은 그가 다닌 모든 여정의 증거이다. 그는 적어도 현실에 안주하거나 자포자기하는 인생을 사는 노인네는 될 수 없다고 스스로 믿었다. 샌더스가 닭튀김 요리법 하나를 들고 미국 방방곡곡을 여행할 수 있었던 그 힘은 도대체 어디서 나온 것일까? 잠시 그의 인생 속으로 시간여행을 떠나 보자.

그의 유년시절은 평탄하지 않았다. 그의 아버지는 그가 여섯 살 때 사망했다. 아버지가 죽자, 그의 어머니는 아이들을 먹여살리기 위해서 온갖 일을 해야 했다. 샌더스는 어릴 적부터 세 살 아래 남동생과 젖먹이에 불과했던 여동생을 보살펴야 했다. 이것은 그가 어릴 적부터 요리를 해야만 했던 이유이기도 했다. 그가 일곱 살 되던 해, 우연히 그의 요리를 먹어 본 사람들은 어린 아이의 요리 솜씨가 보통이 아니라고 놀라워 했다.

그가 처음 돈을 벌기 시작한 나이는 열 살이었다. 그때 그는 한 달에 2달러의 월급을 받고 농장에서 일을 했다. 열두 살이 되자 어머니가 재혼을 했고 그는 홀로 집에 남겨졌다. 그렇게 순탄하지 않은 인생은 계속됐다. 그 뒤 인생은 오직 먹고 살기 위한 처절한 몸부림에 가까웠다. 철도원 잡부로 일을 하기도 했으며 직업 군인으로 쿠바에 파견되기도 했다. 그럴 때마다 그는 늘 새로운 지식을 배우고 익히는 것이 자신의 어려운 처지를 극복하는 유일한 길이라고 스스로를 다독였다. 닥치는 대로 일을 배웠고 심지어 새로운 일에 도전하는 것을 즐기기도 했다. 한때 그가 선박 항해 기술을 배워 오하이오 강을 유람하는 증기선을 조종하기도 했다는 점만 봐도 그가 얼마나 도전적인 인간이었는가를 잘 드러내 준다.

 그렇게 평생 모은 돈으로 그는 국도 변에 작은 주유소 하나를 차린다. 그의 주유소는 평범했지만, 적어도 그의 인생에서는 매우 소중한 것이었다. 가난한 유년 시절을 보냈기에 자신만의 힘으로 세운 주유소가 자랑스럽기만 했다. 그때 주유소를 운영하면서 그는 여행객들이 국도를 여행하면서 마땅히 음식을 먹을 만한 곳이 없다는 것을 알게 되었다. 그래서 그는 배고픈 여행자들을 위해 주유소에 작은 식당을 하나 오픈했다. 그것이 그가 음식을 만들기 시작한 계기였다.

 그때부터 그는 자신만의 비법으로 만든 닭튀김 요리를 손님들에게 선보였다. 그의 닭튀김 요리는 순식간에 여행자들에게 인기를 끌었다. 덕분에 주유소 한편에 작은 식당도 하나 열었다. 주유소와 식당은 몇 년이 지나서 제법 큰 규모로 커졌다. 길 건너편으로 자리를 옮겨 새롭게 문을 연 식당에는 백여 개의 좌석을 갖출 정도로 인기를 끌었다. 11개의 허브와 소스를 섞어서 개발한 그만의 닭튀김 비법은 사람들의 입맛을 사로잡았다. 그의 닭튀김 요리를 먹기 위해 일부러 멀리서 찾아오는 사람도 있을 정도로 사업은 번창했다. 하지만 행복한 순간은 그리 오래 지속되지 않았다.

 1952년 날벼락 같은 일이 벌어졌다. 그의 식당이 위치해 있던 국도 주변으로 새로운 고속도로가 건설되기 시작한 것이다. 그의 식당도 개발 대상에 포함되었다. 식당을 내기 위해 은행에서 빌렸던 돈을 갚자, 보상비는 고작 105달러밖에 남지 않았다. 그것이 그가 가진 전부였다. 앞으로 남은 인생을 살아가기에는 턱없이 부족한 금액이었다. 한 순간에 그는 알거지가 된 것이다.

젊었을 때는 어떤 일도 두려워하지 않던 강한 정신력의 소유자였지만, 역시 60대라는 나이는 부담이 될 수밖에 없었다. 남은 인생을 생각하면 눈앞이 캄캄했다. 남은 100달러로 무엇을 할 수 있겠는가. 하지만 바로 그때부터 그의 극적인 인생 역전이 시작된다. 그는 차분히 자신이 살아온 인생을 되돌아 봤다. 그리고 그가 가장 잘 할 수 있는 일이 무엇인지 곰곰이 생각했다. 답은 이미 그의 마음속에 정해져 있었다.

그는 새롭게 자신의 두 번째 인생 설계에 들어간다. 그는 사회를 원망하거나 욕설로 가득한 항의편지 따위나 쓰면서 기나긴 밤을 지새울 생각은 애초부터 없었다. 그는 자신의 인생을 되돌아보며 스스로에게 질문을 던졌다. 그리고 거기서 답을 찾았다.

"내가 다른 이들에게 보탬이 될 만한 어떤 일을 할 수 있을까? 그들에게 무엇을 돌려 줄 수 있을까?"

과연 파산 직전의 상황에서 자신의 남은 인생 동안 타인을 위해 무엇을 할 것인가를 생각할 수 있는 사람이 얼마나 있을까. 하지만 그는 그렇게 했다. 자신에게 고통을 안겨준 사회를 원망하기보다 오히려 사회를 위해 자신이 무엇을 할 수 있을지를 먼저 고민했다. 나이가 들어 머리는 하얗게 물들었지만 그는 자신이 가장 잘할 수 있는 일로 사회를 위해 봉사하며 남은 인생을 살겠다고 결심했다. 그 일을 찾는데는 그리 오랜 시간이 걸리지 않았다. 그것은 그가 가장 잘할 수 있는 일, 바로 사람들에게 닭튀김 요리를 제공해주는 것이었다.

그는 다음 날 곧바로 자신의 트럭을 개조했다. 닭튀김 요리를 만들 수 있도록 장비를 싣고 11가지 비법이 담긴 요리 재료를 준비했다. 그리고 트럭의 시동을 걸었다. 시동을 걸기 전에 다시 한 번 거울 앞에 서서 하얀 양복을 입은 자신의 모습을 되돌아 봤다. 그는 자신을 믿었다. 분명 이 넓은 세상 어딘가에는 자신의 닭튀김 요리법에 관심을 가져줄 투자가가 있을 거라고 확신했다.

앞으로는 튀김 기름 냄새 가득한 트럭 안에서 잠을 자야만 할지도 모르지만, 그래도 그것은 그에게 그리 큰 문제가 될 수 없었다. 젊은 사람들 앞에 서서 고개를 조아리고 부탁을 해야 하는 일도 부끄러운 일이 될 수 없었다. 그들이 설령 문 앞에서 거절을 한다고 해도 그것은 쉽게 좌절하거나 포기할 수 없는 인생의 목표였다. 그는 이렇게 믿었다.

'언젠가는 나의 요리를 많은 사람들이 좋아해줄 날이 반드시 올 것이다.'

보통 사람 같으면 그저 닭튀김을 팔았을 것이다. 하지만 그는 튀긴 닭 한 마리보다는 요리법을 파는 것이 훨씬 사업성 있는 일이 될 것이라 생각했다. 어떤 면에서 보면 그는 사업가적인 기질이 많은 사람이었던 것 같다. 그는 요리 하나보다 요리법을 팔아 보다 많은 음식점을 만드는 꿈이 있었다. 그것이 더 큰 이득을 불러올 것이라는 믿음도 있었다. 그는 미래를 읽는 눈을 지닌 사업가였다.

이런 과정을 통해 그는 단순한 요리사에서 사업가로 탈바꿈을 했다. 그는 식당을 찾아가 자신만의 닭튀김 요리를 선보인 뒤, 식당의 매출 중에서 일부를 떼어달라고 요청했다. 미국 전역을 누비는 그의 여행은 이렇게 시작되었다.

하지만 닭튀김 요리를 팔겠다는 그의 아이디어는 쉽게 투자자를 얻을 수는 없었다. 그가 요리법을 팔겠다고 요청할 때마다 주인들은 정신 나간 늙은이 정도로 그를 취급했다. 왜냐하면 당시로서는 그런 사업 구상을 실천에 옮기는 사람이 없었기 때문이다. 한마디로 생소한 일이었다.

　백발이 성성한 노인네가 하얀색 양복을 입고 닭튀김 요리법을 팔겠다고 식당 문을 들어선다고 상상해보라. 어느 누가 선뜻 그의 말을 진심으로 믿고 따를 수 있단 말인가. 한동안 그는 미친 노인네 정도로 취급을 당하며 문전박대만 당한 채 트럭으로 돌아와야 했다. **그런 거절은 무려 1,008번이나 계속됐다.** 하루 한두 곳에서 거절을 당했다고 가정하고, 1년 365일을 기준으로 따져 봐도 2년이 넘는 시간이다. 그 긴 시간 동안 샌더스는 오직 거절만을 당했다.

　하지만 샌더스는 자신을 거절한 주인들을 욕하고 탓하기보다 오히려 어떻게 하면 그들을 설득할 수 있을지를 고민했다. 그렇게 더 나은 조리법과 재료들을 찾아나섰다. 하루 종일 닭튀김 요리와 씨름을 하다가 밤이 되면 트럭 안으로 들어가 구부정한 자세로 잠이 들었다. 그리고 매일 아침을 자신의 제안을 받아들일 그 누군가를 상상하며 기분 좋게 시작했다.

　사실 2년 내내 누군가로부터 거절만 당한다는 일이 그리 쉬운 일은 아니다. 게다가 66세나 되는 지긋한 연령대가 된 사람들에게는 더 쉽지 않은 일이다. 젊은이들에게 면박을 당하고 생면부지 처음 보는 사람들에게 미친 노인네 취급을 당하며 거절당하는 일을 그

누가 계속해서 할 수 있단 말인가. 하지만 샌더스는 해냈다. 그리고 1,009번째의 도전 끝에 그는 자신의 닭튀김 요리법을 사겠다는 음식점 주인과 만났다.

역사상 위대한 성공을 거둔 인물들에게는 몇 가지 공통점이 보인다. 그들은 절대로 거절당했다고 그냥 주저앉지 않는다. 거절이란 단지 자신의 제안에 대한 불만족에 불과할 뿐이라고 믿는다. 자기 자신의 인격과 동일시하지 않았다. 거절을 당해도 주눅 들지 않고 지속할 수 있었던 힘은 바로 여기서 나왔다.

나이가 들수록 사람들은 거절을 당하는 것에 두려움을 느낀다. 거절을 당하기보다는 그냥 아무것도 하지 않는 것이 낫다고 생각한다. 나이가 들수록 사람들은 실리보다 명분에 집착한다. 명분에 집착할수록 판단력은 흐려지고 행동은 느려진다.

결국 나이가 들수록 사람들에게는 스스로의 행동을 정당화시킬 수 있는 믿음이 필요하다. '내가 왜 이 일을 해야 하는가', '과연 내가 할 수 있는가'라는 물음에 스스로 답을 찾아야 한다. 문제는 그런 확신이 머릿속 생각만으로 해결될 수 없다는 점에 있다.

샌더스는 차라리 이 과정을 즐기는 길을 선택했다. 그 스스로 이 과정을 탐험이라고 말했다. 자신이 가장 잘 만드는 맛있는 닭튀김 요리를 미국인들 모두에게 제공해주고 싶다는 희망, 바로 이것이 그를 2년 동안 버티게 만들었다. 뒤늦게 인생의 발동을 걸기 위해서 반드시 필요한 성공의 조건, 그것은 자신이 가치 있는 인생을 살고 있다는 믿음에서 출발하는 것이다.

낡은 트럭 안에서 새우잠을 자고 구겨진 양복으로 1,009번의 아침을 맞이했던 할렌 샌더스. 그처럼 과감한 노년의 삶을 살 수 있는 사람들이 얼마나 될까. 사람들에게 맛보여 주기 위해 닭튀김을 만들고 그 조각을 떼어 먹는 것으로 배고픔을 달랠 수 있는 노년이 과연 얼마나 될까. 샌더스는 놀랍게도 그걸 해냈다. 그래서 그의 두 번째 삶은 찬란했다.

샌더스처럼 자신의 꿈을 위해 수많은 거절에도 굴하지 않았던 인생이 또 한 사람 있다. 그는 세상에서 가장 행복한 아이들의 놀이터를 만들기 위한 꿈을 꾸었던 사람이었다. 1955년 그가 캘리포니아의 텅 빈 공터에 거대한 꿈의 전당을 만들기 위해 투자자를 찾아다닐 때, 그는 302번이나 거절을 당해야 했다. 그가 찾아간 은행들은 모두가 그가 제정신이 아닌 사람이라고 생각했다. 바로 세계 최고의 테마 파크 디즈니랜드를 만든 월트 디즈니(Walt Disney)의 이야기다.

지금이야 누구도 디즈니랜드의 가치와 능력을 의심하는 사람이 없다. 하지만 모든 일이 그렇지만 처음 디즈니가 디즈니랜드를 구상했을 때만 해도 그것은 말도 안 되는 이야기였다. 그가 디즈니랜드를 만들 때 가졌던 꿈, 즉 아이들에게 동심을 심어주고 미래에 대한 꿈을 키워가는 꿈의 궁전을 만들겠다는 구상도 출발은 이타적인 동기에서 시작했다.

이렇게 거절의 명수들이 걸어온 길을 보면 한 가지 공통점을 발견하게 된다. 그것은 **큰 거절이 큰 성공을 불러 온다**는 사실이다. 샌더스와 디즈니의 거절에는 그런 큰 성공의 가능성이 내포되어 있었다.

그리고 여기 또 하나의 거절의 명수가 있다. 앞의 두 사람과 경우는 다르지만 어쨌든 그도 자신이 원하는 것을 이룩하기 위해서 수많은 거절을 당해야 했다. 그는 미국 메이저리그의 전설적인 홈런왕 베이브 루스(Babe Ruth)다.

그는 보스턴 레드 삭스와 뉴욕 양키스에서 22개 시즌을 선수로 뛰면서 718개의 홈런을 쳤다. 이 기록은 그 뒤 행크 아론에 의해서 깨지기 전까지 전설적인 기록으로 남아 있었다. 많은 사람들은 그가 718개의 홈런을 때린 것에 열광한다. 하지만 그가 718개의 홈런을 치기 위해서 1,330번이나 삼진아웃을 당했다는 사실에 주목하는 사람은 별로 없다. 세계적인 기록에 도달하기 위해서 베이브 루스 역시 거의 두 배에 가까운 거절을 경험해야 했던 것이다.

상황과 모습은 다르지만, 우리 주변에도 지금 수많은 거절을 당하고 있는 사람들이 있다. 거절을 당하는 횟수가 늘고 때로는 포기하고픈 마음이 들 때면 한 번쯤 이런 거절의 명수들을 떠올려보는 것도 도움이 될 것 같다. 큰 성공을 위해서는 샌더스나 디즈니, 그리고 베이브 루스처럼 일상적인 거절에 익숙해질 필요도 있을 것이다.

차가운 돌 위에 3년

마쓰모토 세이초(松本清張, 1909~1992)
일본 최고의 추리소설 작가.
그의 전반부 인생은 가난한 인쇄공이었다. 1952년 소설 〈어느 고쿠라 일기 전〉으로 아쿠타가와상 수상, 1958년 〈점과 선〉을 발표 인간의 심리묘사에 중점을 둔 추리소설로 명성을 얻음. 장편소설 100편을 포함해서 모두 1,500편의 작품을 저술한 '괴물' 작가로 이름을 남김.

    일본 속담에는 '차가운 돌에도 3년'(石の上にも3年)이라는 말이 있다. 차가운 돌 위에서 3년이란 세월을 앉아 있을 정도로 참고 견디면 결국 돌도 따스하게 변한다는 뜻으로 어렵고 힘든 상황도 참고 견디면 반드시 성공한다는 의미다.

    다음으로 소개할 사람은 이 속담에 가장 잘 어울리는 사람이다. 그의 삶 자체는 차가운 돌 위에 앉아 수많은 세월을 견뎌낸 것과 같았다. 가난과 무명작가라는 설움을 딛고 일본 최고의 추리소설 작가가 되었던 사람. 그의 이름은 마쓰모토 세이초(松本清張), 1960년대를 배경으로 추리소설의 새로운 장르를 개척했다고 평가받는 사람이다.

살아가면서 예술가들에게는 늘 먹고 사는 문제가 창작의 걸림돌로 작용하곤 한다. 세이초에게도 먹고 사는 문제보다 더 절실한 문제도 없었다. 그에게는 가난한 식구들을 먹여 살려야 하는 책임이 있었다. 돈을 벌기 위해 늘 힘든 일도 마다하지 않았다.

그런 그가 인생을 마감하면서 세상에 남긴 것은 장편소설 100편, 중단편 소설 350편, 에세이를 포함하면 1,000편이 넘는다. 책으로 따지면 750권 정도가 된다. 보통 사람들이 평생 몇 백권 책을 읽는 일이 쉽지 않다는 것을 감안한다면, 그가 쓴 750권의 책, 1,000편의 작품은 실로 기적에 가까운 일이었다.

원래 세이초의 꿈은 신문사 기자가 되는 것이었다. 하지만 초등학교밖에 나오지 못한 학력으로 신문사의 벽을 넘기엔 역부족이었다. 노점상을 하던 부모님을 포함해 아내와 자식까지 그의 어깨 위엔 모두 8명의 부양가족을 책임져야 하는 짐이 있었다. 게다가 1945년 일본의 패전은 한창 일할 나이였던 그에게 절망적인 상황을 안겨줬다. 인플레로 물가는 치솟고 기초적인 생필품조차 제대로 구할 수 없는 생활이 계속 됐다. 그런 상황 속에서 그는 한 집안의 가장으로 식구를 책임져야 했다. 닥치는 대로 돈을 벌기 위해 생활전선에 뛰어든 것은 불가피한 운명이었다. 아무리 글을 쓰고 싶고 작가가 된다고 해도 당장 먹고사는 문제를 떠나서는 생활이 이어질 수 없었다. 글을 쓰고 작가가 된다는 것이 사치스런 일로 여겨지던 시절이었다.

과연 이 주인공은 이런 악조건 속에서 자신의 인생을 어떻게 변화시켜나갔을까? 인생을 극적으로 변화시킬 변화의 원동력은 어디서 생겨난 것일까?

대부분의 모든 성공한 인생들이 그렇듯 그의 인생에서도 흥미로운 에피소드 하나가 등장한다. 어쩌면 그것이 제2의 인생을 향해 서서히 그가 발동을 걸어 나가던 순간이지 않을까 싶다. 그것은 뜻밖에도 빗자루 행상을 시작한 일이었다. 빗자루를 등에 짊어진 작가 지망생, 얼핏 머릿속으로 상상 해봐도 잘 조합이 이뤄지는 그림은 아니다. 이것을 이해하기 위해서 우리는 잠시 1950년대 일본 속으로 시간 여행을 떠나볼 필요가 있다.

전쟁으로 모든 것을 잃어버린 일본이 한창 재건에 나서고 있던 시기, 기타큐슈 지역에는 모지라는 항구가 하나 있었다. 일본의 중공업이 발전하던 시기 대부분의 원자재와 물류들은 모지(門司) 항구를 통해서 유입됐다. 물류가 발전하면 경제와 문화도 함께 발전하는 법. 모지는 1950년대만 해도 일본의 경제와 문화가 세계와 연결되는 빨대와 같은 역할을 했다.

한때는 일본을 방문하는 외국의 유명 인사들이라면 이 항구를 빼

놓지 않고 방문할 정도였다. 노벨상 수상자였던 아인슈타인도 일본을 방문했을 때, 도쿄, 오사카에 이어 세 번째 방문지로 모지를 선택했다. 그만큼 모지는 당시로서는 번창한 도시였다. 세이초는 바로 이 모지에서 태어났다. 그곳에서 세이초의 가족들은 사회의 가장 밑바닥 부류에 해당하는 수준의 삶을 살았다. 행상이나 날품팔이 노동으로 삶을 꾸려 나가야 했던 가난한 세이초의 삶은 번창하던 가로등 불빛에 번쩍이던 화려한 모지항의 모습과 극명히 대비되는 삶이었다. 그 시절 삶이 비록 가난했지만, 그래도 그들은 행복했다. 적어도 먹고 사는 것을 걱정할 정도는 아니었기 때문이다.

그런데 어느 날 이 모지 항구 외곽에 새롭게 터널이 뚫렸다. 물류의 전진기지로서 모지항의 기능과 역할도 급격하게 줄어들었다. 모지를 대신해서 새로 부상한 도시는 바로 고쿠라(小倉). 관서지방으로 연결되는 일본 철도노선이 모두 지나가는 새로운 도시 고쿠라로 공장과 기업들이 속속 이동을 시작했다. 당시 모지에서 아사히신문사의 인쇄공으로 일하던 세이초와 그의 가족들도 신문사가 이전을 하면서 모지를 떠나 고쿠라로 새로운 터전을 잡아야 했다.

고쿠라로 이사를 오면서 세이초의 삶은 고난의 연속이었다. 무엇보다 8명이나 되는 대가족을 혼자 책임지기에는 인쇄공의 월급이 턱없이 부족했다. 생존 자체가 불가능한 상황이었다. 그렇다고 어린 아이들과 늙은 노모를 길거리로 내몰 수는 없었다.

세이초는 궁리 끝에 집 근처 야산에서 수수나 싸리를 꺾어 모아서 빗자루를 만들었다. 그리고 그걸 직접 보따리로 짊어지고 행상에 나섰다. 처음에는 가까운 동네에서 시작해서 점점 범위가 넓어졌다. 기타큐슈의 도시들을 벗어나 그의 빗자루 행상은 일본 전역으로 확대됐다. 빗자루를 짊어지고 주말이면 기차를 타고 일본 전역을 돌며 빗자루 행상을 했다.

이 시기 세이초의 빗자루 행상은 그가 차가운 돌 위에 앉아 있는 모습을 연상시킨다. 비좁고 불편한 집에서 여덟 명이나 되는 식구들이 복작거리며 하루하루를 생활해야 했다. 배가 고프다고 조르는 아이부터 하루가 멀다 하고 싸움질을 하는 아이들까지 집 안은 말 그대로 난장판이었다. 생활비가 없다며 타박하는 아내와 아프다고 몸져 누운 노부모. 과연 이런 집안에서 차분하게 글 한 줄 쓸 수 있는 공간이 있었을까.

이런 조건이라면 작가가 되겠다는 꿈은 그저 공허한 바람 소리에 불과했을 것이다. 현실적으로 글을 쓸 수 있는 여건이 전혀 존재하지 않았다. 어떻게 이런 조건에서 작가의 꿈을 키울 수 있단 말인가. 말 그대로 작가의 꿈이란 그저 사치일 뿐이었다.

하지만 세이초는 정말 글이 쓰고 싶었다. 글을 쓰기 위해서 가족을 버리고 어디론가 도망을 치는 꿈을 꾸기도 했다. 어깨를 짓누르는 가장이란 짐에서 벗어나고 싶었다. 어쩌면 도망칠 궁리 끝에 그가 찾아낸 방법이 빗자루 행상이지 않았나 싶다. 궁여지책으로 선택한 빗자루 행상이었지만 그 선택은 그의 인생에서 가장 탁월한 선택 중의 하나였다.

우선 빗자루를 만드는 데는 특별히 돈이 들지 않았다. 산이나 들에 나가서 흔한 싸리나무와 수숫대를 엮어서 빗자루를 만들 수 있었다. 그리고 당시만 해도 빗자루는 가정에서 없어서는 안 되는 필수품이었다. 큰돈은 안 되었지만 조금이라도 가정 살림에 보탬이 될 수 있다는 판단이 섰다. 하지만 빗자루 행상이란 남들의 시선을 피할 수 있는 일이 아니다. 우선 한 무더기의 빗자루를 짊어지려면 무게도 무게지만 부피가 커질 수밖에 없다. 어깨 위로 삐죽삐죽 튀어나온 빗자루를 들고 기차를 타기 위해 승강장에 서 있는 그의 모습을 상상해 보라. 누구나 할 수 있는 쉬운 일은 아니었을 것이다. 무엇보다 남들의 따가운 시선, 바로 창피함과 맞서 싸워야 했다.

그는 꽤 오랫동안 빗자루 행상으로 아르바이트를 해서 생계에 보탬을 줬다. 그렇게 오래도록 남들의 눈에는 창피한 일로 여겨질 빗자루 행상을 할 수 있었던 것은 남들 시선 따위는 아랑곳하지 않는 그의 대담한 기질 덕분이다. 비록 커다란 빗자루를 짊어졌지만 그의 마음속에는 빗자루 더미보다 더 큰 희망이 꿈틀거렸다.

게다가 빗자루 행상을 하면서 그 자신도 처음에는 예상하지 못한 긍정적인 측면이 하나 있었다. 그것은 바로 여행을 할 수 있다는 점이었다. 시간이 지날수록 그는 창피함보다는 오히려 홀가분한 기분에 젖어 들었다. 원래 그는 여행을 무척이나 좋아했다. 특히 기차를 타고 하는 여행을 가장 즐거워했다. 비록 빗자루를 한 아름 짊어지고 타는 기차였지만 그것도 여행은 여행이었다. 그는 기차 안에서 복작거리는 집과 식구들 등쌀에서 벗어나 자유를 만끽할 수 있었다. 그리고 그렇게 낯선 도시들을 방문하면서 그는 남들은 모르는 흥미로운 이야기에 귀를 기울였다. 바로 이것이 그가 훗날 수많은 소설들을 쓸 수 있었던 거대한 토양이 되었다.

오래된 도시일수록 오래된 전설과 이야기가 있었다. 신문기자를 꿈꿨던 가난한 세이초에게는 이 오래된 전설과 이야기를 듣는 것이 너무나 행복했다. 저널리스트로서의 감각도 이때부터 살아나기 시작했다. 그는 낯선 도시를 방문하면서 그곳에 숨겨진 이야기를 찾아내려고 노력했다. 낡은 사찰을 돌며 노승에게 빗자루를 팔면서도 그는 빗자루 값만 받지는 않았다. 물 한 사발 얻어 마시면서 노승의 머리와 가슴속에 숨겨져 있는 남모르는 이야기에 귀를 기울였다. 빗자루 행상은 작가가 되기 위한 수행의 길이었다. 그렇게 교토, 나라, 오사카를 돌며 그는 일본 고대사의 신화와 역사 속으로 몸을 던졌다.

그렇게 발굴해낸 이야기들은 훗날 그의 작품 속에 그대로 투영된다. 그의 작품에 단골로 등장하는 철도나 기차 여행, 설화와 전설들은 이런 배경에서 만들어진 것이었다. 다른 작가들의 소설에서는 찾아보기 어려운 일본의 전통과 민간 신앙, 고대 신화의 흔적들은 바로 이 시기에 대부분 형성되었다고 해도 과언이 아니다.

일본 각지에 흩어져 있는 민간 설화와 역사를 끌어 모으는 그의 재주는 비상했다. 남과 다른 것을 쓰기 위해서는 남과 다른 경험을 해야 했고 사람들이 한 번도 들어본 적이 없는 낯설고 흥미로운 이야기 거리를 찾아서 방방곡곡을 여행했다.

빗자루를 들고 행상하는 세이초의 모습은 한 인간이 스스로를 어떻게 단련시켜 나갔는지를 잘 보여준다. 세상을 보는 자신만의 방식, 자신만의 이야기를 글로 풀어내기 위해서 자신을 단련시키는 방법이기도 했다. 그 시절 고된 노동의 체험이 없었다면, 그의 작품에 등장하는 그 수많은 에피소드와 주인공들은 존재할 수 없었을 것이다. 그 시절 그는 늘 입버릇처럼 이야기했다.

'전력투구! 시간이 없어. 너무 늦게 시작했기 때문에
나에게는 시간이 너무 없어……'

그에게는 그런 간절함이 있었다. 그러다 보니 뻔한 얘기보다는 남들이 모르는 낯선 이야기들에 주목했다. 그에게는 하루하루가 글을 쓰기 위해 낯선 세상을 여행하는 시간들이었다. 그렇게 세이초는 3년을 차가운 돌 위에 앉아서 기다렸다. 모든 세상 이치가 그렇듯이 돌은 언젠가는 따듯하게 데워진다. 더 이상 차가움 따위는 흔적도 찾아볼 수 없게 된다. 그것이 그의 작품 소재들이 다양해질 수 있었던 이유였다.

'공부하면서 쓰고, 쓰면서 공부한다.'

곤다 만지라는 일본의 문학 평론가는 그가 750권이나 되는 책을 쓸 수 있었던 비결이 무엇이었을까를 고민하면서 다음과 같이 결론을 내리고 있다.

"세이초의 넓은 수비범위와 각 분야에 관한 해박한 지식은 사람을 압도하는데, 그의 전 작품을 관통하는 본질은 기록의 미학이라 할 수 있다. 여기서 말하는 기록은 단순히 사실을 기록한다는 의미가 아니다. 다큐멘터리스트처럼 현실을 직시하고 사실을 철저하게 추구함으로써 감추어진 진실을 탐구했다. 추리소설에서 논픽션, 고대사 연구에 이르기까지 지칠 줄 모르는 호기심과 사실을 정력적으로 취재하고 분석해서 숨겨진 진실에 다가가려는 집념이야말로 이 작가가 지닌 고유한 본질이었다."

　자신의 주변을 대하는 진실하고 열정적인 시선으로 그의 작품이 하나 둘 완성되었다. 작가로 데뷔한 이후 40년의 세월 동안 그가 쓴 작품들은 하나같이 독자들의 사랑을 받았다. 그가 왕성한 활동을 했던 1960년대 일본의 베스트셀러 목록에는 해마다 그의 작품이 빠지지 않고 들어가 있었다. 대중적인 인기는 그대로 영화나 드라마로 이어졌고, 모두 36편의 작품이 영화로 제작되었다. TV 드라마도 제작된 것은 모두 436편에 달한다. 우리나라에서는 일본 문화 수입개방이 이뤄지기 이전인 1980년대에 〈수사반장〉이라는 프로그램을 통해서 여러 편의 작품들이 우회적으로 소개되기도 했다. 그 당시 드라마 작가들이 정식으로 수입이 불가능한 세이초의 소설들을 각색해서 드라마로 옮긴 것이다.

　그런데 그렇게 많은 독자들의 사랑을 받았지만 정작 그는 정부나 기관이 주는 상은 많이 받지 못한 작가였다. 어쩌면 그것은 권위에 순종하거나 권력에 아부하지 못하는 그의 성격 탓이었는지도 모른다. 남들의 시선 따위는 아랑곳하지 않는 성격은 이미 그가 고쿠라에서 빗자루를 짊어지고 세상 밖으로 나서던 순간부터 시작되었을 것이다.

세이초와 아주 오랜 인연을 맺어주었던 아사히 신문사. 한때 그곳에서 그는 인쇄공으로 일했고, 작가가 된 뒤에는 자신의 작품을 가장 많이 연재해주었던 곳이기도 하다. 그 오랜 친분 덕분에 세이초는 아사히 신문사 사장과도 각별한 인연을 지녀왔다. 세이초의 나이 80세가 되던 해, 아사히 신문사는 그를 위해 아주 특별한 선물을 하나 준비한다. 그것은 신문사 전용기로 세이초 소설의 무대가 되었던 상공 위를 비행하는 여행이었다. 도쿄에서 시작해서 후지산과 오사카, 나라, 교토를 지나, 힘들고 가난했던 시절이 떠오르는 고향 고쿠라 상공까지 비행을 하면서 세이초는 난생 처음 구름 위에서 자신의 소설들을 바라봤다. 과연 그때 그는 어떤 기분이었을까.

취재를 위해 물불 가리지 않고 맨발로 딛고 다녔던 해 변가, 고목으로 무성한 산림을 헤매며 그가 찾고자했던 전설 속 이야기들, 남들보다 늦게 시작해서 더 처절하게 땀 흘리고 노력했던 젊은 시절, 그리고 빗자루를 들고 일본 열도를 누비던 자신의 모습들이 그 순간 머릿속을 스쳐가지 않았을까.

비행기 안에서 한참 동안 서로 말없이 앉아 있던 백발의 두 신사가 침묵을 깨고 입을 열었다. 먼저 말을 건넨 쪽은 아사히 신문사 사장이었다. 창문 쪽에 자리를 양보하고 백발이 성성한 세이초의 표정을 물끄러미 지켜보던 그가 물었다.

"어떤가? 위에서 보니까..."

그의 말을 듣고 잠깐 생각에 잠긴 후 세이초는 이렇게 대답해다.

"으흠...좋은데!"

그뿐이었다. 늘 그렇듯이 묵직하고 짧은 한마디 대답뿐이었다. 하지만 기관차 같은 인생을 산 노년의 작가에겐 잊을 수 없을 정도로 고맙고 감격스러운 순간이었을 것이다.

자신이 써내려간 작품들의 추억이 담긴 곳, 힘겨운 가장의 짐을 내려놓고 세상을 마음껏 여행하고 싶었던 가난한 작가. 언제나 현장에 직접 나와 사람들을 관찰하며 기록으로 옮겨 적었던 치밀한 작가. 냉정하고 날카로운 지성의 소유자. 하지만 그날만은 노작가의 눈가에도 촉촉이 물기가 젖어 들었다. 세이초는 평생 잊지 못할 그 비행을 마친 뒤 얼마 후, 삶을 마감하는 긴 영면에 들어갔다.

우리의 '과거'는 서막에 불과할 뿐이다

이디스 해밀턴 (Edith Hamilton; 1867~1963)
미국의 고전학자. 그녀의 전반부 인생은 평범한 교사였다. 63세 나이에 〈고대 그리스인의 생각과 힘〉이란 작품을 발표, 고대 그리스와 로마의 원형을 다룬 작품들로 명성을 얻고 고전학의 독보적 존재가 되었다.

평범한 사람들에게 환갑이란 나이는 인생의 뒤안길에 서서 여생을 정리할 시기다. 몸도 마음도 예전 같지 않고 뭔가 새로운 일을 시작하기에는 왠지 의욕도 잘 생기지 않는다. 그래서 미래보다는 과거의 추억에 빠져 스스로 자신을 그 과거 속에 가두며 살아가는 것이 보통이다.

그런데 이런 나이에 이르러 과거는 그저 서막에 불과할 뿐이라며 새롭게 자신의 인생에 도전장을 던지는 사람들도 있다. 60세를 넘긴 나이에 자신이 살아온 과거는 인생의 서막에 불과할 뿐이라고 외칠 수 있는 용기는 정말 대단한 것이다. 본 막이 아직 시작도 하지 않았다니! 정말 놀랍지 않은가.

하지만 그들의 도전에는 젊은 시절에 비해 몇 배는 더 강력한 에너지와 사명감이 필요하다. 40년 동안 다녔던 평생 직장을 은퇴하는 순간부터 이디스 해밀턴은 곧바로 자신의 두 번째 인생을 향한 도전을 시작했다. 그녀는 오래 전부터 그리스 신화를 해석하고 싶은 욕심이 있었다. 두 번째 도전은 그렇게 시작됐다.

언제나 자신이 좋아하는 일에 열중했던 사람들의 땀과 눈물은 배신당하지 않는다. 그녀의 인생도 마찬가지였다. 어릴 적부터 좋아했던 그리스 신화 속 세계를 정신적으로 여행하던 그녀에게 은퇴는 단지 하나의 통과의례였을 뿐이었다.

7살 어린 딸에게 라틴어와 그리스어를 손수 가르친 아버지를 둔 덕분에 그녀는 일찍부터 지성의 세계에 한 걸음 가까이 다가설 수 있었다. 그녀의 아버지는 돈을 버는 데는 능력이 많은 사람이 아니었다. 하지만 돈보다 더 중요한 다른 세계가 있음을 일깨워줬다. 이런 아버지의 순수한 열정이 미친 영향력은 엄청났다. 그것은 훗날 그녀 스스로 지성의 불꽃을 지필 수 있도록 도움을 주었다.

어릴 적부터 지독한 독서광이었던 그녀는 내성적이고 부끄러움을 잘 타는 소녀였다. 이런 성격에 가장 큰 영향을 미친 것은 그녀의 아버지 몽고메리 해밀턴이었다. 집단적인 학교 교육보다 가정교육을 중시했던 아버지는 그녀가 일곱 살 되던 해부터 본격적으로 수업에 관여를 한다. 덕분에 그녀는 라틴어와 그리스, 독일어, 프랑스어를 어린 나이에 공부할 수 있었고, 그리스 신화와 고전들을 어릴 적부터 탐독했다.

그녀의 학창 시절을 기억하는 친구들은 그녀가 매우 비범한 기억력의 소유자였다고 말하고 있다. 한 번 들은 이야기는 절대 잊지 않았으며, 어려운 그리스 신화 속 주인공들의 이름이나 역사적 사건들을 정확히 기억해 냈다고 한다. 게다가 책에서 읽은 이야기나 주변에서 들은 이야기를 가지고 그녀는 자신만의 상상을 통해서 새롭게 이야기를 만들어냈다. 이런 스토리텔링 능력은 많은 독서량과 비례하는 것이겠지만, 그녀가 남다른 문학적 재능의 소유자라는 사실을 말해 주고 있다.

책 더미 속에 파묻혀 지낸 유년기를 거쳐 언니와 함께 독일로 유학을 떠난 그녀는 라이프치히와 뮌헨 대학에서 문학과 고전, 그리고 역사를 공부한다. 이때가 1850년대다. 유럽은 잠시 뒤에 다가올 새로운 세기, 1900년을 맞이하기 위해 쉼없이 달려가던 시기였다. 특히 '벨 에포크'라 불리던 아름다운 시절로 접어드는 길목에서 그녀는 미국에서는 경험할 수 없었던 새로운 사상과 지적이고 문화적인 자극들을 받는다.

그리고 유럽의 학문적 분위기 속에서 그녀는 고대 그리스의 철학과 문학을 본격적으로 접하기 시작했다. 특히 아이스퀼로스 등의 고대 그리스 비극 작가들의 작품들은 그녀가 살아가야 하는 이유를 발견하는 계기가 되었다. 그것은 고통 속에서 지혜를 얻어낸 고대 그리스 비극 작가들의 세계관과의 시간을 초월한 만남을 의미했다. 이것은 이후 평생 그녀의 삶을 지배하는 철학이 되었다.

귀국과 더불어 그녀에게는 평생 직업이 될 직장이 기다리고 있었다. 스물아홉 살이란 젊은 나이에 미국 볼티모어에 위치한 브린모어 사립학교에서 교장 제의를 받은 것이다. 그곳에서 그녀는 평생 동안 학생들을 가르쳤다. 은퇴할 때까지 40년의 세월을 성실한 선생님으로 살았다. 이 시기 그녀의 인생은 지극히 평범했다. 성실하면서도 엄격한 교육자로서 자신의 일에 충실했던 시기였다.

시간은 흘러 어느 덧 그녀의 나이도 정년퇴직을 앞둔 나이가 됐다. 그녀는 기다렸다는 듯이 퇴직을 준비하면서 한 권의 책을 쓰기로 마음먹는다. 그것은 그녀가 어릴 적부터 즐겨 읽었던 고대 그리스의 신화와 비극 작품들을 사람들이 알기 쉽게 이해할 수 있도록 정리한 책이었다.

1930년대 산업화와 물질주의가 팽배해가는 시대 속에서 가치관을 잃고 방황하는 미국의 청소년들에게 그녀는 인생의 의미를 일깨워주고 싶었다. 자신이 탐구한 고대 그리스의 비극을 통해서 그녀는 지혜를 얻었고 이제는 그것을 돌려줄 때라고 생각한 것이다. 그녀는 퇴직을 앞둔 순간 더 큰 책임감을 느꼈다.

그런 순수한 마음으로 쓴 책이 바로 〈고대 그리스인의 생각과 힘(The Greek Way)〉이란 작품이다. 이 책 한 권은 그녀를 한순간에 유명 작가의 반열에 올려놓았다. 그녀가 세상에 이름을 날리고 유명해지기 시작한 것은 바로 이 한 권의 책에서 시작됐다.

정년퇴임으로 교장에서 물러난 직후부터 쓰기 시작했던 한 권의 책이 그녀의 인생을 바꿔놓을 줄 아마 그녀 자신도 몰랐을 것이다. 제목이 암시하고 있듯이 그 책은 고대 그리스인들의 삶과 생각의 방식이 왜 수천 년이 지나서도 가치를 잃어버리지 않고 있는가를 다루고 있다. 이론이 아니라 삶을 살아가는 지혜와 생활의 방식을 담은 책이었다.

이 작품이 세상에 나오자 사람들은 깜짝 놀랐다. 이전의 그리스 신화에 대한 해석은 거의가 원전 자체의 해석, 즉 자구의 해석만 매달렸기 때문이었다. 그런데 그녀의 책은 왠지 좀 달랐다. 원전 텍스트에 충실하면서도 그녀가 느끼고 생각했던 고대 그리스인들의 감성을 놓치지 않았다. 때로는 과감하게 자신의 상상력도 가미시켰다. 이 책은 즉각적인 독자들의 반응을 불러일으켰다. 한마디로 유명인이 된 것이다.

그녀의 나이 63세 때의 일이다. 남들은 이미 인생을 접고 손자들과 어울려 한가하게 여생을 보낼 생각에 빠져 있을 나이에 그녀는 자신의 두 번째 인생을 치열하게 준비하고 있었다. 어릴 적부터 좋아했던 그리스 신화 속 세계를 정신적으로 여행하던 그녀에게 은퇴는 오히려 새로운 선택을 할 기회였다. 작가가 된다는 새로운 설렘과 기다림의 순간이 다가오고 있었다. 오래된 고전 속에서 오늘을 사는 우리들이 배워야할 지혜를 찾아내려고 했다. 그래서 그녀는 노년에 찾아온 성공에 겸손할 수 있었고 더욱 진실한 마음으로 살아갈 수 있었다. 이디스 해밀턴에게 고대 그리스 문학의 정수는 한 마디로 이렇게 정리될 수 있었다.

'고난을 통해 지혜를 얻다.' (pathei mathos)

신화와 전설적인 영웅들이 선택한 운명적인 삶 속에는 '고난을 통해 지혜를 얻는다'는 그리스인들의 낙관적이고 탁월한 인생관이 숨겨져 있었다. 그녀는 바로 이것이야말로 수천 년의 시간과 공간을 뛰어넘어 고대 그리스와 현대인들이 만날 수 있는 지점이라고 생각했다.

모든 책에는 저마다의 운명이 있듯이 그렇게 그 작은 책은 이디스 해밀턴의 인생을 바꿔놓았다. 고대 그리스를 통해 운명이 바뀐 것이다. 그녀의 책은 많은 사람들에게 영향을 미쳤다. 그녀의 책으로 인해서 훗날 절망에 빠진 사람들이 새로운 영혼의 안식과 정신적 활력을 얻게 되는 과정은 한 편의 드라마와 같다.

그 주인공 중에 로버트 케네디가 있다. 바로 존 F. 케네디의 동생이다. 로버트 케네디와 이디스 해밀턴, 그리고 그녀의 책 한 권은 묘한 인연을 지니고 있다. 역사에서는 가끔 이렇듯 책을 통해 삶과 운명이 교차하는 흥미로운 에피소드들이 존재한다. 케네디 가문과 이디스 해밀턴에게도 그런 운명적인 만남이 존재하고 있었다.

1963년 11월 22일 미국 텍사스 주 댈러스에서는 역사를 뒤바꿔놓는 한 발의 총성이 울린다. 젊고 패기 있는 케네디 대통령을 쓰러뜨린 총성이었다. 존 F. 케네디의 죽음은 온 미국을 슬픔과 좌절 속으로 몰고 갔다. 그리고 그의 죽음으로 인해 그 어떤 사람보다 커다란 고통과 좌절을 맛봐야했던 사람이 있었으니, 그가 바로 케네디 대통령의 동생이었던 로버트 케네디였다.

그에게 형은 언제나 우상이었고 살아있는 민주주의의 상징이었다. 그는 형을 통해서 정치가로서의 꿈을 키웠고 미국의 미래를 낙관적으로 바라볼 수 있었다. 그런 그에게 형의 비극적인 죽음은 곧 절망을 의미했다. 35세의 젊은 나이에 법무부 장관까지 오를 수 있었던 그가 형의 죽음 앞에서 무너지기 시작한 것이다. 한 전기 작가는 당시 상황을 이렇게 기록하고 있다.

"그는 문자 그대로 오그라들었다. 황폐하고 수척해져 옷들이 전혀 맞지 않았다. 특히 그가 고집해서 입던 형의 낡은 외투와 턱시도, 가죽 재킷은 야위어가는 몸에 늘어뜨려져 있었다."

예상 외로 로버트 케네디의 정신적 공황 상태는 오래 지속되었다. 업무에 복귀하는 것도 잊은 채 집에만 처박혀 지내기도 했고 사람들과 대면하는 것조차 꺼리는 모습까지 보였다. 형의 죽음이 몰고 온 파장은 정치인 로버트 케네디를 파멸로 몰아넣고 있었다.
  좌절로부터 오는 두려운 순간들이 그를 엄습했다. 아무도 그가 그렇게 처절하게 망가질 것이라 예상하지 못했다. 아니 심지어 그가 그렇게 파멸의 고통 속에서 헤어 나오지 못하고 있다는 사실을 아는 이조차 많지 않았다. 그렇기에 힘든 시간은 더욱 오래 지속됐다. 스스로 버텨내고 이겨낼 힘이 그에게는 남아 있지 않았다. 바로 그때 힘든 나날을 보내고 있던 로버트 케네디를 멀리서 지켜보고 있던 사람이 있었다. 바로 존 F. 케네디의 미망인이자 형수였던 재클린이었다.

그녀는 어느 날 한 권의 책을 시동생이 앉아 있던 탁자 위에 놓고 간다. 바로 이디스 해밀턴이 쓴 〈고대 그리스인의 생각과 힘〉이란 책이었다. 그녀가 왜 그 책을 시동생의 책상 위에 놓고 갔는지는 사실 정확히 알 길이 없다. 우연일 수도 있고 또 다른 어떤 이유가 있었는지도 모른다.

이디스 해밀턴과 케네디 가문의 오래된 인연에 관해서는 한 가지 흥미로운 이야기가 전해지고 있다. 존 F. 케네디가 암살당하기 몇 해 전인 1963년, 당시 이디스 해밀턴은 90세가 넘는 고령에도 불구하고 작가로서 정력적인 활동을 하고 있었다. 텔레비전과 라디오에 출연하여 자신이 탐구했던 고대 그리스 신화의 가치와 삶의 지혜들을 대중들에게 강연했다. 이미 고대의 정신문명을 다룬 책들만 해도 10권에 달할 정도의 그녀는 유명한 작가가 되었다. 그녀의 작품들은 모두가 대중의 큰 반향을 불러 일으켰는데, 사람들은 그녀의 책에 담겨 있는 소크라테스적인 질문들, 즉 삶에 대한 성찰과 반성에 주목했다. 그녀의 책은 물질주의에 빠져 있던 미국인들의 삶에 신선한 문제를 제기했다.

케네디 행정부는 이런 그녀의 역할을 눈여겨보고 있었다. 그리고 미국의 대중문화와 교육에 대한 그녀의 조언을 듣고자 했다. 그 결과 1961년 미국 제35대 대통령으로 취임한 존 F. 케네디는 자신의 취임식장에 그녀를 초대했다. 그때부터 이미 이디스 해밀턴과 케네디 가문의 인연은 시작되고 있었는지 모른다.

케네디 대통령의 부인 재클린과의 인연도 어쩌면 그때부터 시작되었을 것이다. 재클린은 이디스 해밀턴의 책에 누구보다 공감했다. 이디스 해밀턴이 책에서 늘 말하고 했던 '고난을 통해 지혜를 얻다'라는 명제는 실의에 빠져 있는 사람들에게는 희망의 등불이었다. 절망에 빠져 있던 로버트 케네디에게 우연히 다가간 그 한 권의 책은 그래서 우연일 수도 있고 어쩌면 필연일 수도 있다. 아마 그것이 운명이었을 것이다.

그리고 얼마 후 기적이 일어난다. 실의에 빠져 있던 로버트 케네디는 놀랍게도 극심한 좌절과 고통, 두려움을 이겨내고 자리에서 일어난다. 그날 재클린이 놓고 간 한 권의 책을 통해 그는 어둠의 긴 터널을 빠져 나온다. 그는 그 한 권의 책을 통해서 고통과 비극을 극복할 수 있는 새로운 세계관에 눈을 떴다고 스스로 고백했다.

고대 그리스인들이 비극을 극복하고 역동적으로 삶을 살아 왔던 방식은 실의에 빠진 로버트 케네디를 일으켜 세웠다. 그에게는 새로운 정신적 버팀목이 생겨났다. 그렇게 한 권의 책은 파멸해가는 정치가를 구원했다. 1968년 그 역시 암살자의 손에 의해 생을 마감하게 될 때까지 그는 늘 이 한 권의 책을 몸에 지니고 다녔다. 심지어 밑줄을 긋고 내용을 줄줄이 암송할 정도였다. 너덜너덜해진 책표지에는 언제나 그의 손때가 묻어 있었다.

도대체 그에게 이 한 권의 책은 어떤 의미였을까? 과연 무엇이 죽음을 뛰어넘는 용기와 삶의 의미를 깨닫게 해 준 것일까?

많은 사람들이 말하기를 고대 그리스인들이 품었던 삶의 가치관 속에는 인류가 추구했던 가장 이상적인 삶의 가치관들이 살아 숨쉬고 있다고 한다. 이기심을 억제하고 공동체를 위해 자신을 절제하는 겸손함, 고난 속에서도 지혜를 배워나가는 낙관적인 인생관, 이렇듯 고대 그리스인들에게는 운명에 대한 긍정적인 믿음이 있었다.

고대 그리스인들에게 죽음은 회피하거나 외면해야 하는 대상이 아니었다. 죽음은 오직 죽음을 통해서 더욱 아름답게 빛났다. 고대 그리스의 영웅들이 아름다울 수 있었던 것도 그들의 아름답게 빛난 죽음 때문이었다. 인간이 정신과 지성을 통해 영원불멸의 존재로 살아남을 수 있다는 믿음, 그 깨달음 속에서 어쩌면 실의에 빠졌던 로버트 케네디는 희망을 발견한 것이 아니었을까. 지독한 절망에 빠진 자에게 한 권의 책은 언제나 고통을 치유해주는 신비한 능력이 있다. 인간은 누구나 삶의 전환점에서 한 권의 책을 손에 쥐고 있기 마련이다. 로버트 케네디 역시 그랬다.

이디스 해밀턴은 고대 그리스인들이야말로 가장 낙관적이고 삶의 활기와 기쁨을 예찬한 사람들이었다고 생각했다. 그들은 고통과 죽음이라는 절망의 상황 속에서도 이성의 빛으로 세상을 비추려 했다. 대부분의 고대 문명들이 거대한 피라미드와 같은 죽음의 상징으로 구성된 것에 비해서, 고대 그리스는 역동적인 에너지가 넘치는 생명력으로 상징된다. 지금까지 남아 있는 고대 그리스의 유적지를 살펴봐도 무덤보다는 시장이나 극장과 같은 문명의 흔적들이 더 많다. 그들은 죽음보다 삶을 더 중시했기 때문이다.

"이집트에는 무덤이, 그리스에는 극장이 있다. 삶의 활기는 그리스인의 창조물이었다. 그리스인은 가장 암울한 순간에도 결코 삶의 기쁨을 잃지 않았다. 삶의 기쁨은 자유의 공기와 함께했다."(이디스 해밀턴, 〈고대 그리스인의 생각과 힘〉 중에서)

여태껏 누리지 못한 인류의 새로운 정신문명의 세계, 생각하는 힘이 지배하는 세계는 자유에서 출발하는 것이었다. 그들은 낡은 전통이나 관습, 미신에 얽매이지 않으려 노력했다. 이성의 힘으로 세상을 관찰했고, 함께 모여 토론했으며 자유로운 정신세계를 발전시켰다. 바로 이런 이성과 자유가 모여 고대 그리스인들의 삶을 완성했다.

고대 그리스의 문학과 신화는 단지 과거의 유물이 아니라 현재 그녀가 살고 있는 시대 속에서 고난과 좌절을 딛고 삶의 용기를 심어주는 원동력이었다. 우연히도 그녀의 책은 로버트 케네디에게 전해졌고, 그는 그것을 형의 죽음이 안겨준 고통과 좌절로부터 벗어나는 기회로 삼았다. 말 그대로 고난을 통해서 지혜를 얻게 된 것이다.

1930년부터 시작해서 생을 마감할 때까지 이디스 해밀턴은 매년 두세 권씩 책들을 세상에 내놓았다. 그녀처럼 활기찬 노년을 살았던 인물도 그리 많지 않을 것이다. 90세에 이르자 그녀에게도 육체적 한계가 찾아왔다. 그즈음 노환으로 인해 심장에 이상이 생겼다. 어느 날 병원을 찾아 갔을 때, 의사는 더 이상 정신노동을 하는 것은 무리라고 진단했다. 하지만 그날 병원에서 있었던 일화는 그녀가 얼마나 활기차게 세상을 살아갔는지를 잘 보여준다.

정밀검사를 마친 의사가 그녀가 기다리고 있는 사무실로 들어왔다. 이미 몇 시간째 초조하게 결과를 기다리고 있던 중이었다. 흰 가운을 펼치며 의자에 앉자마자 침울한 표정으로 의사가 검사 결과지를 넘겨봤다. 이윽고 굳게 다물고 있던 입을 힘겹게 열면서 의사가 말을 했다.

"생각보다 상태가 심각합니다. 이제 앞으로 얼마 후면 당신은 제대로 걷거나 대화를 나누기도 힘든 상태가 찾아올 것입니다."

다시 긴 침묵이 계속됐다. 아무도 말을 하는 사람이 없었다. 그러자 기다렸다는 듯이 꼬장꼬장하게 이디스 해밀턴은 옷자락을 털면서 의자에서 일어났다. 그녀가 내뱉은 말은 단 한 마디였다.

"흥!"

'죽음아 어디 한 번 올 테면 와봐라', 하는 심정이었다. 옆에서 독기어린 눈으로 문을 열고 나가던 장면을 바라보던 의사와 간호사도 모두 할 말을 잃은 채 그녀의 뒷모습을 바라볼 수밖에 없었다.

이디스 헤밀턴. 이 할머니는 마지막 숨을 거두는 순간까지 책과 인생에 대해 세상과 이야기를 나누려고 했다. 소재는 늘 고대 그리스였다. 놀라운 사실은 그녀가 책을 쓰는 동안 그리스를 여행한 적이 한 번도 없었다는 사실이다. 오직 독서와 상상력만으로 자신의 책을 썼다. 훗날 그녀는 그리스를 단 한 번 방문할 기회를 얻었다. 1957년 그녀의 나이 89세 때, 그리스 정부는 그녀가 이룬 공로를 표창하기 위해 초청장을 보냈다. 그것이 처음이자 마지막이었다. 그녀는 그리스 문화를 발전시킨 공로로 대통령의 훈장을 받고 아테네 명예시민으로 등록되는 영예를 얻게 된다.

  그녀가 발견한 모든 진실은 오직 책을 통해 이뤄졌다. 한평생 책을 좋아했던 그녀였기에 분명 가능했던 일이었겠지만 아무리 다시 생각해봐도 정말 대단한 인생이 아닐 수 없다. 말년에 지병이었던 심장병으로 몇 주 동안 침대에 누워 있던 이디스 해밀턴은 어느 날 기분 좋게 아침 햇살을 받으며 침대에서 몸을 일으켰다. 그리고는 옆에 있던 사람들에게 이렇게 말을 했다.

  "그동안 기력이 없어서 많이 못 썼는데, 이제야 플라톤에 대한 책을 끝낼 수 있을 것 같아……"

  이 말은 그녀가 세상에 남긴 마지막 말이 되었다. 그때 그녀의 나이 95세, 그 말을 뒤로 하고 일주일 뒤, 이디스 해밀턴은 세상과 영원한 작별을 고했다.

생기발랄한 창조와 혁신이
청춘의 전유물은 아니다

세잔(Paul Cezanne)의 그림은 20대보다 60대 노년에 더 비싼 값에 팔렸다. 생전에 그는 좀처럼 인정을 받지 못했다. '미친 화가', '정신착란에 걸린 몽상가'라는 비난을 받았으며, 마약에 취해 그린 그림이라는 혹평을 듣기도 했다. 하지만 현재 그의 작품은 세계 미술 시장에서 가장 고가에 팔리는 작품들 중 하나다.

오늘날 전 세계 그림 경매 시장에서 최고의 가격에 낙찰된 그림은 어떤 그림일까? 답은 '카드놀이를 하는 사람들'이란 작품으로 가격은 무려 2,800억 원에 달한다. 그림 하나가 빌딩 몇 채 가격을 뛰어넘는 것이다. 그럼 이 그림을 그린 화가는 누구일까?

주인공은 폴 세잔이다. 물론 그가 살아생전에 이런 엄청난 가격대로 그림 값을 받은 것은 아니다. 그래도 젊은 시절에 요절하거나 물감 살 돈도 없어 궁색한 삶을 살았던 다른 화가들에 비하면 세잔은 늙어서 호사를 누린 셈이다. 그가 물질적이거나 세속적인 것에 큰 관심을 두지 않았음에도 불구하고 말이다.

세잔의 그림 값부터 이야기를 꺼낸 이유는 그의 젊은 시절과 노년의 그림 값이 엄청난 차이를 지니고 있기 때문이다. 세잔도 젊은 시절에는 물감 살 돈이 부족해서 거의 매달 아버지와 친구였던 에밀 졸라의 도움을 받아야 했다. 그러나 노년에 이르면서 갑작스럽게 그림 값이 뛰어오른다. 앞서 말했던 '카드놀이를 하는 사람들'의 경우 세잔의 후기 작품에 해당되는데, 이 시기부터 그는 인상파의 흐름에서 벗어나 자신만의 눈으로 세상을 보려고 노력했던 것 같다.

그렇다면 도대체 세잔의 그림은 왜 젊은 시절과 노년의 시절에 이렇게 큰 차이를 가져오는 것일까? 그리고 그림 값의 차이는 과연 무엇을 말해주는 것일까?

지금부터 세잔을 통해서 한 예술가의 삶에서 차지하는 창조적 영감이 갖는 의미에 대해서 이야기를 해보려고 한다. 세잔의 경우에 창조적 영감이나 혁신하는 능력은 나이와 무관한 것이었다. 나이가 들수록 오히려 새로운 것에 민감했고 그것은 그의 그림 속에 그대로 투영됐다. 잠시 그의 삶 속으로 들어가 보자.

원래 세잔의 아버지는 어릴 적 화가가 되겠다는 세잔이 마음에 들지 않았다. 여러 번 설득도 하고 협박도 하면서 아버지는 화가가 되는 길을 포기하게 만들려고 했다. 물론 어린 시절의 이런 경험은 세잔에게 깊은 상처를 남겼다. 하지만 모든 위대한 예술가들이 그렇듯이 세잔에게는 시련을 극복할 수 있는 능력, 바로 꿈이 있었다.

세잔은 비교적 세상에 매우 늦게 자신의 모습을 드러낸 화가였다. 대부분의 천재적인 화가들이 20대부터 주목을 받기 시작한 것에 비하면 세잔의 등장은 매우 늦은 편에 속한다. 한마디로 그는 대기만성형의 화가였다. 그의 성공을 이해하기 위해서는 피카소처럼 젊은 시절부터 성공의 대열에 올라섰던 인물들과 비교해 보는 것이 필요하다.

시카고 대학의 경제학자이자 그림에 대한 애호가이기도 했던 데이빗 갈렌손은 창조성과 조숙성이 어떤 관계에 있는지를 알고 싶어 했다. 그는 이 작업을 위해서 화가와 시인들의 삶과 성공의 함수관계를 추적했다. 그의 결론에 따르면 피카소가 20대에 혜성처럼 등장해서 평생 동안 부와 명예를 손에 쥐고 살았다면, 세잔은 인생 말년에 가서야 빛을 보기 시작한 경우에 해당된다. 그것도 나이 60세를 넘긴 뒤부터의 일이다. 그림 값의 차이는 이런 관계를 잘 설명해 주고 있다.

"피카소의 경우 20대 중반에 그린 작품들이 60대에 그린 작품들보다 평균적으로 4배 비쌌다. 하지만 세잔의 경우는 60대 그린 작품들이 젊은 시절에 그린 작품들보다 15배나 비쌌다."

세잔이 젊었을 때, 파리에서 전시회를 열었을 때의 일이다. 그의 그림을 보고 구경하던 한 부부 사이의 대화는 젊은 시절 세잔의 그림이 받았던 수모가 어느 정도였는지 짐작케 한다. 일반인들의 눈에 세잔의 그림은 사물의 윤곽선조차 명확하지 않았다. 색은 엉긴 형태로 마치 하나의 덩어리가 되어있는 듯했다. 아름다운 그림이라는 것이 명료한 사물의 묘사에 기초한다고 믿고 있던 시기에 그의 그림은 한마디로 모호했다. 당시의 기준에서 볼 때, 아름다움과는 거리가 있었던 것이다.

어느 날 세잔의 그림이 전시되고 있던 화랑 안으로 아이를 동반한 한 쌍의 부부가 들어왔다. 그들은 이유를 알 수 없는 미소를 띠며 뭔가에 흥분한 듯 대화를 이어갔다.

"여보, 너무 기뻐요. 저런 그림들도 팔고 있어요. 저건 우리 아이가 그림을 그리는 방식과 똑같아요."

그녀는 화가를 꿈꾸는 한 아이의 엄마였고 남자는 그녀의 남편이었다. 그들은 자신의 아이가 자기 멋대로 그린 엉뚱한 사물의 묘사와 세잔의 그림이 비슷하다고 느낀 것이다. 한마디로 천진난만한 아이들의 꿈속에서나 나올 것 같은 그림이라고 생각했다. 그래서 그날 세잔의 그림을 본 부모는 자신의 아이도 충분히 가능성을 지니고 있다고 믿었다. 그것이 부인이 흥분한 이유였다.

"우리 아이의 선생님은 아이가 밑그림을 그리지 않고 색칠을 하면 아이를 집에 돌려보내겠다고 협박을 했어요. 만일 세잔의 그림들이 팔린다면 우리 아이도 돈벌이를 할 수 있지 않을까요?"

어머니의 흥분에 떨리는 목소리를 곁에서 듣고 있던 화상은 있는 현실을 있는 그대로 말해줄 수밖에 없었다.

"부인, 그런데 말입니다. 지금까지 세잔의 그림은 그다지 잘 팔리는 것 같지는 않아요. 지금 이 화가의 나이가 55세인데요. 35년이나 끈질기게 붓을 놓지 않고 있지만, 안타깝게도 그는 아직도 붓과 그림을 마음대로 살 수 있을 만큼 여유 있는 삶을 살고 있지 못하답니다."

어머니는 그 한마디에 충격을 받았다. 흥분했던 마음도 싸늘하게 식어버렸다. 어머니 옆에 서 있던 남편은 보란 듯이 목소리를 높여 이렇게 말했다.

"잘 들었지? 아들아. 밑그림을 안 그리면 어떻게 되는지 말이야……"

정형화된 사물의 묘사에 치중했던 당시의 그림들에 비하면, 인상파의 그림은 그저 어린 아이들이 장난처럼 그린 그림 같았다. 심지어 한 신문에서는 아이가 그린 그림과 인상파의 그림을 나란히 놓고 어느 것이 화가의 그림인지 맞춰 보라며 조롱하기도 했다. 경찰이 임산부에게 충격으로 유산할 수도 있으니 집으로 돌아가라고 경고하는 삽화가 풍자적으로 신문에 등장하기도 했다. 한마디로 그림이 아니라는 뜻이었다.

가까이 가서 보면 붓으로 그저 꾹꾹 눌러 그린 듯한 그림, 세잔의 그림에서 사물의 윤곽선은 사라져 있었다. 그저 형태를 제대로 알 수 없는 그림들이었다. 그런 낯선 그림들 앞에서 사람들이 당황한 것도 어찌 보면 당연한 일이다. 적어도 그 시절 그림이라고 하면 적어도 윤곽선은 있어야 했다.

세잔의 그림은 그렇게 미술계의 조롱거리로 전락한다. 그에 대한 비난의 강도는 사실 좀 과하다 싶을 정도로 거셌다. 당시 그에 대한 조롱과 비판이 얼마나 심했는지는 다음과 같은 평론가들의 말을 들어보면 알 수 있다.

"세잔은 훈련이 덜 된 위대한 화가다."

"한 친구가 말했다. 그는 누드를 사시로 본다고."

"세잔의 작품에 대해서는 할 말이 없다. 그의 그림들은 마치 술 취한 야간 청소부 같아 보인다."

"세잔? 쓸데없이!"

그나마 다행스러운 것은 이런 조롱 섞인 비평을 했던 사람들이 후대에 유명 평론가로 살아 남지는 못한 것 같다. 사실 세잔이 이런 비난을 받게 된 것은 그가 추구했던 인상주의 미술에 이유가 있다. 세잔은 기초적인 드로잉을 하지 않고 곧바로 그림을 그렸다. 이것은 그가 정밀한 묘사 같은 것에 특출난 재능을 갖고 있지 않았던 것도 한 이유가 된다.

하지만 그보다는 역시 인상파 화가들이 추구했던 독특한 화풍, 즉 순간의 감성과 인상을 중심으로 그림을 그리려는 그들만의 개성에서 이유를 찾는 것이 더 옳을 것이다. 세잔은 세상 사람들이 원하는 방식대로 그리지 못했다. 아니, 사람들이 원하는 방식대로 그리려 하지 않았다. 역설적이게도 그것이 그의 그림이 뒤늦게 빛을 보게 된 이유였다.

2007년 워싱턴 포스트는 '천재들에 대한 5가지 오해'라는 제목으로 예술가들의 나이와 성공에 대한 관계를 조사했다. 그 자료에 의하면 피카소, 랭보, 피츠제럴드 같은 인물들은 젊은 시절부터 일찍 성공의 가도에 올라선 대표적 인물들이다.

그런데 이런 젊은 천재들 목록과 나란히 4, 50대가 넘어 혹은 그보다 훨씬 늦은 나이에 성공을 거머쥔 예술가들도 적지 않게 등장한다. 오히려 예술적으로 위대한 업적을 남긴 사람들은 한순간의 천재적 광기에 의존하기보다는 끊임없는 노력과 오랜 세월 축적된 경험에 의존했던 경우가 많다.

이렇듯 예술과 천재성의 관계에 대해서 우리는 많은 오해를 하고 있다. 그중에는 그림을 그리는 스타일에 관한 것도 포함된다. 우리는 피카소가 천재적인 광기와 열정에 사로잡혀 순식간에 그림을 그렸을 것이라고 생각한다. 반면 세잔 같은 경우는 뭔가 깊은 고민과 세심한 자세로 오랫동안 꼼꼼히 캔버스 위에 붓질을 했을 거라고 추측한다. 하지만 실제로는 정반대였다.

피카소가 26세 나이로 〈아비뇽의 처녀들〉을 그릴 때, 그는 자신이 구상하는 아이디어를 제대로 구현하기 위해서 500번 이상의 예비 드로잉을 거쳤다. 반면에 세잔의 경우에는 결코 예비 드로잉을 하지 않았다. 그림을 그리는 스타일 면에서도 우리의 예상과는 정반대였다.

예술가들의 나이에 관한 오해는 결국 젊은 예술가들을 선호하고 그들과 친분을 유지함으로써 자신의 능력을 과시하려 했던 15세기 르네상스의 문화적 산물이었다. 젊은 예술가들의 낭만적인 취향과 엽기적인 이야기에 호기심을 갖고 있던 대중들은 늘 젊은 예술가들의 광기와 열정에 얽힌 에피소드에 목말라 했다. 젊은 예술가만이 신선한 창조를 해낼 수 있다는 편견도 그렇게 시작된 것이다.

천재성과 창조적 신선함은 오직 스무 살만의 특권일 수 없다. 세잔의 사례가 그걸 잘 보여주고 있다. 그림을 잘 그리지 못하는 화가라는 조롱에도 불구하고 자신이 원하는 그림을 그리기 위해 심지어 모델을 115번이나 의자에 앉힌 적도 있다. 천재의 섬뜩한 광기 같은 건 애초부터 그와는 어울리지 않는 것들이었는지 모른다. 오직 노력만이 있을 뿐이었다. 115번이나 세잔의 의자에 앉았던 그 참을성 많은 모델은 바로 평생 자신의 그림을 지켜준 화상 앙브루아즈 볼라르였다. 어느 날 작품이 완성되자 두 사람은 화가와 화상으로서 한 자리에 앉아 그림을 감상했다.

"좋은데요..." 화상 볼라르가 말했다.

"그래. 셔츠 앞부분은 괜찮은 것 같아."

세잔도 미소를 지었다. 작업이 끝났다는 미소였다. 모델이었던 화상 볼라르 입장에선 이제 꼼작도 하지 않고 석고상처럼 모델이 되는 고통이 끝났다는 기쁨이 밀려오는 순간이었다. 볼라르가 자리에서 일어나서 떠나려고 할 때, 세잔은 문득 이렇게 한 마디를 덧붙였다.

"거 옷좀 벗어 놓고 가구려. 손 위의 흰 부분 두 군데하고 몇 군데를 좀 더 손볼 생각이거든……"

모델에게는 끝이었지만 화가에는 아직도 끝이 아니었다. 세잔은 혼자 남아 화상 볼라르가 벗어놓고 간 옷을 세심하게 들여다봤다. 그리고 다시 붓을 들었다. 아쉽게도 세잔은 이 그림을 완성시키지 못하고 세상을 떠났다. 그에게 완성의 기준이란 그토록 엄격했다.

세잔의 그림은 지금도 미술시장에서 가장 고가에 팔리는 작품들로 유명하다. 사람들이 그의 그림을 높게 평가하는 것은 그가 그림을 통해 표현하려 했던 순수한 예술의 이상 때문이다. 그의 그림은 한 폭의 철학적 이상향을 담고 있었다. 세잔은 그림을 통해 그림도 인간의 철학적 도구가 될 수 있다는 것을 증명한 사람이었다.

사색과 성찰, 진실을 담으려는 탐구심, 세잔은 늙었지만 그의 정신은 젊은이보다 활기있었다. 그는 나이 든 화가도 젊은 화가들만큼이나 혁신적으로 세상을 바꿀 수 있다는 가능성을 보여준 인물이다. 세잔처럼 뒤늦게 발동걸린 화가의 삶은 그래서 더 힘이 있고 놀라운 변화를 세상에 남겨놓는다.

세상을 바꾼 위대한 아마추어들
뒤늦게 출발해서 더욱 빛났던 그들의 인생

일반적으로 우리는 아마추어(amateur)란 수준이 완성되지 못하거나 취미에 불과한 것을 즐기는 사람들이라고 생각하는 경향이 있나. 하시만 원래 아마주어라는 말이 처음 만들어졌던 고대 그리스와 로마에서는 완성도나 수준을 뜻하는 개념이 아니었다. 그당시 아마추어를 뜻하는 라틴어 아마토렘(amatorem)이란 어떤 댓가를 바라지 않고 특정한 분야에서 자신의 일이나 연구, 과학적 탐구를 하는 사람을 일컫는 말이었다. 경제적인 보수나 댓가를 기대하지 않는 순수한 탐구자 정신이 아마추어라는 단어에는 깃들어 있는 것이다.

흔히 비전문가라고 생각을 하지만, 정작 학문과 예술의 영역에서 아마추어들이 이룬 업적은 적지 않다. 지금까지 우리가 살펴본 '뒤늦게 발동걸린 인생들' 역시도 순수한 삶에 대한 열정을 지닌 아마추어들이었다. 그들은 순수했기에 더 열정적일 수 있었고 자유롭게 살며 자신이 원하는 것을 창조할 수 있었다. 그들은 진정 무언가를 진지하게 사랑하는 사람들이었다.

사실 우리가 아마추어에 대해 그릇된 인식을 하게 된 것은 치열한 경쟁 위주의 사회, 특히 남을 이겨서 승리를 차지해야 가치를 인정받는 프로 스포츠 같은 분야 때문에 생겨난 오해다. 성과나 보수를 중심으로 결과를 평가하다 보니, 자연히 프로페셔널한 사람에 비해서 아마추어들은 뭔가 부족한 존재들로 비춰지게 된 것이다.

이것은 산업화 시대에서 만들어진 아마추어에 대한 가장 커다란 오해다. 효율성과 성과에 대한 관리와 통제, 돈과 명성 위주로 사람이 평가되는 산업화 시대의 유산이었다. 그러다 보니 아마추어라고 하면 정규 훈련이나 학습과정을 받지 못한 뭔가 부족하고 미숙한 존재들로 간주되었다.

하지만 21세기 정보화시대에서 프로페셔널과 아마추어의 경계는 허물어지고 있다. 오히려 자신이 좋아하는 일을 찾아 최선을 다하는 아마추어의 미덕이 더 중요시 되고 있다. 이것은 평생직장이 보장되지 않는 오늘날의 사회적 분위기와도 무관하지 않다.

이제 사람들은 더 이상 자기에게 주어진 일만을 위해 인생을 허비하고 싶어 하지 않는다. 오히려 자신이 좋아하는 일을 찾아서 인생을 즐기고 새로운 일에 도전하는 열정을 지닌 사람들이 우대받는 사회가 되고 있다. 아마추어에 대한 개념을 다시 정립해야 하는 이유도 여기에 있다.

그런 측면에서 쇼펜하우어가 남긴 아마추어에 관한 정의는 음미해볼 필요가 있다. 그는 직업적 전문가들만이 인정받는 세상의 부조리를 고발하며 이렇게 아마추어를 강조하고 있다.

"아마추어! 아마추어! 이 말은 학문이나 예술을 애정과 즐거움 때문에, 그 분야에 대해 알고 싶은 열정 때문에 추구하는 사람들을 생업으로 그 일에 종사하는 사람들이 얕잡아 일컫는 말이다. 왜냐하면 그 사람들은 그 일로 벌어들이는 돈만 좋아하기 때문이다."

쇼펜하우어는 누구보다 일찍 아마추어의 가능성에 주목한 사상가다. 그에게는 예술과 학문은 그 자체가 목적이지 수단이 될 수 없다는 신념이 짙게 깔려 있다. 아마추어가 능력이 없다는 비판은 오로지 사회가 전문가들에 의해서만 유지되어야 한다는 맹목적인 인식 때문이다. 전문가에 대한 일방적인 존경심과 아마추어에 대한 불신은 이렇게 비롯됐다.

하지만 우리가 지금까지 살펴본 인물들의 삶은 아마추어와 같은 순수함으로 가득 차 있다. 무엇보다 그들은 자신의 일과 인생에서 즐거움을 추구했다. 가장 자신이 하고 싶고 가장 좋아하는 일을 찾아 나섰다. 성공과 명성은 그 뒤에 따라온 부수적인 결과물이었다.

학문과 예술을 진지한 열정으로 추구했던 아마추어들 덕분에 세상은 이기적인 경쟁보다는 남과 함께 나누고 공유할 수 있는 환경으로 발전하고 있다.

일 자체에서 중요한 의미를 찾고 순수한 마음으로 자신의 꿈을 향하여 매진하는 사람들이 있었기에 우리들의 세상은 보다 인간다운 세상으로 발전할 수 있었다. 진정 위대한 업적을 이룬 사람들은 언제나 이런 아마추어적인 순수한 열정에서 삶의 변화를 모색했다. 그리고 그런 변화가 세상을 변화시켜 나갔다. 돈과 이익에만 집착하는 사람들이 할 수 있는 일들은 결코 아니었다.

제2장.
인생의 시계를 거꾸로 돌린 사람들

'시계 거꾸로 돌리기' 실험

1979년 미국 하버드 대학교 앨렌 랭어 교수가 노인들의 환경 변화가 심리, 신체 변화에 어떤 영향을 주는가를 밝혀내기 위해 실시한 실험. 과거의 시간 속으로 되돌아간다는 의미로 '시계 거꾸로 돌리기'(Counterclockwise) 실험이라 이름 붙였다.

 환경이 바뀌면 사람의 의식은 얼마나 변하는 것일까? 혹시 사람들이 살고 있는 환경이 바뀌면 인간의 정신과 육체에도 변화가 생기는 것일까? 이런 질문을 던지면서 환경의 변화에 주목한 미국인 심리학자가 있었다.

 하버드 대학교의 앨렌 랭어 교수는 아주 우연한 기회에 노인들의 삶을 둘러싸고 있는 환경의 변화가 그들의 심리와 신체에 눈에 띨 만한 변화를 가져온다는 사실을 알게 되었다. 실험에는 '시계 거꾸로 돌리기(Counterclockwise)'라는 독특한 이름 붙여졌다. 실험자에 참가한 노인들은 마치 20년 전의 세상으로 되돌아간 것처럼 생활했다. 생활환경의 변화가 그들의 삶에 어떤 변화를 가져왔는지를 알아보기 위해서였다. 그 실험은 예상보다 놀라운 결과를 가져왔다. 그 이야기는 이렇게 시작된다.

1979년 어느 날 미국 뉴햄프셔 주의 피터버러라는 작은 마을에 위치한 옛 수도원 건물에 8명의 할아버지들을 태운 버스가 한 대 도착한다. 버스에서 내린 할아버지들은 혼자 힘으로 버스에서 내릴 힘도 없는 늙고 병든 노인들이었다. 그들이 도착한 날, 거의 대부분의 노인들은 지팡이를 짚거나 휠체어를 타고 건물 안으로 들어가야 했다.

실험에 참가한 노인들은 며칠 전 하버드 대학교의 앨렌 랭어 연구팀이 지역 신문에 낸 광고를 보고 자발적으로 참여한 사람들이었다. 연구팀은 조용한 시골집에 지내며 과거를 추억하는 실험에 참가할 대상을 모집한다는 광고를 냈다. 그들은 자신들이 살고 있던 현재 시점보다 20년 전인 1959년이란 가공의 세상 속에서 일주일을 보내야 하는 사람들이었다.

참가자들은 두 그룹으로 나뉘어졌다. 첫 번째 실험에 참가한 노인들에게는 마치 지금이 1959년인 것처럼 생각하면서 생활해달라고 요청받았다. 일상적인 대화는 물론이고 실험에 참가하기 위해 작성한 자기 소개서도 마치 자신이 20년 전으로 되돌아간 듯이 현재 시점으로 써달라고 했다. 자기 소개서에는 젊은 시절의 모습이 담긴 사진을 붙이도록 했다. 연구팀은 그들이 비록 몸은 불편하겠지만 적어도 말과 행동만큼은 20년 전인 1959년의 상황 그대로 되돌아간 것처럼 생활하라고 주문했다.

"저희가 원하는 것은 여러분이 1959년을 살고 있는 것처럼 연기를 해 달라는 게 아닙니다. 어려운 일이겠지만, 1959년 당시 자신의 모습이 되어 주십시오."

그러자 몇몇은 쓸쓸하게 웃음을 터뜨렸고 어떤 사람은 킬킬댔으며 냉소적으로 어깨만 으쓱하는 사람도 있었다. 그들은 IBM 컴퓨터가 방 전체를 차지하고 팬티스타킹이 미국 여성들에게 막 알려진 1950년대라는 공간 속으로 들어가고 있었다.

그들이 수도원에 들어간 첫날부터 그들은 미국 최초의 인공위성 익스플로러 1호 발사나 피델 카스트로의 아바나 진격, 방공호의 필요성 등이 화제로 올랐다. 모두가 1959년에 일어났던 일들이다. 그들은 흑백TV 앞에 앉아 미식축구와 야구를 관람했고 벽장에는 그 당시 발간된 책들이 꽂혀 있었다. 거실에 놓인 라디오에서는 페리 코모, 냇 킹 콜 등의 노래가 흘러나왔다. 매일 밤 그들은 마릴린 몬로가 주연으로 등장하는 〈뜨거운 것이 좋아〉나 〈벤허〉, 〈북북서로 진로를 돌려라〉와 같은 영화를 보기도 했다.

물론 실험의 결과를 얻기 위해서 연구팀은 또 다른 별도의 공간에 두 번째 노인들을 따로 지내도록 했다. 두 번째 집단도 첫 번째 집단과 생활환경은 같았다. 다만 그들에게는 한 가지 다른 조건이 주어졌다. 첫 번째 그룹과 달리 그들은 그냥 평소대로 생활하면 되는 것이었다. 그들은 과거로 돌아간 듯이 생활할 필요가 없었다. 그저 과거를 회상하기만 하면 됐다.

그들은 실험에 참가하기 전에 작성한 자기 소개서도 과거 시제를 사용해서 작성했다. 과거에 자신이 무엇을 했는지를 작성하면 되는 것이었다. 자기 소개서에 붙인 사진 역시 주름이 잡힌 노년의 사진을 붙이도록 했다. 그들은 1959년에 맞게 꾸며진 공간 속에 생활하였지만 그들이 생활한 배경은 그저 과거를 회상하는 정도에 불과했다. 그들은 그저 평범한 노인들의 일상 생활과 다를 게 없었다. 원래 노인들은 옛 추억을 떠올리며 보통 그렇게 살고들 있다.

그렇게 일주일이 흘렀다. 실험에 참가한 두 개의 집단 사이에는 변화가 나타났다. 가장 큰 변화는 바로 첫 번째 집단, 과거를 단지 회상하는 것에 머무르는 것이 아니라 아예 송두리째 과거로 되돌아가 마치 젊었을 때처럼 일주일을 살았던 사람들에게서 나타났다. 놀랍게도 그들은 젊어졌다. 기억력은 물론이고 물건을 손에 쥐는 악력과 같은 근육 상태가 현저하게 개선된 효과를 보였다. 그들의 정신과 육체가 놀라울 정도로 젊어진 것이다. 도대체 어떻게 해서 이런 일이 일어난 것일까?

  실험에 참가한 일주일 동안 변화는 서서히 나타나기 시작했다. 그들은 애초의 약속대로 스스로 식사 준비를 했고, 청소를 했다. 함께 모여 게임을 즐기고, 독서 클럽을 만드는 등 자발적인 사회 활동을 하는 그룹도 생겨났다. 그들은 즐겁게 1959년이란 상황 속의 생활에 빠져들어 갔다. 하지만 1959년의 상황을 그저 옛 추억거리로 생각하며 회상했던 사람들에게서는 그다지 큰 변화는 없었다. 그들의 심리적, 신체적 상태는 실험에 참가하기 이전과 크게 다를 바가 없었다. 변화는 1959년의 상황 속에 완전히 빠져든 노인들에게서만 나타났다.

  실험이 끝난 뒤 연구팀은 참가자들을 대상으로 검사를 실시했다. 실험 결과 두 집단 모두 청력과 기억력이 향상되었고 체중은 평균적으로 1.5킬로그램이 증가했다. 악력도 현저하게 향상되었다. 수많은 측정 결과를 통해 참가자들이 이전보다 더 젊어졌다는 것을 확인할 수 있었다.

  하지만 보다 극적인 변화는 첫 번째 실험 그룹, 바로 '1959년'이란 상황 속에 완전히 몰입되었던 집단에게서 나타났다. 그들은 지능검사에서 63퍼센트 향상된 점수를 얻었고 기억력, 신체유연성, 시력, 청력, 식욕 등의 항목에서 전반적으로 뚜렷한 효과를 보인 것으로 나타났다.

가장 극적인 반전은 관절염 때문에 손가락도 제대로 펴지 못하던 노인의 손가락이 정상으로 돌아온 것과 같은 특별한 사례였다. 놀랍게도 그들은 일주일만에 건강과 활력을 되찾은 것이다.

그들은 마치 50대 연령으로 되돌아간 것처럼 보였다. 연구의 목적을 전혀 모르는 사람들에게 노인들의 실험에 참가하기 전후의 사진을 비교해서 보여주자, 그들은 실험에 참가한 노인들이 실험 이후에 훨씬 젊어진 것 같다고 답을 했다.

실험을 마치며 연구팀은 육체를 지배하는 마음의 힘이라는 것이 우리가 생각하는 것 이상으로 엄청난 위력을 발휘하고 있다는 결론을 내렸다. 조사를 진행했던 엘런 랭어 교수가 주목한 것은 바로 '젊음의 시간'으로 되돌아간 환경이었다.

단지 과거의 추억이나 떠올리며 소일했던 그룹과 비교해 볼 때, 그들은 마치 자신이 과거의 젊었던 시절로 되돌아가서 살고 있는 듯한 착각에 빠져들었다. 그리고 마음의 상태가 젊은 시절로 돌아가자, 몸이 반응을 한 것이다. 연구원들이나 실험의 대상이 되었던 노인들 모두 예상하지 못했던 놀라운 결과였다. 그는 이 실험의 결과를 이렇게 결론 내렸다.

"우리를 틀에 가두는 것은 신체가 아니라, 신체가 한계를 지닌다고 믿는 우리들의 사고방식이다."

우리가 생각을 바꾸고 자신이 원하는 것을 위해 노력하는 순간 세상은 우리가 상상하지 못할 정도로 큰 변화를 가져온다는 사실을 그들은 깨닫게 된 것이다. 사실 우리를 둘러싼 환경은 우리에게 끊임없이 현실에 안주하게 만든다. 불편한 현실을 극복하고 환경을 개선하기 위한 노력을 시도하는 것보다는 그저 현실에 우리를 적응시키도록 무의식적인 영향을 미쳐왔다.

'사회적인 시계에 맞춰져 있는 당신 인생의 시계를 벗어 던져라. 그 틀에 맞춰진 인생을 뛰어 넘어라.'

심리학자 버니스 뉴가튼이 지적했듯이, 우리는 지속적으로 사회적인 시계에 맞게끔 생활해 왔는지도 모른다. 그리고 그 사회적 시계에 맞춰서 생활하다보면 우리는 늘 나이를 스스로 확인하게 된다. 나이를 먹어갈수록 그 나이에 맞는 활동과 제약에 스스로를 옭아맨다. 하지만 그것이 정상적인 가치판단이라고 여길만한 근거는 없다. 그것은 일종의 관습일 뿐이다. 문제는 언제나 마음먹기, 바로 그 자체이기 때문이다.

마음의 시계를 되돌리면 몸의 시계도 되돌릴 수 있다는 가능성의 발견은 나이가 들수록 자신의 나이가 주는 무게를 지나치게 심각하게 여기는 사람들에게는 신선한 자극이 될 것이다. 실제로 우리 주변을 둘러보면 노년의 삶을 젊고 활력 있게 사는 사람들이 대부분 나이를 잊고 살아가고 있다는 점을 쉽게 발견하게 된다.

그들은 '시계 거꾸로 돌리기' 실험에 참가했던 노인들처럼 늘 젊고 활기 있는 시절 속에서 살고 있는 것이다. 그들은 언제나 자신이 스무 살 청춘인 듯한 착각 속에 노년의 삶을 살아간다. 자신의 나이를 정확히 확인하려는 습관보다는 오히려 나이를 잊고 살아가는 것이 훨씬 정력적인 인생을 살아갈 가능성도 높다.

78살에 처음 붓을 잡고 화가가 되다

그랜마 모제스(Grandma Moses; 1860~1961)
미국의 전원풍 자연주의 화가. 가난한 농부의 아내로 평생을 살았다. 그림에 소질이 있어 비싼 물감 대신 사과, 딸기 같은 과일즙을 이용해 그림을 그렸다. 놀라운 것은 그녀가 처음 붓을 잡은 나이가 78세였다는 사실. 101세까지 1,600점의 그림을 남겼다. 그녀를 기념한 우표가 제작되었고 〈타임〉지 표지 인물로 선정되기도 했다.

과연 그림을 배우는 적당한 나이가 있을까? 사실 무언가를 배우는 일에서 정해진 나이란 없다. 자신이 가장 적당하다고 믿는 시기, 자신이 가장 열의를 낼 수 있는 시기가 가장 적당한 나이일 것이다.

일본의 한 서양화가 역시 그림을 그리는데 적당한 나이란 없다고 생각했다. 그녀의 수채화 교실에는 나이가 많은 사람들도 찾아왔다. 그들은 너무 늦은 나이에 그림을 배운다는 사실 자체를 두려워했다. 그들은 화가에게 언제나 이런 질문을 던졌다.

"제 나이가 60이 넘었는데 너무 늦은 건 아닐까요?"

그럴 때마다 화가는 이런 이야기를 들려준다. 바로 78세에 처음 붓을 잡기 시작해서 101세까지 그림을 그렸던 한 시골 할머니에 관한 이야기다. 그녀는 지금도 미국인들이 가장 사랑하는 화가 중의 하나로 손꼽히는 그랜마 모제스(Grandma Moses)였다. '나이가 너무 많아 그림 그리기에 너무 늦은 건 아닌가요?'라는 질문에 그랜마 모제스보다 더 좋은 대답은 없기 때문이었다.

그랜마 모제스는 단 한 번도 정규 미술 교육을 받은 적이 없는 사람이었다. 대학도 다닌 적이 없었다. 가난한 가정을 책임져야 했기 때문에 그런 여유를 부릴 처지도 아니었다. 사실 그랜마 모제스처럼 생활을 꾸려 나가면서 틈틈이 그림을 그린 여성 화가를 찾기란 쉽지 않다.

하지만 오히려 미술 교육을 받지 않았기 때문에 그녀는 미술 양식이나 특정한 흐름에 구애되지 않고 순수하게 자신의 마음 가는대로 그림을 화폭에 옮길 수 있었다. 그래서 그녀의 그림은 소박하고 순수했다. 그녀가 살아왔던 자연을 둘러싼 환경에 대한 경건함과 인생에 대한 소박한 성찰이 그림 속에 그대로 묻어났다.

그래서 미술평론가들은 그녀의 그림을 일종의 '건강한 리얼리즘'이라고 불렀다. 때 묻지 않은 순수함과 나이를 초월해서 간직했던 그림에 대한 열정, 때로는 이런 위대한 아마추어들에 의해서 세상은 더 풍요롭고 아름답게 꾸며지는 것이 아닐까.

그랜마 모제스는 1860년 뉴욕 주의 가난한 시골마을 그리니치에서 태어났다. 어렸을 때 원래 이름은 안나 메어리 로버트슨 모제스였다. 당시 미국은 흑인 노예제를 놓고 남북전쟁의 소용돌이 속으로 빨려 들어가고 있던 시기, 전기조차 들어오지 않는 가난한 시골 농장에서 그녀는 많은 형제들과 함께 유년 시절을 보냈다. 집안 형편 때문에 그녀는 학교 교육을 거의 받을 수 없었다. 12살 때부터 그녀는 부모님의 농장 일손을 거드는 일을 시작했다. 하루하루 고된 노동의 대가라고는 한 끼 식사가 고작일 정도로 궁핍한 생활의 연속이었다. 그녀에게 풍족한 생활이란 애초부터 기대할 수 없는 일이었다.

1887년 그녀는 토머스 모제스라는 농부와 결혼을 했다. 그녀의 나이 17세 때였다. 일찍 결혼을 한 탓에 자녀도 10명이나 낳았다. 하지만 궁핍한 삶 때문에 아이들은 병약했다. 생활고 속에 5명의 아이가 병에 걸려 죽는다. 자신이 낳은 아이를 한 명도 아니고 다섯 명이 잃어버린 어머니의 심정은 어땠을까. 아마도 이 시기부터 그녀는 세상을 관조하는 능력을 키워나갔는지 모른다. 마지막 숨을 거둘 때까지 그녀가 추구한 천진난만한 그림 세계와 동화 속 주인공 같은 인물들은 그녀가 채 돌보지 못하고 죽어간 5명의 아이들을 위로하고 있는 듯하다.

모제스는 어린 시절부터 그림 그리는 것을 좋아했다. 비록 그림 물감을 살 돈은 없었지만 그녀는 물감 대신에 사과나 딸기, 포도즙을 이용해서 그림을 그리곤 했다. 그림을 정식으로 배운 적은 없지만, 그녀는 자유롭게 녹음이 우거진 자연과 전원 풍경 그리고 자신의 시골 생활 등을 그림으로 옮겼다. 농장에서 일하는 사람들과 가축들, 산과 나무, 강들이 그녀의 작품 소재가 되었다.

사실 그녀의 그림은 당시 유행했던 벽난로 덮개용으로 그려진 것들이 대부분이었다. 검게 그을린 벽난로를 그림을 덮는 것이 보기에도 훨씬 좋고 위생적이었기 때문이다. 비록 돈을 받고 그림을 그려준 것은 아니었지만, 그녀가 그린 벽난로 덮개용 그림은 언제나 마을 사람들 사이에서 큰 인기를 끌었다. 그녀의 그림 솜씨를 보고 좋아하는 마을 사람들에게 하나 둘 그림을 선물한 것이 전부였다.

그렇게 평범한 생활을 이어가던 어느 날 그녀의 나이 67세 때 남편이 사망한다. 남편의 죽음은 그녀의 삶을 더욱 고달프게 만들었다. 이제 한 가족의 가장이 되어야 했던 그녀는 생계를 위해서 자수를 배우기 시작했다. 한 땀 한 땀 바늘 끝으로 자수를 놓아 하얀 천 위에 그림을 만드는 일은 그녀가 어릴 적부터 좋아했던 그림 그리기와 닮은 데가 있었다. 그렇게 해서 생활비를 벌어 아이들을 키웠다.

 하지만 그 일은 오래 갈 수 없었다. 나이가 들어 손마디에 관절염이 찾아온 것이다. 그녀는 손가락조차 제대로 움직일 수 없는 상태가 되었다. 바늘을 천에 꿰뚫는 정교한 작업은 엄두도 낼 수 없는 처지가 됐다. 생계를 이어가는 일이자, 그녀가 가장 즐겁게 몰두할 수 있는 일이 사라져 버린 것이다.

 하지만 창작의 열정을 가슴에 품은 자들은 어떻게 해서든 자신의 역경을 스스로 돌파할 방법을 찾아낸다. 어느 날 우연히 그녀의 동생이 작은 붓 몇 자루를 선물했다. 그녀의 손재주를 남다르게 보았던 동생이 그림을 그려보라고 권한 것이었다. 작고 가는 바늘로 수를 놓아야 하는 자수보다는 관절염에 걸린 그녀에게는 훨씬 수월한 일이었다. 그리고 그날 이후로 그녀의 삶은 완전히 뒤바뀐다. 그때의 나이가 78세였다.

 처음 붓을 잡고 그림을 그렸지만 작품의 소재는 여전했다. 자신이 좋아하는 창문 밖의 세계, 그곳에는 자연이 있었고 동심이 있었다. 여전히 그녀는 자신이 태어나고 생활했던 농장의 생활과 전원 풍경에 주목했다. 가족들이 살고 있는 아름다운 시골 풍경들과 잔잔한 농가의 일상들이 그녀의 캔버스 위에 옮겨졌다. 무엇보다 그런 그림을 그리는 것이 그녀에게는 즐거운 일이었다. 동네 사람들도 어느새 하나 둘 그녀의 그림을 집에 걸어놓기 시작했다. 그녀는 생계를 위해서 그림을 팔았다. 작은 것은 2달러, 큰 그림은 3달러 정도에 팔았다. 그림을 팔아서 부자가 되겠다는 생각은 애초부터 그녀의 마음속에는 없었다.

그러던 어느 날 그녀의 딸이 읍내에 약을 사러 나갔다. 언제나처럼 약국 주인은 어머니인 그랜마 모제스의 그림에 대해 몇 마디 질문을 던졌다. 약국 주인 역시 그랜마 모제스의 그림을 무척이나 좋아했던 사람 중의 하나였다.

"어머니는 안녕하시지?"
"네. 잘 계세요"
"그런데 말이야... 어머니 그림을 좋아하는 사람들이 많은데, 우리 약국에서 전시를 해보면 어떨까?"
"어머니 그림을요?"
"그래. 약국이라서 좀 그렇긴 하지만. 그래도 동네 사람들이 많이 다녀가는 곳이니까. 원하는 사람들에게 그림을 팔 수 있을지 몰라."

그날 약국 주인과 딸은 그랜마 모제스의 그림을 한데 모아 전시해서 판매해 보자는데 의견이 일치했다. 마을 사람들도 그녀의 그림이

전시된다는 소식에 반가워했다. 조금이라도 그림을 더 많이 사줄 수 있다면, 그녀의 생계에도 보탬이 될 수 있을 거라고 사람들은 믿었다. 드디어 약국 쇼윈도 앞에 그녀의 그림 몇 점이 진열되었다. 그랜마 모제스의 첫 번째 전시회였다. 화려한 뉴욕의 화랑가나 화가들로 넘쳐나는 파리의 몽마르뜨 언덕 같은 곳에 비하면 초라했지만 그래도 마을 사람들과 함께 나눌 수 있는 작고 아름다운 전시회였다.

며칠 후, 공교롭게도 그 시골 마을에 뉴욕 맨허튼의 미술품 수집가가 우연히 지나갔다. 그는 마을 약국 앞을 지나다가 눈에 띄는 독특한 그림 몇 점에 시선을 사로잡히고 만다. 형식이나 유행에 사로잡혀 내용도 이해할 수 없었던 거만한 뉴욕의 직업 화가들이 그린 그림에서는 결코 찾아볼 수 없는 순수하고 자연스러운 아름다움이 그녀의 그림 속에 살아 있었다. 농사짓는 모습이나 시골 마을 결혼식 등 소박한 농촌 풍경 그대로였다. 게다가 특별한 미술 기법을 흉내낸 흔적도 없었다. 그저 묵묵히 어린 시절부터 그려왔던 대로 자연스럽게 그린 그녀의 작품들이었다. 특히 그녀의 작품들은 미국의 전통적인 가정에서 흔히 볼 수 있는 퀼트, 조각이불의 모양과 흡사한 데가 있었다. 뉴욕에서 온 미술품 수집가는 즉석에서 돈을 치르고 그림을 몽땅 샀다.

그것은 이제 오랜 세월 기다려온 그랜마 모제스의 그림에 대한 사랑과 열정이 꽃을 피우게 되는 순간이기도 했다. 어쩌면 바로 이때가 성공한 사람들에게 공통적으로 나타나는 운명적인 인생 대전환의 시기가 찾아온 때였을 것이다. 그것은 미술품 수집가였던 루이스 J. 칼도어라는 사람이 작은 시골 마을 약국 앞을 지나가지 않았으면 일어나지 않았을 일이었다. 하지만 성공하는 사람들의 운명은 이런 우연을 통해 자기 궤도를 찾아간다. 운명은 결코 비켜가지 않는다. 그날 화상은 단번에 그녀가 그린 풍경화의 순박한 매력을 알아봤다. 그는 3달러에서 5달러 정도밖에 되지 않는 그림들을 모두 구입했다. 심지어 모제스 집을 찾아가 창고에 보관되어 있던 나머지 작품들까지 몽땅 사버렸다.

1938년 드디어 그랜마 모제스의 그림이 뉴욕 맨허튼의 화랑가에서 세상에 공개되었다. 반응은 놀라웠다. 전시 첫날 눈 깜짝할 사이에 그녀의 그림은 모두 팔려나갔다. 사람들은 그림을 그린 주인공이 80세를 눈앞에 둔 시골 할머니라는 사실에 또 한 번 놀랐다.

이제 그랜마 모제스는 더 이상 무명 화가가 아니었다. 곳곳에서 개인전이 열리고, 그 뒤 그녀의 그림은 미국 전역으로 퍼져 나갔다. 심지어 그림들은 엽서로 제작되기도 했다. 뉴욕 시민들은 자신들이 잃어버리고 있었던 마음의 고향을 그녀의 그림 속에서 발견했다. 물질적 풍요와 테크놀로지가 지배하는 냉정하고 이기적인 세계 속에서 그녀의 그림은 사람들에게 마음의 풍요와 안식을 제공하는 낙원과도 같았다.

첫 전시회를 시작으로 여러 화랑에서 앞다퉈 그녀의 그림을 전시했다. 〈라이프〉와 〈타임〉지 등에서도 그녀의 그림을 소개하기 시작했다. 당대 최고의 화가들만이 참가할 수 있다는 뉴욕의 메트로폴리탄 미술관, 파리의 국립 근대 미술관, 모스크바의 푸시킨 미술관 등에서도 초청을 받아 전시회가 열렸다. 시골의 할머니 화가였던 그녀가 이제 일약 스타가 된 것이다. 1939년에는 유럽 전역으로 전시회가 확대된다. 유럽인들의 관심도 뜨거웠다. 프랑스와 영국, 독일 등지에서 무려 15번이나 전시회가 열렸다. 1952년 그녀는 자신의 일생을 소재로한 〈내 삶의 역사 My Life's History〉라는 자서전을 썼다. 그녀의 명성은 식을 줄 몰랐다. 1960년 넬슨 록펠러 뉴욕 주지사는 그녀의 100번째 생일을 '모제스 할머니의 날'로 선포했다.

놀라운 것은 그녀가 죽기 직전까지 활발한 그림 활동을 했다는 점이다. 100세에서 101세로 삶을 마감하기 전까지 그녀가 그린 그림이 25점이나 된다. 놀랍지 않은가. 그 중에는 백 만 달러가 넘는 그림도 있었다. 미술사에서는 경이적인 사건이었다.

그녀의 그림에는 자신의 역경을 극복한 삶의 지혜가 고스란히 담겨 있었다. 그것은 그녀만의 독특한 낙관주의 덕분이었다. 불행이나 절망에 빠져 한탄하는 일은 그녀의 스타일이 아니었다. 좌절하지 않고 꾸준히 그림을 그린 한 할머니의 인생과 삶의 철학이 그녀의 그림 속에 고스란히 녹아 있었다. 드디어 그녀는 이제 미국인들이 가장 좋아하는 화가로 우뚝 섰다.

하지만 늘 시골 할머니다운 여유와 넉넉함을 잃지 않았다. 거드름을 피우거나 자만하는 모습 따위는 애초부터 그녀와는 거리가 멀었다. 말년에는 가끔씩 자신을 찾아오는 사람들에게 이런 농담을 하기도 했다.

"나는 그림을 그리지 않았다면 닭을 키웠을 거야"

가난한 시골 농부의 아내에서 미국 최고의 자연주의 화가가 된 인생치고는 참 천진난만한 말이 아닐 수 없다. 그 말 속에는 그녀의 소박한 성품이 그대로 드러나고 있다. 먹고 살기 위해서 힘든 노동을 할 때도, 가난으로 자식들을 다섯이나 잃어버리는 순간에도 그녀는 좌절하지 않았다. 덤덤하게 자신에게 주어진 인생이란 길을 걸어갔다. 그녀는 나이가 들었다고 늙었다고 한탄하거나 슬퍼하지도 않았다. 지나온 세월을 회상하며 한탄조에 빠진 적도 없었다. 그녀는 시간을 잊었고 나이를 잊고 살았던 것이다. 그리고 그것이 그녀가 뒤늦게 자신의 인생에서 힘찬 발동을 걸 수 있었던 비결이었다.

"시간이 날 때면 나는 창밖을 내다보며 나무 그늘의 빛깔 따위를 관찰하곤 해요. 혹시나 다음 작품을 그릴 때 뭔가 영감을 주지 않을까 해서죠. 하지만 정작 새 작품을 시작할 때는 눈을 감고 머리를 뒤로 기대죠. 그러면 놀랍게도 그리고 싶은 풍경이 머릿속에 떠올라요. 추억이란 우리 머릿속에 기록되어 있는 역사에요. 또 과거를 그려내는 화가이기도 하죠."

그랜마 모제스는 101세로 세상을 떠날 때까지 무려 1,600여점의 그림을 남겼다. 따뜻하고 아름다운 미국의 농촌 풍경이 담긴 그녀의 그림은 마치 고향 마을에 온 듯 사람들의 마음을 물들였다. 그것이 지금까지도 그녀의 그림이 많은 사람들에게 사랑을 받는 이유일 것이다.

모두가 늦었다고 삶을 포기하는 순간, 그녀는 새롭게 인생을 시작했다. 가난하고 고달픈 삶 속에서도 결코 포기하지 않았던 인생, 그리고 뒤늦게 또 하나의 멋진 인생을 살았기에 그녀의 삶은 그 자체가 감동이다.

인생이란 무대에서 주인공은 나이가 들고 늙어도 역시 자기 자신이다. 그 누구도 자신의 무대 위에서 자신을 대신해서 연기를 해줄 수 없다. 그녀는 늙었다고 삶을 포기하기보다는 자신처럼 늘 새로운 인생에 뛰어들어야 한다고 말한다. 자신을 믿고 있는 한 삶은 영원히 계속된다. 그녀가 위대한 이유는 바로 그것을 몸으로 증명했다는 점일 것이다. 그녀가 내린 삶의 결론은 다음과 같다.

"나의 경우에 70대에 선택한 새로운 삶이 그 후 30년 간의 삶을 풍요롭게 만들어 주었습니다. 열정이 있는 한 늙지 않습니다."

그녀는 단 한 번도 자신의 삶을 즐기는 방법, 꿈꾸는 방법을 잊지 않았던 사람이었다.

취미없는 인생, 재미도 없다

몇 년 전 일본의 한 노인종합연구소에서는 과거와 달라진 현대 노인들의 건강상태와 인지력 등에 관한 분석 자료를 발표했다. 지난 30년 동안 노인들의 정신과 육체에는 어떤 변화가 일어났을까? 발표된 자료는 예상보다 훨씬 오늘날의 노인들이 육체적으로나 정신적으로 건강한 삶을 살고 있다는 것을 보여주고 있다.

20년 전 65세 노인의 신체적 사회적 건강상태는 오늘날 82세 노인과 수준이 비슷했다. 과거에 비해서 현재 노인들이 훨씬 젊게 살고 있다는 뜻이다. 실제로 우리 주변에서 노년을 젊고 활기차게 살고 있는 노인들을 발견하기란 어려운 일이 아니다.

인간의 평균수명 역시 지속적인 증가 추세다. 과거의 다른 어떤 시기와 비교해도 최근 2,30년 동안 인간의 수명은 급속도로 증가해 왔다. 이것은 의료기술이 발달하고 생활조건이 향상되면서 나타난 현상이다.

18세기 말 제너에 의해서 개발된 종두법은 전염병에 시달려 왔던 인간이 전염병과 맞서 싸워 이길 수 있다는 희망의 신호였다. 이후 19세기에는 파스퇴르에 의해서 본격적인 전염병 예방 백신이 개발됐다. 20세기 들어와 각종 항생제와 화학요법의 개발을 통해 인간을 죽음으로 몰고갔던 수많은 전염병들의 치료가 가능해졌다.

사실 중세를 공포로 떨게 만들었던 페스트나 수천 만 명의 목숨을 앗아간 스페인 독감과 같은 경우에는 전 세계적인 재앙이었다. 1918년에 발생한 스페인 독감의 경우 사망자만 2,500만 명에서 5,000만 명에 이르렀다. 이것은 제1차 세계대전 당시의 사망자 숫자보다 3배나 많은 수치였다. 하지만 최근의 눈부신 의학 발전 덕분에 인간은 질병이나 전염병과의 전쟁에서 승리했다. 인간의 평균 수명이 증가할 수밖에 없는 상황인 것이다.

기록에 따르면 고대 그리스 사회에서 인간의 평균수명은 고작 18세 정도에 불과했다. 지금으로 치면 스무 살 청춘이 곧 죽음을 기다리는 노년이기도 했다는 뜻이다. 기원후 100년 경 로마 시대로 넘어와서는 수명이 25세로 늘어났다. 약 500년 사이에 평균 수명이 7년 정도 늘어난 셈이다. 이후 지속적인 증가가 이뤄져 1900년대에는 47세 정도에 이르렀다. 20세기에서 21세기로 넘어오면서 평균 수명은 거의 두 배 가까운 증가를 보였다.

갑작스럽게 늘어난 인간의 평균 수명 덕분에 사람들에게는 누구나 인생을 체계적으로 관리하고 설계하는 일이 가능해졌다. 대충 40대가 되면 인생을 마감하던 시절에 비하면, 이제는 실패한 인생도 다시 만회하고 극복할 수 있는 시간적인 여유가 충분히 주어진 것이다.

문제는 돈과 건강이다. 남은 인생을 건강하고 여유롭게 살 수 있는가, 아니면 주어진 조건에 맞춰서 억지 인생을 살아야 하는가는 바로 이 두 가지에 달려 있다. 기본적으로 남에게 의존하지 않는 인생을 살기 위해서 적당한 수준의 돈이 있어야 한다. 물론 돈이 전부는 아니다. 하지만 자신의 남은 인생을 즐기고, 자신의 원하는 새로운 목표를 찾아서 나가기 위해서 돈은 필수적이다.

그렇다면 이제 겨우 4,50대에 접어든 사람들은 더욱 고민이 많아진다. 게다가 직장에서 일할 수 있는 시간도 짧아지고 있다. 지금처럼 정년퇴직이 일상이 된 상황에서 한순간의 선택이 노년기의 2,30년을 결정하는 것이다.

뒤늦게 자신의 인생에서 보람과 목표를 찾은 사람들을 조사해 보면 그들은 바로 이때부터 적극적으로 새로운 일에 시간과 돈을 투자했다. 그들은 부동산이나 주식보다는 자기 자신을 위해 돈과 시간을 투자했다는 점이 달랐다. 일종의 적절한 취미생활이나 좋아하는 일을 찾아 나선 것이다. 그리고 때로는 취미나 좋아하는 일에 몰두하면서 제2의 인생을 위한 새로운 직업이 발견되는 경우도 있었다. 완전히 새로운 제2의 인생이 시작된 것이다. 음악을 좋아하거나 여행을 좋아하는 사람들은 그 자체를 즐기면서 보다 전문적인 지식을 체계적으로 쌓아나갔고, 사진을 좋아했던 사람들은 사진을 촬영하면서 미학적인 즐거움을 얻어나갔다. 때로는 그것이 큰 수입으로 연결되기도 했다.

아마추어에 불과한 지식이라도 그것이 시간이 지나면서 전문가도 넘볼 수 없는 훌륭한 전문지식으로 변한다. 그 순간부터 그들은 제2의 인생을 즐겁게 살아갈 수 있는 힌트를 얻었다. 뒤늦게 발동걸린 인생을 살기 위해서 자신에게 맞는 취미나 좋아하는 일에 일찍 관심을 기울일 필요가 바로 여기에 있다. 일단 취미나 좋아하는 일을 찾기 위해서는 시간이 많이 소요되기 때문이다. 지금 당장 효과를 볼 수 있는 것이 아니다. 어느 정도 시간을 투자해야 하고, 땀을 흘려야 결과가 얻어진다. 그것이 무엇이 되든 상관 없다. 하루 몇 시간씩, 아니면 일주일에 몇 시간씩이라도 자신이 좋아하는 취미에 집중하고 시간을 투자한다면, 멀지 않아 그 취미가 인생의 재미와 즐거움으로 다가올 것이다.

다음 소개하게 될 일본의 한 남자는 원래부터 자기 손으로 자식들에게 뭔가를 만들어주는 일을 취미로 삼았던 사람이었다. 그는 장난감이며 놀이기구들을 손수 아이들을 위해 만들어주며 즐거움을 찾았다.

그러던 어느 날 구두가 맞지 않아 발이 아프다며 매일같이 통증을 호소하던 딸을 보며 그는 새로운 일에 도전한다. 바로 딸을 위해서 직접 구두를 만들어주는 일이었다.

발이 아픈 딸을 위해서 만들어진 세상에 하나밖에 없는 구두. 그 구두 한 켤레가 그의 인생을 바꿔놓았다. 그것이 그가 구두 장인으로서 두 번째 인생을 살게 된 계기였다. 우연히 딸의 아픈 발을 위해서 만들기 시작한 구두 하나가 그를 일본 최고의 수제 구두제조업자로 변신시키는 계기가 되었던 것이다.

때로는 이렇게 가족들의 사랑 때문에 뒤늦게 새로운 인생을 찾게 되는 사람들도 있다. 자식을 위해서, 부모를 위해서, 혹은 친구를 위해서 시작한 작은 일 하나가 그들에게 새로운 인생의 변화를 가져왔다. 그들 역시도 지금 우리가 찾고 있는 '뒤늦게 발동걸린 인생'들의 범주에 포함될 수 있는 좋은 사례일 것이다.

딸을 위해 55세에 구두 장인에 도전

기쿠치 다케오(菊地武男)
발이 아픈 딸을 위해 55세의 나이에 구두 장인에 도전한 인물. 그가 창업한 다이나스 제화는 현재 수제화 부문 일본 최고의 기업으로 성장했다

1924년 일본 요코하마에서 태어난 기쿠치 다케오(菊地武男)는 평범한 유년기를 보냈다. 1939년 제2차 세계대전이 발발했을 때, 그는 15살의 어린 나이로 공작 기계를 생산하는 제조 공장에 선반공으로 들어갔다. 어려서부터 손으로 무언가를 만드는 것을 좋아했던 그에게는 천직이나 다름없었다.

일본의 패망으로 전쟁이 끝나고 사회는 어지러웠다. 그는 헌 구두를 모아서 장사를 시작한다. 그와 구두와의 첫 인연이 었다. 당시 일본에서는 구두가 그리 흔하지 않던 시절이었다. 기본적인 생필품조차 부족하던 시절. 덕분에 중고 구두라도 수지가 남는 장사였다. 그렇게 시작해서 조금씩 상점을 늘렸다. 도매상으로 물품을 대며 제법 규모를 키워나갈 즈음 우연히 직접 구두를 만드는 일에 손을 대기 시작한다. 그를 그 길로 인도한 것은 바로 그가 사랑하는 딸이었다.

 어느 날 셋째 딸이 발이 아프다면서 구두를 못 신겠다고 하소연을 했다. 처음에는 구두 가게 딸이라서 이것저것 예쁜 구두를 신고 싶어서 엄살을 부리는 줄로만 알았다. 이것도 신겨 보고 저것도 신겨 봤지만, 딸은 발이 아프다는 호소를 멈추지 않았다. 기쿠치 다케오는 그때 처음으로 사람의 발 모양이 저마다 제각각이고 그래서 구두에 발을 맞출 경우 발이 아플 수밖에 없다는 것을 깨달았다. 그리고 그때부터 직접 딸의 발에 맞는 구두를 만들기 위해 연구에 몰두했다.

 구두 도매업을 하던 사람이 구두를 직접 자기 손으로 만든다고 하니까 주변 사람들은 조금 이상한 눈으로 봤다. 하지만 어려서부터 손으로 직접 뭔가를 만드는 것을 좋아했던 그였기에 남들의 시선 따위는 신경도 쓰지 않았다. 게다가 발이 아파 통증을 호소하는 딸을 위해서 아버지로서 뭔가를 해줘야 했다. 그는 우선 발의 모양과 기능, 발을 이루는 뼈대를 자세히 살펴보기 시작했다. 딸의 발을 아프게 하는 이유가 무엇인지를 알기까지는 적지 않은 시간이 흘렀다. 그리고 결국 한 가지 중요한 사실에 도달했다. 그것은 지금까지 모든 구두가 발을 구두에 억지로 맞춰 왔다는 점이었다. 중요한 것은 구두에 발을 맞추는 것이 아니라 발에 구두를 맞추는 일이었다. 그렇지 않고서는 딸의 고통은 멈출 수 없었다는 걸 깨달았다.

"그냥 구두를 많이 팔아서 돈만 벌면 된다고 생각했던 제 자신에게 실망했습니다. 그동안 딸은 물론이고 많은 고객들에게 제가 권했던 구두가 불편하고 편안함을 제공하지 못한다는 생각을 하게 됐죠. 많이 후회하고 반성했습니다. 그래서 결심했어요. 내 딸 아이를 위해서 정말 발이 편하고 행복하게 만들어줄 수 있는 구두를 만들자. 구두 장인의 길은 그렇게 시작됐습니다."

55세를 목전에 두고 있던 1979년 어느 날, 그는 도쿄예술 대학을 찾았다. 늦깎이 학생이 되기로 결심한 것이다. 처음에는 구두 하나 때문에 예술대학에 입학했다고 하니까 다들 믿지를 않았다. '그깟 구두가 뭔데?' 하곤 수군거렸다. 하지만 그에게는 분명한 이유와 목적이 있었다. 조금 시간이 걸리더라도 확실하게 기초를 다지면서 시작하고 싶었다. 남들은 그저 흔한 구두라고 하더라도 그에게는 천직이 될 수 있는 일이었다. 예술대학에 입학한 것도 어찌 보면 그런 이유 때문이었다.

그에게 예술이란 결국 인간의 삶을 위해 존재하는 것이었다. 예술은 인간을 더 행복하게 만들어주기 위해 존재하는 것이란 믿음. 결국 구두를 만드는 일도 출발은 인간의 행복에서 출발해야 하는 것이었다. 그에게는 그 대상이 바로 딸이었다.

늦은 나이에 해부학, 생체학 같은 어려운 학문을 공부한다는 것은 정말 말처럼 쉬운 일이 아니었다. 자식과도 같은 어린 동급생들과 함께 공부하는 것도 처음에는 낯설었다. 쉰을 훌쩍 넘긴 나이에 대학에 들어가서 구두 만드는 장인이 되겠다는 꿈을 키운다는 것이 보통 사람들의 눈에는 흔한 일로 보이지는 않았을 것이다. 게다가 그는 일찍부터 공장에서 일을 시작했기 때문에 수업을 받으며 대학교를 다닌다는 것 자체가 고역이었다.

하지만 성공하는 사람들의 이야기가 늘 그렇듯이 그런 난관과 시련은 단지 뛰어넘기 위해 존재하는 장애물에 불과한 것이었다. 뚜렷한 목적이 있으면, 인간은 언제 어느 때도 지치지 않는다. 해부도를 외우다시피하고 특히 발과 관련된 것은 무엇 하나 소홀히 넘어가지 않았다. 뼛조각 하나하나, 근육과 신경을 해부도를 보며 암기했다. 그런 수업을 통해 그는 인간의 생체 공학이 갖고 있는 신비를 처음 깨달았다.

구두 가게를 운영하면서 아침부터 저녁까지 하루 8시간 동안 집중적으로 강의를 받았다. 그렇게 10년을 공부에 매달렸다. 시간이 오래 걸린 것은 가게를 운영해야 했기 때문에 남들처럼 온전히 공부에만 전념할 수 없었던 탓도 있다.

그는 대학에서 들은 강의 내용을 꼼꼼하게 메모해서 가게로 돌아와 직원들에게 가르쳐주기도 했다. 얻은 지식을 자기만 갖고 있는 게 아니라 남들과 공유하는 데서 보람도 커졌다. 무엇보다 딸에게 맞는 구두를 만들어주겠다는 스스로의 다짐을 지켜 나가는 것이 보람된 일이었다.

그는 무엇이든 머리로 생각만 하기보다는 직접 손으로 만들어봐야 직성이 풀리는 사람이었다. 그래서 그 당시 시험 삼아 만든 구두들이 수백 켤레는 되었다. 강의 시간에 들었던 내용을 실제로 적용하기 위해서 해부학 교재와 노트는 너덜거리다 못해 누더기가 될 지경이었다. 알지 못했던 발의 구조를 하나하나 깨달아가는 과정은 새로운 세계로 그를 인도했다.

"처음으로 한쪽 발에 28개의 뼈가 있다는 걸 알았고 근육의 기능을 이해하게 됐어요. 발을 움직이는 근육이 무릎 바로 밑에서부터 시작된다는 것도, 구두의 상태와 압박 정도에 따라 피로도가 달라지고 그 근육의 움직임에 따라 발의 움직임도 달라진다는 것을 알게 됐어요."

구두에 발을 맞추는 것이 아니라, 발에 구두를 맞춰야 한다는 그의 신념은 시간이 지나면서 점점 더 많은 고객들에게 알려졌다. 사업은 번창해나갔고, 도쿄와 오사카를 비롯해서 일본 전역에 10여 군데나 되는 지점을 보유한 프랜차이즈 기업으로 성장했다. 여든을 넘긴 나이임에도 불구하고 그는 현재 도쿄 북동쪽에 위치한 다이나스 제화 본사에서 연구를 계속하고 있다. 이미 회사 경영은 다른 사람에게 넘긴 지 오래다.

그의 회사가 만든 구두는 가격도 보통의 구두와 비교해서 몇 배는 비싸다. 다이나스 제화의 브랜드 기성 구두가 1만~3만 엔 정도 하는 것에 비해, 주문형 맞춤 구두는 30만 엔 정도나 한다. 백화점에서 파는 구두보다 10배가 넘는 비싼 가격이지만 고객들의 주문은 끊이지 않는다. 그만큼 그의 구두가 가치가 있다는 것이다.

그렇다면 그의 구두에는 어떤 숨겨진 비법이 있는 것일까? 그것은 그가 구두를 대하는 마음가짐에서 출발한다. 그는 하나의 구두를 만들 때 마치 의사가 환자를 대하듯 한다.

그는 언제나 하얀색 가운을 입고 있다. 얼핏 보면 마치 의사와 같은 분위기다. 나이가 80세를 훌쩍 넘었지만, 여전히 그는 활력 있는 구두 장인의 모습을 유지한다. 하얀색 가운을 입고 있는 것도 그가 고객을 어떤 마음으로 대하고 있는지 잘 나타내준다.

'기쿠치의 구두'라는 브랜드로 널리 유명해진 그의 구두는 100% 직접 손으로 제작한 맞춤형이다. 1970년대에 대량생산, 대량소비가 추세였던 사회분위기 속에서도 그는 구두를 위한 구두가 아니라 발을 위한 구두를 만들어야 한다는 신념을 포기하지 않았다. 그때만 해도 그의 구두 사업이 오래갈 것을 예상한 사람은 많지 않았다.

기쿠치는 좋은 구두란 신었을 때 발이 편한 구두라고 생각한다. 그건 처음 출발할 때 딸을 위해 구두를 만들겠다는 굳은 다짐에서 출발하고 있다. 그의 인생처럼 가족이 우리의 인생에 미치는 영향은 막대하다. 기쿠치는 가족으로 인해서 제2의 인생을 시작했다고 해도 과언이 아니다.

하지만 이와는 반대로 가족 때문에 힘겨운 삶을 살아가야 하는 경우도 있다. 의외로 많은 사람들의 인생에서 가족이 짐이 되거나 걸림돌이 되는 경우도 많다. 대부분 그것을 숨기고 감추는 것이 보통이지만, 가족으로 인해서 힘겨운 나날을 보내야 했던 사람들 가운데에도 '뒤늦게 발동걸린 인생'들이 적지 않다. 때로는 남들에게 말할 수 없는 지극히 개인적인 일들로 인해서 고통을 겪기도 하고, 감추고 싶은 개인사의 비극들 때문에 주눅이든 삶을 살기도 한다.

다음에 소개할 여인은 바로 이런 비극적인 개인사로 생긴 깊은 가슴속 상처와 맞선 사람이다. 그녀의 삶은 거의 전부가 가족들로부터 받은 정신적 고통을 치유하는 과정이기도 했다. 그것은 자신과의 싸움이기도 했다. 그리고 그 과정에서 그녀는 상처를 극복하고 자신을 치료하는 방법을 찾아냈다. 무척 오랜 시간이 걸렸지만, 그녀가 자신을 찾아내고 자신을 치료하는 과정 속에는 우리가 찾고 있는 숭고한 삶의 가치들이 고스란히 담겨 있다. 다음 장에서 우리가 그녀의 삶을 주목해야 하는 이유가 바로 거기에 있다.

살아남기 위해 평생의 상처와 맞서다

루이 부르주아(Louise Bourgeois; 1911~2010)
거대한 거미 조각상'마망'을 만든 프랑스 조각가. 유년시절 가족으로부터 받은 정신적 상처를 극복 하기 위해 끊임없이 노력했던 예술가. 20세기 현대미술에 획기적인 한 획을 그었다고 평가 받음. 99세로 삶을 마감할 때까지 자유로운 창작의 영혼을 간직했던 예술가.

인간의 고통과 번뇌는 유년 시절의 기억과 상처로부터 기원한다 여기 소개할 여성은 99세를 일기로 세상을 떠날 때까지 평생토록 자신의 내면적인 상처와 맞서 싸웠다. 그것은 그녀의 인생에서 어깨에 짊어져야 할 커다란 짐이었다. 하지만 그녀는 그것으로부터 자유로워지기 위해 예술을 선택했다. 그녀의 창작은 자신의 상처를 스스로 치유하기 위한 과정이었다. 자신과의 싸움이란 힘겨운 시간을 이겨냈다.

프랑스 조각가 루이 부르주아(Louis Bourgeois)의 대표작'마망'(maman)은 거미를 소재로 한 작품이다. 거대하게 뻗어나간 거미 다리가 꿈틀 거리듯 도시 한 가운데 자리를 잡고 있다. 그 앞에서 사람들은 기괴하고 흉측한 거미를 피해 머뭇거리기도 한다. 하지만 그 거대한 거미 조각상 밑으로 들어가면 왠지 모를 따스함과 평온함을 느끼게 된다. 바깥에서 보면 흉측하고 공격적인 거미의 다리들이 거미의 몸통 밑으로 들어가는 순간부터는 자신을 외부의 적으로부터 보호해주는 든든한 방어막처럼 느껴진다. 그리고 고개를 들어 올려 거미의 배를 쳐다보면 그곳에는 자신과 동일시되는 거미 알들이 주렁주렁 매달려 있는 것을 발견하게 된다. 엄마 거미는 알을 보호하기 위해서 철사줄로 얼키설키 엮은 망태주머니 속에 알들을 안전하게 보호하고 있다.

평생을 자신이 받았던 유년시절의 성적인 공포와 정체성의 불안, 비운의 가족사에서 경험했던 정신적 고통과 맞서 싸운 루이 부르주아의 작품 '마망'은 그녀가 자신의 고통을 극복 하고 세상을 향해 뻗은 화해와 구원의 손길이다.

거미란 모성애가 강한 동물로 알려지고 있다. 알을 낳으면 등에 알을 달고 다닌다고 한다. 어떤 거미는 새끼가 태어나면 자신의 몸을 새끼를 위해 희생하기도 한다. 새끼는 어미의 몸을 먹으면서 더 강한 존재로 자라난다. 이 세상의 어떤 동물보다 모성애가 강한 거미를 소재로 세계의 도시 곳곳에 거미 조각상을 세워놓았던 여성 예술가, 루이 부르주아. '마망'은 바로 상처받은 많은 이들의 엄마가 되고자 했던 그녀의 마음을 담고 있다.

　1911년 파리에서 태어난 그녀는 직물 태피스트리 사업을 하던 집안에서 자라났다. 그림을 그리듯 만들어지는 융단을 보면서 그녀는 어린 시절부터 그림과 익숙해졌다. 8살 때 처음 드로잉을 하면서 집안일을 돕기도 했다. 그녀의 예술적 재능은 이런 집안의 분위기 속에서 발전해 나갔다.

　그런데 문제는 가정이었다. 많은 예술가들이 그렇듯이 어린 시절의 불우한 가정환경은 그들의 기억속에 오래 각인된다. 루이 부르주아의 경우에는 성적인 문제들이 걸림돌로 작용했다. 감정적이고 비합리적인 성격의 소유자였던 그녀의 아버지는 가정교사와 불륜관계에 빠져 생활했다. 놀랍게도 아버지의 불륜 행각은 어머니의 묵인 하에 이뤄졌다. 어머니는 중세의 스토아학파 사상가들처럼 금욕적이고 성적인 부문에 둔감했다. 생리적인 이유 때문인지 아니면 어머니가 갖고 있던 스토아 사상 때문인지 정확히 알 수는 없지만, 어린 부르주아는 성적으로 문란한 아버지와 정반대로 성적으로 폐쇄적인 어머니 사이에서 극심한 갈등을 겪었다.

　가족들 사이의 성적인 갈등이 직접적으로 표면에 나타난 것은 성적으로 문란했던 언니와 가학적인 새디스트가 된 남동생이 스스로 파멸의 길을 걷기 시작한 다음부터였다. 어릴 적부터 불륜의 가족사를 경험해야 했던 그녀는 그로 인해 극도의 긴장과 불안감 속에서 살아야 했다. 훗날 그녀가 정신분석학에 관심을 갖게 된 배경도 바로 이런 이유 때문이다.

아버지에 대한 증오, 어머니에 대한 연민, 동생들과의 갈등, 가족으로부터 받은 배신감 등이 그녀를 예술의 세계로 이끌었다. 하지만 그것은 동시에 그녀가 예술과 창작의 세계를 살아나갈 수 있는 원동력이 되기도 했다.

어린 시절부터 받은 정신적 불안감 때문에 부르주아는 예측가능하고 안정된 체계에 이끌렸다. 파리 소르본 대학에서 수학과 기하학을 전공한 것도 얼마나 그녀가 세상 속에서 명확한 답을 찾고자 했는지를 잘 보여준다. 수학적인 진리들은 공리로서 불변의 법칙이다. 하지만 그녀는 그것이 공허함을 동시에 깨닫게 된다. 수학적 관념이 그저 이론적 구조일 뿐임을 깨닫게 된 것이다. 불안에서 벗어나려고 했지만, 마음속 공허를 채울 수는 없었다. 그것은 그녀가 다시 그림과 조각의 세계로 넘어가는 계기이기도 했다.

그녀는 자신의 내면에 간직되어 있던 고통과 상처, 갈등과 정신분열적인 증상들을 극복하지 않고서는 결코 행복한 존재가 될 수 없을 것이라고 확신했다. 예술사를 전공하는 남편을 만나 유럽에서 미국으로 건너온 것도 삶의 전환점이었다. 뉴욕으로의 이주는 그녀가 유럽의 엄격한 지적 전통에서 벗어나서 합리적이고 다소 융통성 있는 분위기로 전환하는 계기가 되었다. 당시 뉴욕을 풍미하고 있던 페미니즘 사조도 그녀가 본격적으로 세상에 모습을 드러내는 계기가 됐다. 하지만 그녀가 세상에 나오기까지는 오랜 시간이 필요했다.

30대 중반에 이미 미술계에 등단하긴 했지만, 변변히 내세울 수 있는 작품이 많지 않았다. 하지만 그녀는 포기하지 않았다. 지속적인 창작 활동, 그것은 곧 자신이 얽매이고 있던 불행한 가족사로부터 자유로워지기 위한 몸부림이었다. 드디어 오랜 기다림 끝에 뉴욕 현대미술관에서 회고전을 개최하면서 그녀의 예술인생도 빛을 보기 시작한다. 그녀의 나이 71세 때의 일이다. 그녀 역시 대기만성형의 작가였다. 그 이전까지 그녀는 자신의 정체성을 찾는 긴 여정을 했다. 자신의 내면에 간직되어 있는 오래된 상처와 배신감 등과 싸워야 했다. 그 과정에서 고통은 그녀를 지탱시켜준 요소였다.

"고통이라는 주제가 바로 나의 업이다. 절망, 좌절, 그리움에 어떤 의미와 형태를 부여함이다. 내 몸 안에서 일어나는 현상에 어떤 형태를 부여해야 한다. 고통이란 형식주의의 몸값이라고나 할까. 고통의 존재를 부인할 수는 없다. 어떤 치유나 관용을 제시하는 게 아니다. 다만 그것을 직시하고 거기에 대해 말을 하고 싶을 뿐이다. 그 고통은 제거할 수도, 사라지게 할 수도, 억압할 수도 없다. 그들은 항상 남아 있을 것이다."

어떤 형태로든 우리의 인생에서 고통은 사라지지 않는다. 다만 고통을 대하는 태도에는 변화가 있을 수 있다. 고통으로 눈을 돌리고 회피하고 도망치려는 존재들이 있고, 고통을 정면에서 바라보고 맞서 싸우려는 존재도 있다. 흥미롭게도 루이 부르주아의 인생에서는 이 두 가지가 함께 존재했다. 전반부의 인생은 고통에서 도망치려는 존재가 있었다. 반면 후반부는 그것을 정면으로 응시하려는 그녀가 있었다. 그녀가 이것을 깨닫는 데는 무려 70년의 인생이 필요했다. 그 길고 오랜 시간 동안 그녀는 자신의 고통이 무엇이며, 고통의 실체, 고통의 기원을 찾아내려 했다.

그녀가 오래도록 정신분석학자들과 긴밀한 교류를 했다는 것은 바로 그 증거다. 그녀는 개인적으로 프로이드의 신봉자였고 이후에 미국의 정신분석학계를 주도하는 유명한 인사들과 교류했다. 그들과의 교류는 곧 자신에게 던져진 질문에 대한 답을 찾는 과정이기도 했다.

그녀는 자신의 작품 세계가 자신의 비정상적인 가정사에서 비롯된다고 늘 입버릇처럼 말했다. 부끄럽지만 숨기려 하지 않았다. 어린 시절의 가족이 던져준 배신감과 정신적 충격은 이렇듯 한 인간에게 오래도록 남는다. 노년이 되어서까지도 그녀는 그것으로부터 자유롭지 못했다. 다만 그것을 대하는 방식에서 차이가 있었을 뿐이다. 아버지의 부적절한 관계, 그로인한 남성에 대한 강한 혐오감, 늘 외로웠고 아버지 때문에 일찍 세상을 등진 어머니에 대한 연민은 조각, 설치 미술, 드로잉 등 그녀의 예술 세계 전반으로 스며들었다. 그 과정을 그녀 스스로는 치유와 구원의 과정이라 고백했다. 작품 속에서 원초적인 공포와 폭력성, 기괴한 에로티시즘과 더불어 한없는 애정으로 감싸듯 휘감고 있는 모성애가 뒤엉켜 있는 것도 이런 이유 때문이다.

 70년이 넘는 세월 동안 그녀가 무명에 가까운 생활을 견딜 수 있었던 원동력은 바로 자신의 가족으로 시작된 비운의 운명을 극복하는 과정이었다. 그녀에게 이 모든 것들은 고통스러운 과정이었다. 하지만 고통은 언제나 극복할 수 있을 정도로만 인간을 고통스럽게 한다. 작업을 하는 순간만은 그녀가 고통을 잊을 수 있는 순간이었다. 그래서 그녀는 작품을 계속해서 창작했다. 돈이나 명예, 대중으로부터 인정받아 성공하는 작가가 되겠다는 생각은 애초에 없었다. 그녀에게 창작과 작업 생존의 문제였다. 내면의 불안을 극복하기 위해 그녀는 전투적으로 작업에 매달렸다. 작업실은 그녀가 세상과 싸우는 치열한 전쟁터이기도 했다.

사실 그녀는 38세 때 가진 첫 번째 조각전에서 뒤샹과 마티스에게 비상한 작품이라는 호평을 받을 만큼 훌륭한 재능을 지니고 있었다. 하지만 그것이 전부였다. 그녀가 다시 세상에 자신의 이름을 알린 것은 40여 년이 지난 뒤, 80세가 넘어서야 세계적인 작가로 인정을 받았다. 이렇게 미술계에 뒤늦게 인정을 받은 것은 그녀가 평생 몇 번 안 되는 전시회를 열었기 때문이기도 하다. 그 오랜 세월 동안 그녀는 자신의 고통을 견뎌냈고 극복했다. 그것이 그녀의 인생 주제였다.

어느 날 그녀는 80세에 찾아온 성공이라고 떠들어 대는 미디어를 향해서 한 마디 내뱉는다.

"성공이라고? 물론 그 동안 내가 미술계 언저리에서 지내오긴 했지만 프랑스 와인과도 같이 우리는 나이가 들수록 무르익지요. 내 생각을 자유롭게 표현할 수 있다는 건, 이 세상의 모든 재물을 소유하는 것 이상의 만족감을 줍니다. 이것이야말로 성공의 진정한 의미입니다."

그녀의 작품 세계를 잘 아는 한 미술평론가는 그녀의 인생 전체를 이렇게 요약했다.

'그녀를 괴롭히는 악령을 쫓아내는 것이 목적은 아니었다. 오히려 그 악령들이야말로 그녀가 창작의 불꽃을 태울 수 있었던 원동력이었다.'

고통스런 과거의 기억과 상처, 정신적 갈등 속에서 평생 고통 받고 살아가는 사람들에게 그녀는 고통을 다루는 지혜를 남겼다. 그녀의 고통을 대하는 자세에 다시 주목해야 하는 까닭이 바로 여기에 있다. 98세를 일기로 세상을 떠나면서 그녀가 내린 인생의 결론은 이렇다.

"예술은 제정신을 보장해준다."

(Art is a guarantee of sanity)

아흔 살의 오케스트라 지휘자들

레오폴드 스토코프스키(Leopold Stokowski)와
아사히나 다카시(**朝比奈隆**)는 90대까지 지휘봉을 놓지 않은
노익장을 과시한 지휘자였다.

영화의 본고장 헐리웃 바인 스트리트 1600번 가에는 선셋대로에 서부터 시작되어 헐리웃 주인공들의 이름이 새겨진 동판이 길게 이어져 있다. 1953년부터 시작되어 하나둘 새겨진 동판에는 지금까지 영화사를 빛낸 수많은 스타들과 연예인들의 이름이 새겨져 있다. 그 가운데 낯선 이름 하나가 눈에 띈다. 레오폴드 스토코프스키(Leopold Stokowski)라는 이름이다. 배우도 아니고, 가수도 아니고, 행인들은 낯선 이름 앞에서 잠시 고개를 갸웃 거린다.

그는 헐리웃 명예의 거리에 새겨진 이름들 가운데 아마 가장 낯선 이름일 것이다. 뜻밖에도 그는 오케스트라 지휘자였다. 클래식 음악을 연주하는 오케스트라 지휘자가 헐리웃 명예의 거리에 동판을 새겨 넣을 수 있었던 사연은 과연 무엇이었을까?

레오폴드 스토코프스키는 1882년에 태어났다. 19세기에 태어나 1977년 숨을 거두기 전까지 두 세기에 걸쳐서 오케스트라 지휘자라는 천직을 갖고 살았던 인물이다. 그는 일개 소도시 악단에 불과하던 필라델피아 오케스트라를 미국 최고의 오케스트라로 키운 지휘자였다. 지금도 미국 3대 오케스트라를 꼽으면, 뉴욕 필하모니, 보스턴 교향악단과 더불어 필라델피아 교향악단이 꼽힌다. 필라델피아 교향악단에서 그 오랜 시간 동안 지휘자로 활동했던 스토코프스키가 없었다면 필라델피아 교향악단은 오늘과 같은 명성은 얻지 못했을 것이다.

그는 오케스트라 지휘자로서 뿐만 아니라 다소 엽기적이고 황당한 행동을 일삼았던 일화들로 유명하다. 지휘봉을 절대로 사용하지 않는 지휘자, 사자의 갈기처럼 휘날리는 자신의 은발이 더욱 돋보이게 만들기 위해 세심하게 조명들을 배치했고 지휘를 하는 동안 자신의 그림자가 벽면에 환상적으로 보일 수 있도록 벽면을 흰 페인트로 칠했다. 이런 엽기적인 행동은 그가 실력 없는 지휘자였다면 오래 갈 수 없었을 것이다.

가구 제작자였던 폴란드 태생의 아버지와 아일랜드 계통의 어머니 사이에서 태어난 스토코프스키는 어릴 적부터 바이올린, 피아노 등을 치며 천재적인 음악적 재능을 선보였다. 13세 때 최연소자로 런던 왕립음악원에 입학하여, 그곳에서 오르간 연주를 연마했다. 졸업 후 그는 미국으로 이주 한다.

그가 갑작스럽게 클래식 음악의 불모지인 미국을 선택한 배경은 확실치 않으나 아마도 이때부터 그의 엽기적인 천재적 광기가 은연 중에 그를 신세계로 이끈 것이 아닐까 짐작 된다.

미국으로 건너간 그는 뉴욕에서 교향 오르간 연주자로 새로운 삶을 시작한다. 20대 약관의 나이에다 사교적인 성격, 게다가 대중의 흥미를 끄는 엽기적 행동들로 그는 뉴욕의 클래식 음악계의 떠오르는 별로 주목을 받는다. 그러다 삶의 전환점이 찾아 왔다. 뉴욕을 방문했던 신시내티의 한 음악 평론가가 그를 신시내티 교향악단의 지휘자로 추천한 것이다. 27살의 나이였다. 놀랍게도 결과는 좋았다. 스토코프스키는 주위의 우려를 불식시키고 젊은 나임에도 불구하고 짧은 시일 안에 악단의 수준을 상당한 수준까지 끌어올렸다. 그는 이후 역량을 인정받아 1912년 드디어 그의 평생 인연이 된 필라델피아 관현 악단의 지휘자로 취임한다.

창립된 지 9년밖에 안된 필라델피아 관현악단으로서도 모험이었다. 하지만 젊고 패기 있는 지휘자 스토코프스키는 사람들을 실망

시키지 않았다. 그로부터 25년 동안 그는 필라델피아 관현악단의 지휘자로 활동하면서 소위 말하는 '스토코프스키와 필라델피아의 황금시대'를 구가한다. 그는 결국 펜실베니아 주의 일개 지방 오케스트라에 지나지 않던 악단을 세계적인 오케스트라로 끌어올린 것이다. 그것은 그가 지니고 있는 탁월한 능력 덕분이었다.

스토코프스키가 취임하고 나자 미국 음악계는 필라델피아를 주목하게 되었다. 지휘자의 참신하고 기발한 발상은 음악 외적으로 언제나 뉴스의 초점이 되었다. 스토코프스키는 소리를 더욱 풍부하고 윤택하게 만들기 위해서 지휘자를 중심으로 양쪽으로 나뉘어 있던 제1바이올린군과 제2바이올린군을 한쪽으로 모았다. 또한 현악기군들의 숫자를 늘려서 단원수를 백명 이상으로 확대시켰다.

음질과 연주 효과를 높이는 일이라면 어떤 것도 마다하지 않았다. 당시로서는 파격에 가까운 실험들이 계속 이어졌다. 음질을 높이기 위해 연주회장의 벽을 몇 번씩 페인트로 칠하기도 했다. 무대 위의 조명에도 신경을 써서 자신의 은발이 더욱 빛날 수 있도록 조명을 재배치했다. 지휘봉을 쓰지 않으면서 더욱 과감하고 풍부한 몸놀림을 선보였다. 청각적인 측면뿐만 아니라 시각적인 면도 신경을 쓴 것이다. 이런 연주회장의 변신은 당시로서는 파격이었다. 언론은 그의 이런 행동을 신기하게 생각하며 연일 뉴스를 쏟아냈다.

그는 언제나 새로운 것으로 레퍼토리를 짰다. 옛것을 선호하는 클래식 애호가들의 보수적인 성향과 충돌했다. 남들이 다 아는 흔한 음악을 선보이는 대신에 그는 조금 낯설지만 늘 새로운 작곡가의 음악, 현대적인 조류에 민감하게 반응했다. 덕분에 말러, 쇤베르크, 라흐마니노프, 스트라빈스키 등의 현대 음악들이 미국에서 초연되었고, 이것은 곧 전 세계로 퍼져나가는 계기가 됐다.

그는 후학 양성과 새로운 오케스트라 구성에도 힘을 쏟았다. 1962년에는 자신의 사비 6만 달러를 털어 워싱턴에 아메리카 교향악단을 창립했다. 그것을 시작으로 뉴욕시 교향악단, 헐리웃 보울 심포니 오케스트라, 올 어메리칸 청소년 오케스트라 등을 창립했다. 말 그대로 열정적인 후학 양성의 길이었다. 모든 것은 오직 인재 양성과 새로운 클래식 스타 발굴이 목적이었다. 지휘를 배우고 싶은데 돈이 없는 후배들에게는 레슨비도 받지 않았다. 그렇게 재능 있는 신인들에게 지원을 아끼지 않았다.

1936년 25년 동안 정들었던 필라델피아 오케스트라를 떠나면서도 그의 다음 행선지는 파격 그 자체였다. 그가 선택한 곳은 헐리웃이었다. 그곳에서 그는 월트 디즈니와 독대를 통해 형식이나 장르에 구애받지 않는 새로운 형식의 클래식 음악 애니매이션 영화 제작에 합의한다. 그는 영화 속에서 지휘자로 악단을 이끌면서 영화에 출연하기도 했다. 대지휘자가 헐리웃 영화 제작에 관여했다는 소문은 삽시간에 퍼져 나갔다. 그는 또 한 번 뉴스의 초점에 오른다. 헐리웃 바인 스트리트 1600번 가에 새겨진 그의 동판은 헐리웃과의 이런 인연 덕분이었다.

영화 제작을 계기로 그는 음반 레코드 녹음으로까지 영역을 넓혔다. 그 당시만 해도 클래식 음반 제작은 그리 널리 알려지지 않았던 시절이었다. 하이파이 사운드가 개척될 당시였다. 그는 음악의 질을 높이기 위해 하이파이에 관심을 기울였다.

그의 음악은 실제 연주도 훌륭했지만, 레코드를 통해 독특한 매력을 발산했고 흥미로운 음반을 많이 남겨 놓았다. 그가 최초로 녹음을 할 때만 해도 형편없는 음질이었으나 그는 언제나 그 시대에 가장 뛰어난 녹음 효과를 만들려고 했다. LP에서 스테레오를 거쳐 24채널에 이르기까지 그가 시도한 음반 녹음의 역사는 곧 클래식 음악의 레코드 발달사와 함께 숨 쉬고 발전한 것들이었다.

영화의 배경음악에 교향악단을 참여시켜 연주하는 것은 어쩌면 그가 최초로 시도한 것이 아닐까 싶다. 언제나 그는 새로운 것에 민감했다. 새로운 것을 찾았다. 그런 면에서 그는 영원한 청춘이었다.

하지만 화려해 보이는 그의 행동이나 언행과는 달리 실제 가정생활에서는 의외로 소박하고 검소했던 것으로 알려지고 있다. 먹는 음식도 단순한 식단 위주로 해서 야채나 생선 등을 즐겼다고 한다. 음악가로서의 삶을 떠나 가족과 함께 할 때는 주로 교외에 나가 목장에서 생활을 즐겼다. 세번이나 결혼하면서 늦은 나이까지 정력적으로 살았다. 한번은 1961년 푸치니의 오페라 〈투란도트〉를 연주할 때, 다리를 다쳐서 지휘를 제대로 할 수 있을지 걱정하는 일이 벌어졌다. 이유를 알고 보니, 그때 그는 10대인 자기 자식들과 미식축구 연습을 하다 다쳤던 것이다. 그의 나이 78세 때의 일화다. 그가 얼마나 정력적으로 인생을 살았는지를 잘 보여준다.

그는 공식적으로는 숨지기 석 달 전인 95세까지 지휘자로 활동했다. 원래 그의 계획은 100세를 채우는 것이었다. 그것을 위해 노익장을 과시하며 음반 녹음 계약을 체결해서 주위를 놀라게 하기도 했다. 70여 년 동안 7천 회의 오케스트라 지휘라는 대기록을 남겼고, 그중 60년은 클래식 음반 녹음에 바쳤다.

그는 연주를 하다가도 관객 중에 한 사람이 하품을 하는 것을 보고는 갑자기 연주를 중단한 적도 있었다. 인기도 높았지만 사인을 해달라고 몰려드는 사람들에게 누구도 사인을 해주지 않았다. 사람을 만나는 일을 꺼리기도 한 기괴한 성격의 소유자였다. 하지만 자신의 연주를 위해서는 그 어떤 일도 마다하지 않았고 새로운 것은 무엇이든 관심을 가지고 실천했다. 그런 독특한 스타일 덕분에 그는 살아생전에 큰 인기와 관심을 끌었다.

하지만 정작 본인은 오직 음악밖에 생각하지 않았다. 비록 그가 목표로 한 100세의 지휘는 성공하지 못했지만 누구도 범접할 수 없는 대단한 인물이었던 것만은 분명하다.

"브람스는 아주 오래도록 무덤 속에 머물고 있다. 하지만 그의 음악은 지금도 살아있다. 바로 이것이 내가 오늘 이 무대에 서 있는 이유다."

그의 말처럼 예술은 영원한 것이라는 믿음 하나로 평생을 버텨왔기에 늙어도 늙은 게 아니었다. 그리고 몇 년 후 일본에서는 스토코프스키의 95세 기록을 깨겠다는 지휘자 한 사람이 나타났다. 20세기가 막 시작된 일본, 음악의 길을 찾아서 조금은 먼 길을 돌고 돌아온 사람이었다. 애초부터 예술의 세계에서 업적을 수치로 측정하는 것은 무의미하겠지만, 적어도 나이를 잊고 시간에 도전했다는 점에서 그의 존재 역시 높이 평가할 만하다. 그는 자신의 음악적 재능을 한참 뒤에서야 발견했고 그래서 늦었기에 더 열심히 노력했다. 늦었지만 그래서 더 오래 살고자 했다. 그의 목표는 오직 하나 95세까지 활동했던 스토코프스키보다 더 오래 지휘봉을 잡는 것이었다. 그의 이름은 아사히나 다카시(朝比奈隆)였다.

1908년 쿄토에서 태어난 아사히나는 불우한 유년 시절을 보냈다. 이유는 정확히 알 수 없지만, 태어나서 얼마 안 되어 할아버지 손에 맡겨졌다. 할아버지와의 생활은 그리 길지 않았는데 몇 달 후 그가 다른 집의 양자로 입적이 되었기 때문이다. 그 집안은 아사히나라는 성씨를 쓰는 집안이었다. 아사히나라는 성은 그때부터 붙여졌다.

아사히나가 처음부터 음악에 조예가 깊거나 천재적인 재능을 보였던 것은 아니다. 그는 처음부터 음악의 길과는 무관한 삶을 살았다. 그런데 사람의 운명이란 게 뭐든 자기의 뜻과는 무관하게 이루어지기도 한다. 자신이 정말 좋아하는 것, 자신이 간절히 원하는 것은 언젠가는 결국 사람을 그길로 이끈다. 아사히나의 인생이 그랬다.

아사히나는 음악과는 무관하게 대학도 국립 교토대학에 들어간다. 전공도 법학이었다. 졸업을 하고 그가 취직한 직장은 철도와 백화점을 운영하는 한큐 전철이었다. 그곳에서 그는 2년 동안 법학과는 무관한 전차 차장 일이었다. 때로는 백화점에서 정장을 입고 매장 점원으로 순환 근무를 하기도 했다. 언제부터 그의 인생에 음악이 파고들었는지는 여전히 의문이다. 이 시기는 그저 평범한 회사원의 모습이 전부였으니까.

한큐 전철에서의 생활은 그다지 만족스럽지 못했다. 2년 만에 회사를 그만 두고 그는 다시 대학에 들어간다. 교토대학 철학과에 입학한 것이다. 철도 회사에서 백화점 매장 점원으로 이어지던 삶이 이 시기를 중심으로 변화하기 시작했다. 그는 이곳에서 우연히 음악의 스승을 만난다. 사실 그는 어린 시절부터 음악과 가까운 생활을 했다. 양자로 들어간 집안은 넉넉한 편이어서 그에게 악기 하나 정도는 사줄 수 있는 여유가 있었다. 그 집안의 할머니가 어느 날 그에게 바이올린을 선물했다. 당시로서는 여간 비싼 물건이 아니었을 것이다. 할머니는 어린 아사히나가 양자로 생활하는 것에 조금이라도 주눅이 들거나 외톨이가 되는 일이 없도록 세심하게 배려했다. 바이올린은 그런 할머니의 정성이 담겨 있는 선물이었다. 그리고 그걸 계기로 음악적 공기가 그의 주변을 늘 맴돌게 된다.

기록에 의하면 아사히나는 성격이 쾌활하고 낙천적인 인물이었다. 학창시절에는 고교축구 선수로 뛸 정도로 실력도 있었다. 프로 축구 선수로 인생을 살 수 있을 만큼 출중한 실력이었다. 하지만 운명이란 거부할 수 없는 존재다. 시합 중에 골절상을 당하고 그 후유증으로 선수 생활은 포기하고 만다. 그런데 축구부에서 생활할 때도 그는 친구들과 악단을 조직했던 것으로 알려지고 있다. 대학교에서는 교향악단에 가입해서 비올라와 바이올린을 담당했을 정도니 그의 음악적 재능이 서서히 꽃피기 시작한 것도 아마 이때쯤인 것 같다.

교토 대학 철학과에서 자신의 인생에 대한 물음을 던지고 세상에 대한 진지한 탐구를 이어가던 그는 음악이 자신의 인생과 어울리는 것을 발견한다. 그러던 중 러시아 출신의 지휘자를 만나 지휘의 매력에 빠져든다.

아사히나에게 처음으로 지휘자의 세계를 알게 해준 그 러시아 음악가는 유명한 사람은 아니었다. 하지만 러시아 음악은 당시로서는 세계 최고였다. 러시아 지휘자와의 만남은 아사히나에게 더 넓으 음악적 세계와 음악적 가능성을 발견하는 계기였다. 그는 그를 통해서 본격적인 지휘 수업을 받기 시작했다.

그리고 드디어 기회가 찾아왔다. 그 기회는 생각보다 일찍 찾아왔다. 1973년 철학과를 졸업하던 그해, 그는 교토대학 오케스트라의 지휘를 맡으면서 지휘자로서 첫 데뷔 무대에 올랐다.

그 뒤로 아사히나의 음악 인생은 본격화된다. 뜻하지 않게 친구의 소개로 상하이로 가게 되는 것은 그의 인생에서 음악이 삶의 중심에 자리 잡았다는 것을 의미한다. 더 이상 답답한 회사에 넥타이를 매고 갈 필요도 없었고 더 이상 원하지 않는 웃음을 고객들 앞에서 억지로 지어보일 필요도 없었다.

중국에서의 음악적 교류는 일본의 중국 대륙 진출과도 맞물린다. 이미 아시아의 패권을 장악한 일본군은 물밀듯이 중국 대륙을 침탈해 들어갔다. 하지만 그에게는 일본의 패권주의는 안중에 없었다. 그에게는 지휘할 무대가 곧 세계의 전부였다.

1918년 일본에서 베토벤의 교향곡 5번 〈운명〉이 초연되었다. 그것은 군국주의 길로 치닫고 있던 제국주의 일본과는 무관한 인생을 살고자 했던 그에게는 어쩔 수 없는 선택이었다. 훗날 일본군과의 이런 인연은 그에게 위험이 되었지만, 그것을 따지기에는 그의 음악적 순수함이 너무 컸다.

1차 세계대전에서 승전국의 편에 가담했던 일본은 당시 중국 칭타오에서 포로로 붙들린 독일군을 일본 반도(坂東)라는 지역에 수용했다. 그 포로수용소에는 음악을 전공한 독일군 포로들도 다수 있었다. 아사히나는 우연한 기회에 이들을 조합해서 교향악단을 구성했다. 독일 병사들이 송년 모임을 가지면서 베토벤의 운명 교향곡을 연주했고, 그것은 일본에서 연주된 첫 교향악단 연주가 됐다.

상하이에서 시작해서 만주를 거쳐 하얼빈 교향악단까지 그의 음악 여행은 계속된다. 그 시기 그는 이미 결혼을 해서 가정을 꾸린 상태였다. 그는 음악을 위해 일본을 떠날 채비를 했다. 가족들을 모두 중국으로 데려올 작정이었다. 하지만 일본의 패망으로 그의 계획은 모두 수포로 돌아간다. 하얼빈 교향악단은 해체되었고, 전쟁 패전국이자 가해자 국민이 된 그에게 찾아온 것은 오직 협박과 위험뿐이었다.

결국 그는 하얼빈에서 일본으로 귀국할 수밖에 없었다. 더 이상 중국 대륙은 일본인으로 살아가기에 적합하지 않았다. 전쟁에서 패한 일본의 지휘자는 이제 어떻게 해서든 고국으로 돌아갈 방법을 찾아야 했다. 아무런 이유도 없이 그에게도 감시의 눈초리가 붙기 시작한다. 일본군에 협력했다는 것이 죄목이라면 죄였다.

이때 그를 도와준 것은 하얼빈 교향악단에서 만났던 한국인 지휘자였다. 그 한국인 지휘자는 같은 음악의 동료를 위해 위험을 감수하면서까지 은신처를 제공해준다. 그리고 성난 중국인들로부터 그를 보호해줬다. 아사히나와 그의 가족들이 일본으로 돌아갈 수 있도록 비밀리에 배편까지 마련했다. 생명의 은인이나 다름없었다. 한국인 지휘자와의 인연과 우정은 죽음이 두 사람을 갈라놓을 때까지 계속 이어졌다.

공교롭게도 전쟁의 기억과 상처는 그의 음악에도 많은 영향을 미쳤다. 전쟁의 비참 속에서 인간이 인간다울 수 있는 유일한 길은 음악이 전부였다.

음악 정규 교육을 한 번도 제대로 받지 못했던 아사히나는 오직 노력만으로 어려움을 극복했다. 그에게는 남다른 재능이 하나 있었는데, 그것은 악보를 귀신같이 외우는 것이었다. 그 많은 악보를 머릿속에 넣을 수 있었던 힘은 그가 천재적인 암기력을 갖고 있었던 것 때문이 아니었다. 머리가 좋아서가 아니라 오히려 심한 건망증에 시달렸다. 그는 오직 반복적인 노력으로 모든 악보를 머릿속에 기억했다.

아쉽게도 스토코프스키의 95세 기록을 깨기 위한 그의 노력은 그의 나이 91세 때 중단된다. 갑작스럽게 찾아온 심장병으로 더 이상 지휘를 하기에는 무리라는 진단이 내려진다. 아사히나는 숨을 거두기 직전까지도 아쉬움 섞인 말을 남겼다. '은퇴하기엔 너무 빠른데……' 그것은 그의 유언이기도 했다.

그 역시 음악가로서 수많은 엽기적인 일화를 남겨놓은 것으로 유명하다. 그는 음악 연습을 할 때는 절대로 의자에 앉지 않았다. 나이가 들어도 그것은 변함없는 원칙이었다. 스스로 정한 규칙을 지키기 위해서 노력했다. 엄격한 삶이었다. 그가 왜 의자에 앉지 않는 것을 고집했는가는 다음과 같은 말에서 그 심정을 엿볼 수 있다.

"서 있는 게 나의 업이다. 서서 지휘할 수 없게 되면 은퇴하겠다."

지휘란 모든 오케스트라 단원들의 시선을 한 몸에 받는다. 그의 지휘봉 하나에 따라 모든 악기들이 조화를 찾아나간다. 만약 그의 육신이 흔들리고 불안하면 조화도 흔들리는 것이라 그는 믿었다. 의자에 앉지 않겠다는 결심은 나이가 들어 노년이 되어서도 무대의 중심에 서서 악단을 이끌겠다는 그의 신념이기도 했다.

한신 대지진으로 도시가 온통 파괴되고 혼란의 도가니에 빠진 순간에도 걱정하며 달려온 한 음악 평론가를 방으로 들여서 술 한 잔을 권할 정도였다. 삶이라는 게 늘 운명적으로 정해져 있는 것이라 믿었다. 지진으로 건물이 무너질지 모르는 상황 속에서도 그는 자신의 운명을 믿었다. 담담하게 술잔을 나누는 모습은 그의 평정심이 얼마나 컸는지 잘 느끼게 해 준다.

그는 집 근처에서 다른 곳으로 이동할 때 택시를 자주 이용했던 것으로 알려지고 있는데, 한큐 택시 운전사들과는 각별한 정을 나눴다. 사실 그것은 그가 음악가의 길로 나서기 전까지 일했던 옛 직장에 대한 그리움도 깃들어 있는 것이었다. 그는 심지어 낯선 그들에게 새해가 되면 세뱃돈을 건네기도 했다.

나이가 들어가면서 그는 가끔씩 지휘를 할 때 지휘봉을 떨어뜨리는 일이 잦아졌다. 남들 같으면 이미 그 정도 되면 은퇴를 심각하게 고민할 나이였다. 하지만 역시 아사히나는 달랐다. 지휘봉을 떨어뜨리는 횟수만큼 그는 지휘대 위에 지휘봉을 여러 개 넉넉히 올려놨다. 어떨 때는 연주 도중에 가장 가까이에 앉아 있던 비올라 연주자가 손으로 지휘봉을 대신 집어주기도 했다.

하지만 이런 모습조차도 관객들에게는 신선한 느낌으로 다가왔다. 관객들은 그를 더 이상 늙었다고 무대에서 끌어내리지 않았다. 오히려 지휘봉을 떨어뜨리는 횟수가 많아질수록 그에 대한 박수도 커졌다. 그것은 노년의 지휘자에 대한 경의였다.

때로는 나이가 인간의 내면적인 아름다움을 더욱 돋보이게 만든다. 그런 사람에게는 영적인 아름다움이 느껴진다. 아사히나의 분투는 곧 유한한 인간이 생명을 걸고 음악에 도전하는 과정이었다. 사람들은 그런 아사히나에게 언제나 존경의 박수를 보냈다.

아사히나는 언제나 자신이 사용하던 악보에 템포나 연주의 기억 외에 연주 날짜나 장소 등 메모를 남겼다. 영어와 독일어, 일본어가 혼합된 그의 악보는 그가 자신의 일생을 기록한 역사였다. 그가 죽고 나서 마지막으로 남겨진 베토벤 교향곡 9번이 실린 악보에는 두 줄의 빈칸이 남겨져 있었다.

2001년 12월 29일, 새로운 한 해가 시작되기 직전 그는 홀연히 세상을 떠났다. 며칠 뒤에는 오사카 필하모니의 베토벤 9번 교향곡 〈합창〉의 연주가 계획되어 있었다. 과연 그 악보 빈칸 두 줄에 아사히나는 어떤 메모를 남겨놓으려 했을까. 그가 없는 지금 우리로서는 그 빈칸의 내용을 알 수가 없다. 비록 채워지지 않은 두 줄 빈칸이지만, 그가 사랑했던 음악과 무대에 오랫동안 서 있겠다는 열정을 느끼기엔 이미 충분하다.

무대와 여인을 사랑했던 100세 코미디언

조지 번스
(George Burns; 1896~1996)
미국의 배우, 코미디언, 작가.
헐리웃의 역사만큼이나 오랜 세월 동안
영화와 무대를 지킨 100세 거장.

음악계에서 95세까지 지휘봉을 놓지 않으려 했던 오케스트라 지휘자들이 있다면, 연극, 영화계에는 100살까지 무대에서 내려오지 않으려고 했던 한 욕심 많은 코미디언도 있다. 그의 이름은 조지 번스(George Burns)였다.

도대체 100살을 산다는 것은 어떤 기분일까? 자신의 수명이 한 세기를 사는 체험을 하는 것은 보통 사람들이 누릴 수 없는 특별한 경험이다. 국내의 한 연구기관의 조사에 의하면 한국 사회의 고령화 속도는 세계 최고 수준이다. 게다가 가장 큰 문제점은 기대수명과 건강수명 간의 격차가 크다는 점이다.

기대 수명이란 출생 이후부터 사망할 때까지 예상되는 평균 생존 연수를 말한다. 2022년을 기준으로 볼 때, 한국인의 기대 수명은 여자 86.6세, 남자 80.6세에 이른다. 반면에 질병 없이 건강하게 살 수 있는 기간을 뜻하는 건강수명은 73.1세에 그치고 있다. 이것은 거의 남은 인생의 10년 동안을 각종 질병에 시달리다 사망한다는 것을 의미한다. 많은 노인들이 고통스럽게 말년을 보낼 가능성이 높다는 의미다. 결국 생명의 연장도 중요하지만 그에 못지 않게 건강한 생활을 유지하며 인생을 마감할 수 있는 방법을 찾아야 한다.

그런 점에서 노년에 이르러서도 건강하게 자신의 생활을 유지하며 활력 있는 생활을 하다 생을 마감한 사람들의 모습은 많은 이들에게 부러움의 대상이다. 영화배우이자 코미디언이었고 베스트셀러 작가이기도 했던 조지 번스는 그런 점에서 특별한 사람이었다. 그는 100살 동안 장수했다. 그리고 그 긴 시간 동안 자신의 인생을 사랑했고 끊임없이 새로운 일에 도전했으며, 그 결과 쾌활하고 다이내믹한 인생을 100년 동안 살았다. 그가 그렇게 건강하고 활기찬 인생을 유지할 수 있었던 비결은 무엇일까?

그는 죽을 때까지 누군가를 사랑하고자 했고 자신이 하고 있는 일에서 열정을 다하며 보람을 느꼈다. 그것이 그가 노년에 이르러서도 활력 있는 삶을 유지할 수 있는 비결이었다. 평생 동안 누군가와 사랑에 빠졌던 남자, 사랑의 열정은 인생을 살아가는데 윤활유가 되고 원동력이 된다는 사실을 그는 온 몸으로 입증했다.

그가 현역으로 활동한 기간은 1902년부터 죽기 직전인 1996년까지 무려 94년이나 된다. 이 긴 기간 동안 그는 늘 어린아이와 같은 천진난만한 감성으로 세상을 살았다. 그를 아는 많은 사람들은 그가 시간을 잊은 듯이 삶을 살았다고 말하고 있다. 시간이라는 틀을 벗어나서 망각할 수 있는 능력이 장수의 요건이 될 수 있다는 뜻이다. 자신이 몇 살의 노인이라는 생각부터 버릴 수 있었기 때문에 그는 언제나 누군가를 사랑하며 살 수 있었다. 생명연장의 꿈이 실현되고 있는 지금 시기, 그의 삶은 건강하게 장수하려는 모든 이들의 롤모델이다.

조지 번스는 1896년 1월 루마니아에서 미국으로 이주한 유대계 부모 밑에서 태어났다. 대부분의 미국 이민계 가정이 그렇듯이 그의 가족도 대가족이었다. 12명의 형제들 중에서 그는 9번째였다. 아버지의 직업은 구두나 옷 가죽을 가공하고 만드는 무두장이였는데, 그리 풍족한 가정은 아니었던 것 같다. 어릴 적에는 내티라는 이름으로 불렸고 형제들이 12명이나 되는 대가족에서 언제나 귀염둥이였다. 집안은 하루에도 바람 잘날 없을 정도로 시끌벅적했지만, 형제 많은 집안의 아이들이 늘 그렇듯이 부족한 것 많은 생활 속에서도 주눅 들지 않는 낙천적인 천성을 지녔다. 그가 말년에 이르도록 낙관적인 가치관을 지닐 수 있었던 것도 어쩌면 이런 대가족 덕분이었을 것이다. 부족한 살림 속에서도 언제나 뭔가 흥미로운 일을 꾸미기 좋아하는 아이, 남을 웃길 줄 아는 아이였다.

그는 집안 살림을 돕기 위해 어릴 적부터 일을 해야 했다. 구두닦이, 심부름꾼, 신문 배달부를 하며 유년기를 보냈다. 오직 돈을 벌기 위해 닥치는 대로 일을 해야 했던 시절이다. 그가 사탕 가게에서 초콜릿 시럽을 만드는 일로 첫 직장을 얻었을 때, 그의 나이는 고작 일곱 살이었다. 그런 어린 나이에 돈을 벌기 위해 직장을 다녔지만 늘 생활 속에서 즐거움을 찾아냈다. 그건 그의 천부적인 쇼 비즈니스 기질 덕분에 가능했다.

첫 번째 직장인 사탕 가게에서 그는 자신의 인생을 결정지을 재능을 발견하게 된다. 모든 천재들이 그렇듯이 그 일도 아주 우연히 일어났다. 당시 상점에서 일하는 아이들은 조지 번스처럼 모두 나이가 어렸다. 대부분 6세에서 7세 정도의 아이들이었다. 사탕에 들어갈 시럽을 만드는 기계는 그 상점의 지하에 있었다. 그 일은 매우 단순했고 지루한 일이었다. 답답하고 탁한 지하실 공기 때문에 성인들도 오래 버티기 힘든 환경이었다. 조지 번스는 그 무료하기만 한 지하실 공기를 어떻게 하면 날려버릴 수 있을지 늘 고민했다. 그리고 드디어 어느 날 아침, 그의 재능이 번뜩이는 일이 일어났다.

아이들은 매일 고사리 같은 손으로 초콜릿을 녹여 만든 시럽을 용기에 담는 일을 했다. 초콜릿을 녹이기 위해 켜놓은 화로에서는 늘 뜨거운 열기가 뿜어져 나왔다. 그 열기 때문에 몇몇 아이들은 꾸벅꾸벅 졸기도 했다. 화로에 화상을 입은 아이들도 있었다. 어린 조지 번스는 일을 하며 노래를 시작했다. 휘파람도 불면서 당시 유행하던 노래를 흥겹게 불렀다. 몇몇 아이들이 그의 노래를 따라 불렀다. 어느 새 화음을 맞추는 아이도 있었다. 나무 탁자를 두드리며 박자를 넣는 아이도 있었다. 그렇게 하면 졸음도 쫓을 수 있었고 무엇보다 지루한 일을 훨씬 즐겁게 할 수 있었다.

그러던 어느 날 상점에 편지를 배달하러 우편배달부가 왔다. 그는 어디선가 들려오는 아이들의 노래 소리에 호기심이 생겼다. 노래 소리는 지하실에서 들려오고 있었다. 그가 지하실 계단으로 발걸음을 옮기자 열기를 뿜는 기계들 사이에서 아이들이 노래를 하며 일하고 있는 모습이 보였다. 아이들의 노래 소리는 작은 지하실 공장 벽에 울려 퍼지며 은은한 화음을 만들고 있었다.

노래가 끝나자 그는 아이들에게 몇 곡 더 불러줄 수 있겠냐고 부탁을 했다. 아이들은 신이 나서 더 큰 목소리로 노래를 했다. 그때까지만 해도 누가 노래를 부르고 있는지 우편 배달부는 잘 몰랐다. 가만히 아이들 얼굴을 하나씩 훑어보자, 노래를 부르고 있는 4명의 아이들 모습이 보였다. 그는 아이들의 흥겨운 노래에 자기도 모르는 사이에 박자를 맞추며 즐기고 있었다. 잠시 후 노래가 끝나자, 박수 소리가 지하실 초콜릿 시럽 공장 안에 울려 퍼졌다. 어린 조지 번스는 고개를 들어 지하실 계단을 올려봤다. 언제 왔는지 모르지만 계단 위에 어른들의 얼굴이 보였다. 그리고 곧이어 지하실 바닥으로 동전들이 쏟아졌다.

조지 번스는 이날 일을 평생 잊지 못했다. 그것이야말로 하나의 멋진 쇼였고 공연이었다. 조지 번스는 노래를 하던 아이들을 손짓으로 불러 일으켜 세웠다. 그리고 허리를 숙여 계단 위 관객들을 향해 인사를 했다. 그것은 이제 그들이 답답한 지하실 공장 안에서 더 이상 초콜릿 시럽을 만들지 않아도 된다는 것을 말해주고 있었다. 조지 번스에게는 쇼 비즈니스가 무엇인지 몸으로 깨닫게 되는 계기였다. 노래를 하고, 춤을 춰서도 돈을 벌 수 있다는 것을 깨달은 것이다.

4중창단으로 구성된 어린 조지 번스의 쇼는 선착장이나 유람선 위에서도 열렸다. 얼마 후에는 뉴욕의 살롱에서 노래를 할 수 있는 기회가 주어졌다. 초콜릿 시럽을 만드는 지하실 공장에서처럼 아이들은 노래가 끝나면 모자를 벗어 바닥에 올려놨다. 박수갈채가 쏟아지고 곧이어 수많은 동전들이 모자 위로 쏟아졌다. 조지 번스가 연예계로 뛰어들게 된 계기는 그렇게 시작되었다.

치열한 경쟁과 남을 이기지 않고서는 자신이 살아남을 수 없는 비정한 정글 같은 세계 속에서도 그가 끝까지 살아남을 수 있었던 것도 따지고 보면 이런 어린 시절의 경험이 밑바탕이 되었다. 그에게는 즐겁게 노래를 부르고 춤을 일이 가장 행복했다. 어떤 시련과 난관이 닥쳐도 그는 그 자체를 즐길 수 있는 넉넉한 마음을 천성적으로 타고났다. 천성적인 낙천주의자였던 것이다. 그 당시를 회고하며 그는 이런 말을 하고 있다.

"어떤 공연장을 가던 어른들은 우리들의 공연을 즐거워했다. 노래가 끝나면 언제나 우리 앞에 놓았던 모자 속으로 동전들이 쏟아져 들어왔다. 때로는 모자 밖으로 떨어진 것들을 가져가는 어른들도 있었다. 또 어떨 때는 아예 모자를 통째로 갖고가는 어른들도 있었다. 하지만 뭐 그때 우리들은 그런 건 신경도 안 썼다. 즐겁게 노래를 할 수 있다는 사실 자체가 우리들에게는 가장 중요한 것이었기 때문이다."

1930년대 미국에서는 보드빌(vaudeville)이라는 독특한 장르가 인기를 끌었다. 그것은 일종의 버라이어티 엔터테인먼트 쇼였다. 연극에서부터 시작해서 클래식, 대중음악, 댄스, 코미디, 모노드라마, 심지어 아크로바트나 동물들까지 무대에 올랐다. 원래 보드빌은 프랑스에서 시작된 공연 형태였다. 'voix de ville', 즉 'voice of the city'(도시의 소리)라는 어원처럼 형식도 다양한 공연이 도시 안에서 이뤄졌다. 하지만 정작 보드빌 공연이 인기를 끈 곳은 유럽이 아니라 미국이었다. 영화가 대중화되기 이전에 보드빌 무대는 오늘날의 뮤지컬이고 멀티플렉스 공연장이었다. 미국의 쇼 비즈니스는 바로 이런 보드빌 극장에서부터 발전하기 시작했다. 어린 시절 사탕공장의 지하실에서 노래를 부르며 쇼 비즈니스 업계로 뛰어든 조지 번스 역시 보드빌 무대를 통해 활동을 시작했다.

"침대에 누워 있지 마라.
　침대에 누워 돈을 벌 수 있지 않다면…"

나이가 들수록 육체적인 힘이 부족해지다 보니 자연적으로 누워 있게 되는 시간도 많은 것이 사실이다. 나이가 들어서가 아니라도 사람은 누구나 편안한 곳, 몸을 뉘일 수 있는 곳에서 쉬고 싶은 욕망을 지니고 있다. 하지만 휴식과 나태의 경계는 쉽게 구분되지 않는다. 어느 정도까지가 재충전을 위한 휴식이고 어느 정도를 넘어서면 나태함으로 이어지는지 사실 누구도 쉽게 그 기준을 말하기 어렵다.

그런 점에서 조지 번스의 이 말은 언제나 나태함을 극복하고 자신과의 싸움에서 이겨내기 위한 채찍질 같은 말이다. 눕고 싶을 때, 마냥 놀고 싶을 때마다 구부정한 허리로 100세가 다 된 노인 조지 번스가 호통이라도 치는 듯해서 정신이 번쩍 든다.

사실 조지 번스는 연기도 훌륭했지만 타고난 엔터테이너였고 남들의 정신을 단련시켜줄 줄 아는 정신적인 트레이너였다. 그는 베스트셀러 작가였고 용기를 잃고 무력감에 빠진 많은 사람들을 일으켜 세운 탁월한 강사였다. 그의 말 한마디와 그가 남긴 어록들이 세월이 흘러도 그 빛이 변하지 않는 것도 이런 이유다. 잠시 그가 남긴 어록들 중에서 몇 가지를 살펴보도록 하겠다.

"젊음, 늙음, 그건 단지 단어일 뿐"

"나는 내가 싫어하는 일에서 성공하기 보다는 차라리 내가 좋아하는 일에서 실패자가 되는 게 더 좋을 것 같다."

"당신은 늙지 않을 수는 없다. 하지만 늙을 필요는 없다."

짧고 간결하면서도 늙음에 대한 명쾌한 답변들이다. 그는 언제나 자신이 남긴 어록처럼 생각하고 행동하며 인생을 살았다. 그의 말 한마디 한마디 속에는 그의 쾌활한 낙관주의가 느껴진다. 100세를 살았지만, 언제나 그는 청년이었다. 그를 통해 주위 사람들은 좋은 영감은 물론이고 건강한 에너지를 받았다. 그것이 자신의 주변에 늘 사람이 끊임없이 몰려들게 만든 비결이었다. 100세를 살았지만 그는 그래서 단 한 번도 외롭거나 재미없는 인생을 살지 않았다.

제3장.
평생 공부가 장수의 비결이었다

꿈을 위해 15개 언어를 마스터하다

하인리히 슐리만
(Heinrich Schliemann; 1822~1890)
독일 출신의 사업가, 아마추어 고고학자.
점원에서 시작해서 사업가로 성장한 자수성가형의 인물.
호메로스의 〈일리아드〉에 등장하는 트로이 유적지를 발굴, 신화와 전설로만 여겨졌던 고대 그리스 신화를 역사의 무대로 이끌었다.

그가 인생을 살아온 전반부는 정말 보잘것없었다. 10대부터 힘겨운 인생살이를 시작한 그는 처음에 고향 마을에 있는 식료품점에서 허드렛일을 돕는 점원으로 사회에 첫발을 내디뎠다. 목사였던 아버지는 슐리만이 어릴 적 사업에 돈을 투자했다 실패를 한다. 이 일로 슐리만의 가족은 경제적으로 궁핍해지고 급기야 목사였던 아버지는 도의적인 책임을 지고 교회를 떠나고 만다. 그것이 일찍부터 슐리만이 경제적으로 자립을 해야 했던 까닭이었다.

그의 자서전인 〈고대에 대한 열정〉을 보면, 당시 그가 얼마나 처절한 인생을 살고 있었는지를 잘 알 수 있다. 허름한 옷, 너덜너덜해진 구두, 며칠 동안 제대로 먹지를 못해 허기지고 지친 표정으로 그는 아버지의 친구에게 일자리를 부탁해야 했다. 가진 것이 한 푼도 없는 슐리만은 두 발로 걸어서 함부르크에 도착했다.

먹고 살기 위해 무슨 일이든 했다. 그래서 그 시절 그는 점원이었고, 선원이었고, 한때는 경리일을 보는 회계사였다. 그리고 그런 과정을 거쳐 사업가가 되었다. 그는 여행을 좋아했고 그 기록을 늘 책으로 남겼으며, 무려 15개 국어의 언어로 자유롭게 사람들과 대화를 나눌 수 있었다. 이 모든 그의 인생은 오직 하나의 목표, 8살 때부터 갖고 있었던 평생의 꿈을 위한 준비였다. 도대체 그의 꿈은 어떤 것이었기에 평생토록 그의 삶을 이끌어 왔을까?

고대 그리스 신화 중에서 가장 흥미로운 이야기를 꼽으라면, 누구나 호메로스의 〈일리아드〉를 꼽는다. 그리스 연합군을 이끌었던 아킬레우스와 오디세우스에서부터 성벽으로 둘러싸인 트로이를 지켰던 헥토르와 프리아모스, 그리고 이런 비운의 역사를 만들어놓은 장본인이자 사랑에 눈이 멀었던 파리스와 절세의 미인 헬레네까지, 영웅들의 숨막히는 전투와 모험, 우정과 사랑의 대서사시는 늘 우리의 가슴을 뛰게 만든다. 하지만 슐리만이 등장하기 전까지 그 모든 이야기는 단지 신화 속의 지어낸 이야기라 여겨졌다. 호메로스의 〈일리아드〉가 실제로 존재하는 역사였다고 믿는 사람은 아무도 없었다. 이 8살 소년이 꿈을 꾸기 전까지는 적어도 그랬다.

트로이 진영의 거대한 성벽이 그리스 군이 남겨놓고 간 목마 하나에 한순간에 무너져 내리는 모습을 밤마다 상상하며 잠이 들곤 하던 한 아이가 있었다. 그 아이는 언제나 트로이가 땅속 어딘가에 묻혀 있을 거라는 믿음을 잃어버리지 않았다. 그 아이의 이름이 바로 하인리히 슐리만이다.

그는 신화와 전설로만 여겨졌던 고대 그리스 신화 속 이야기, 바로 '트로이'의 유적을 발굴해낸 장본인이다. 평생 모은 재산을 황량한 터키 히사를리크 언덕 위에 아낌없이 쏟아 붓는 것을 보고 사람들은 그가 미쳤다고 했다.

그의 나이 50세 때 일이다. 과연 어느 인생이 이렇게 용감한 삶을 살 수 있었을까. 인류는 그 덕분에 아주 큰 빚을 하나 지게 됐다. 트로이의 목마가 전설이 아니라 실제로 존재했던 역사였다는 사실을 깨닫게 되었기 때문이다. 신화가 실재했던 역사로 뒤바뀌는 순간이었다. 그 덕분에 인류의 문명은 적어도 3천 년은 더 앞으로 전진할 수 있었다.

"바로 저 성문으로 트로이의 목마가 들어왔나요?"

여덟 살 소년 슐리만은 밤마다 아버지에게 물었다. 가난한 시골교회 목사였던 아버지는 돈은 없어도 언제나 슐리만이 책을 통해 세상과 만날 수 있도록 길을 인도했다. 책을 읽어주는 아버지와 그 곁에서 상상에 빠져드는 한 아이. 이런 그림을 통해 세상에는 위대한 인물들이 키워져 왔다. 슐리만도 그랬다.

슐리만이 8살 때, 트로이의 무너진 성벽이 실제로 존재했을 거라 확신했던 그날 아버지와 나누었던 대화는 이렇게 시작된다.

"아들아. 그것은 상상일 뿐이야. 실제로 트로이가 어떻게 생겼는지는 아무도 몰라."

"하지만 아버지, 여기 이 책에 그림이 나와 있잖아요."

"그건 화가가 상상해서 그린 거야. 만약 트로이가 정말로 있었다 하더라도 오래 전에 땅 속에 파묻혀 버렸기 때문에 지금은 아무도 알 수가 없단다. 또 그것이 어디에 묻혀 있는지도 모르고."

"그래도 아버지..."

"많은 역사학자들은 트로이와 그리스가 전쟁을 벌인 것은 단지 신화라고 믿고 있단다."

"그러면 왜 역사책에 이런 그림을 그려 넣은 거예요? 모두 꾸며낸 이야기라면 왜 정말로 문이 있었던 것처럼 이렇게 그려 넣었나요?"

"하인리히야, 트로이 전쟁은 전설이란다. 사람들이 그런 영웅 이야기를 좋아하기 때문에 시인과 가수들이 지어 낸 거지. 트로이가 존재했다고 믿는 역사학자들조차 그 유물은 찾을 수 없다고 확신한단다. 사실 우리는 트로이 전쟁이 호메로스의 책 〈일리아드〉에 나오는 흥미진진한 이야기라는 것 말고는 아는 게 아무것도 없거든."

아버지의 눈에도 아들의 투정은 그저 어린 아이의 귀엽고 사랑스러운 상상에 지나지 않아 보였다. 그런데 이 아이는 뭔가 좀 달랐다.

"그럼, 제가 찾아내겠어요. 어른이 되면 제가 꼭 트로이를 찾아낼 거예요!"

아버지는 아들의 진지한 이야기를 듣고 이 아이가 다른 아이들과는 뭔가 조금 아이라는 걸 직감했다. 하지만 그날 그 아이의 인생이 결정되리라는 생각까지는 감히 할 수 없었을 것이다. 슐리만은 그날 자신이 평생토록 간직하고 이루어 나가야 할 꿈을 얻었다. 고대 그리스의 신화, 바로 트로이의 유적지를 찾아내고야 말겠다는 인생의 목표가 만들어졌다.

교회 공금횡령, 하녀와의 부적절한 관계 등을 이유로 슐리만의 아버지는 한순간에 몰락한다. 그 뒤 몇 번의 사업을 통해 재기를 꿈꾸지만 빚더미는 더욱 늘어만 갔다. 결국 슐리만의 가족들은 뿔뿔이 흩어지고 만다. 어머니조차 일찍 세상을 떠나고 슐리만에게는 깊은 고독과 절망의 시간이 다가온다. 유년기의 고독과 절망은 그것을 어떻게 대하는가에 따라 큰 차이를 가져온다. 다행히도 슐리만은 긍정적인 아이였 다.

그는 14살부터 본격적으로 직업 전선에 뛰어들어 돈을 번다. 우선은 먹고 살아갈 방도를 만드는 것이 무엇보다 급선무였다. 인생이 한 번 꼬이기 시작하면 늘 그렇게 무섭게 꼬이듯이 식료품점 점원으로 일하던 그에게 다시 시련이 닥친다. 언제부턴가 가슴에 피를 토하는 증상이 나타난 것이다. 야박한 주인은 치료비 하나 주지 않고 그를 거리로 쫓아버린다. 독일 북부의 이름도 낯선 시골마을에서 함부르크까지 그 먼 길을 걸어서 가야했을 만큼 그의 삶은 절박했다.

'일자리를 구해야 해. 일단 먹고 살아야 하니까……'

다행히 아버지의 제자를 만나 베네수엘라로 향하는 선박에 오를 기회가 생긴다. 선원이 된 것이다. 베네수엘라로 가서 뭐든 새롭게 일을 할 작정이었다. 하지만 그의 인생에서 시련은 아직 끝이 나지 않았다. 두 번째 시련은 그가 탄 배가 네덜란드 앞 바다에서 좌초된 일이었다.

 거의 죽을 지경까지 갔다가 돌아온 심정이었다. 하지만 그의 희망까지 물거품이 된 것은 아니었다. 하나밖에 없는 은시계를 전당포에 맡겨서 받은 돈으로 겨우 뱃삯을 냈고, 남은 돈으로는 모포 한 장을 샀다. 그리고 베네수엘라에서 일을 하기 위해 중고 서적상에게 구입한 스페인어 문법책도 가방에 넣었다. 배가 좌초되면서 모든 걸 잃어버렸다고 생각했다. 하지만 파도와 함께 해안가로 밀려 온 양철통 속에 그 모든 것들이 고스란히 담겨져 있었다.

 기적적으로 살아남은 독일 선원들을 위해 암스텔담 주재 독일 영사관은 귀국편을 마련해준다. 무일푼 소년에게도 얼마간의 여비가 제공된다. 모두가 독일로 떠나는 순간, 그는 마음을 바꾼다. 암스텔담에 남기로 결정한 것이다.

 17세기 한때 망명자의 생활을 해야 했던 철학자 데까르트가 '가능성의 집합소'라고 칭송했던 바로 그 암스텔담에서 그의 새로운 인생이 시작된다.

 무역회사의 경리에서 시작해서, 1년만에 회계사가 되고, 다시 러시아 상트페트르부르크의 지점장으로 승진했다. 도대체 그 사이에 그에게는 어떤 일이 있었던 것일까?

 사람들은 저마다 꿈을 갖는다. 꿈을 키우고, 꿈을 가꾸고, 그리고 때로는 꿈을 포기하기도 한다. 하지만 때로는 어릴 적 하나의 꿈을 갖고 평생 동안 한곳만 바라보고 달려가는 아이들도 있다. 그런 아이들에겐 고난이 오히려 꿈을 향한 도전의 정당한 근거가 된다. 슐리만이 그랬다.

"그래 우선 말부터 배우자. 사업을 하기 위해선 여러 나라의 언어로 말을 할 수 있어야 해. 그리고 언젠가는 그리스어를 배우고야 말 거야."

현실에서 부딪치는 온갖 난관 속에서 하나의 꿈을 향해 일관된 태도를 갖기란 쉽지 않은 일이다. 그는 15개 외국어를 마스터하면서 그 꿈을 향해 한 걸음씩 앞으로 나아갔다. 그에게는 모든 게 계획된 과정이었다. 그런 열정을 지닌 자에게 신은 배신하지 않는다.

1년에 160달러를 벌어야 했던 시절에도 그는 수입의 전부를 책을 사는 데 썼다. 배움이 허기진 배를 채워줄 수 있는가라고 누군가 묻는다면, 여기 아주 좋은 사례가 있다고 말할 수 있을 것이다. 영어, 프랑스어, 스페인어, 이탈리아어, 포르투갈까지 닥치는 대로 외국어를 공부했던 슐리만에게는 모든 것이 고대 그리스 유적지를 찾아내겠다는 열망에서 시작된 것이었다.

천재적인 재능을 지닌 사람은 노력하는 사람을 이길 수 없고, 노력하는 사람은 열정을 갖고 삶을 즐기려는 사람 앞에서는 당할 재간이 없다. 슐리만은 천재적 재능과 소처럼 우직한 끈기가 있었다.

시간의 제약은 노력하는 자를 이길 수 없다. 그의 언어 목록에 하나둘 새로운 언어가 추가되어갔다. 중요한 건 그가 이 모든 언어를 스스로 배워나갔다는 것이다. 그만의 독특한 외국어 학습법은 그래서 주목할 가치가 있다.

영어를 배우기 위해서 그가 선택한 곳은 학원이 아니었다. 영어로 설교하는 교회에 들어가 목사의 설교를 무조건 따라했다. 언어 학습은 문법적 구조가 아니라 실용적인 화법에서 시작되다는 걸 그는 몸으로 깨닫고 있었다. 큰 소리로 책을 읽고, 외우고, 머릿속에 든 것을 글로 옮겼다. 어찌나 크게 소리 내어 책을 읽었는지 집주인이 시끄럽다는 이유로 셋집에서 쫓아버렸다. 영어로 설교하는 교회에서는 어느 날 중얼 거리는 그에게 한 아주머니가 이렇게 조롱을 하기도 했다.

"그렇게 설교를 하고 싶으면, 저 앞에 나가서 하지 그러니……"

러시아어를 배우기 위해 그가 썼던 방법 역시 독특하다. 러시아어를 배울 곳도, 가르쳐줄 사람도 없던 시절, 그가 선택한 방법은 대학생 한 명을 시간제로 고용하는 일이었다. 앞에 앉혀놓고 책에서 배운 러시아어를 그에게 들려줬다. 혼자서 중얼거리는 것으로는 도저히 진도가 나가지 않았던 것이다. 놀라운 것은 당시 그 아르바이트 대학생이 러시아어는 한 마디도 못했다는 점이다.

졸음을 못 이겨 꾸벅꾸벅 졸기만 하던 대학생에게 '그렇게 졸면, 돈을 못 줍니다',라며 꾸짖었던 일화는 그의 전기를 읽는 이들에게는 저절로 입가에 미소를 짓게 만드는 대목이다.

이렇게 처절하게 공부를 했고 결국 그는 운 좋게도 맨 손으로 자신이 일하는 무역회사의 러시아 지점장으로 승진을 한다. 상트페테르부르크로 떠나는 날, 그는 멋진 양복과 그 당시 신사들의 상징인 펠트 모자와 번쩍이는 구두를 샀다. 누군가에겐 그저 운 좋은 녀석일 수 있겠지만, 그 자신이 최선을 다한 열정의 댓가였다.

강렬한 열정 앞에서는 고난도 주춤거리며 뒤로 물러난 다. 크림전쟁이 벌어졌던 1854년에 있었던 사건 하나는 그것을 잘 보여준다.

전쟁이 터지면 전쟁에 소요될 물자는 어느 곳에서나 첫 번째 타격 목표가 된다. 프러시아와 러시아의 전쟁이 터지자 러시아에서 사업을 시작하던 그에게도 위기가 닥쳐온다. 그의 전 재산이 걸려 있던 배 한 척이 전운이 감도는 러시아의 한 항구에 정박했던 날 밤의 일이다. 그날 밤, 프러시아의 공습 때문에 항구에는 큰 불이 일어났다. 화물을 싣고 있던 모든 배들이 불에 타버렸다. 그날 선주들은 모든 재산을 날렸다. 슐리만 역시도 자신의 재산을 몽땅 날려버린 줄 알았다. 그러나 배 한 척에서만은 기적이 일어났다. 그날 밤 화재에서 슐리만의 배에는 불똥 하나 튀지 않았다. 모든 게 잿더미로 변한 항구에서 그만은 하나도 재산을 잃어버리지 않았던 것이다. 그 순간 그는 차가운 바나 바람을 맞으며 다음 인생이 다가왔음을 직감했을 것이다. 이젠 트로이로 떠날 때가 됐음을 그 스스로 깨달았다.

화재 덕분에 놀랍게도 그의 재산은 3배로 뛰었다. 전쟁통에 물자도 부족하던 차에, 다른 화물창고와 선박들이 모두 불타버렸으니 살아남은 슐리만의 화물은 값어치가 천정부지로 뛰어올랐다. 사업가 로선 한몫 단단히 잡을 수 있는 기회가 온 셈이었다. 하지만 그에겐 돈보다 더 소중한 것이 따로 있었다. 그것은 그토록 기다려왔던 트로이였다.

푸른빛이 감도는 에게 해와 사막처럼 황량한 벌판이 한눈에 내려다보이는 히사를리크 언덕 위에 50세의 지긋한 나이의 신사가 우뚝 섰다. 어릴 적 꿈이었던 트로이의 유적 발굴을 위해 전 재산을 풀 한 포기 제대로 나지 않는 땅 위에 쏟아 붓겠다고 온 사람이었다. 평범한 사람들의 눈에는 정말이지 미친 짓이 아닐 수 없었다. 그래도 그는 파고 들어갔다. 분명 이곳에 아킬레우스와 헥토르가 전장을 누볐던 고대 그리스의 흔적이 남아 있으리란 믿음은 조금도 흔들리지 않았다. 트로이 군사들이 드나들던 스카이아 성문도 헬레네가 불안에 떨며 전 남편이자 그리스군 총사령관이었던 아가멤논의 분노 섞인 저주를 들어야 했던 트로이 성채도 분명 존재할 것이라고 믿었다.

슐리만의 믿음은 8세 때부터 조금도 변함이 없었다. 호메로스의 〈일리아드〉, 그 한 권의 책에 모든 걸 걸었다. 책과 인생에 얽힌 이야기 중에서 슐리만만큼 극적인 인생도 없다.

몇달 동안 섭씨 4,50도를 넘는 벌판에서 흙더미 속을 파헤쳐갔다. 그러던 어느 날 그 앞에 드디어 트로이가 모습을 드러냈다. 평생 기다려 왔던 트로이와의 만남. 그 순간은 말로 다 할 수 없는 장엄한 광경이었다. 그날 그는 땅속에서 무려 1,600점의 고대 그리스 유물을 발굴해냈다. 가장 화려하고 아름다운 금관은 그와 함께 바람과 먼지를 이겨냈던 아내의 머리에 씌어줬다.

트로이의 발굴 소식은 유럽을 뒤흔들었다. 학계는 물론이고 고고학에 조금이라도 관심을 갖고 있던 사람들은 흥분했다. 하지만 그 와중에도 소위 전문가라는 사람들은 그가 일부러 땅속에 보물을 숨겨놓았을 것이라며 의심했다. '아마추어가 무슨……' 비아냥거리는 사람들은 그런 말만 되풀이 했다. 아마추어에게는 눈앞의 이해관계가 없다. 그래서 순수하다. 그리고 순수한 열정으로 전문가들이 해낼 수 없는 일들을 과감히 해낸다. 슐리만은 그래서 위대한 아마추어였다. 남들이 아마추어라고 조롱하자, 그는 더 과감하게 자신이 옳다는 것을 증명해 나갔다.

이번에는 그리스 본토에 있는 미케네 유적지로 향했다. 트로이가 사실이라면, 트로이로 출정을 떠났던 그리스 연합군의 역사도 신화가 아니라 사실이어야 했다. 그건 자연스런 논리적 귀결이었다. 미케네는 바로 트로이 전쟁의 시발점이 되었던 아가멤논의 고대 왕국이 있었던 곳이었다. 트로이 전쟁이 사실인 이상 전쟁의 불씨가 지펴진 미케네를 그냥 두고 넘어갈 수는 없는 일이었을 것이다.

결국 다시 시간과 맞섰다. 바람과 먼지만 가득한 미케네의 벌판 위에서 다시 그는 신화에 의존한 채 땅을 파고 들어갔다. 이번에도 많은 사람들이 그를 미쳤다고 조롱했다. 그는 묵묵히 자신과의 싸움을 계속했다. 뜨거운 그리스의 태양 아래서 몇 달을 쉬지 않고 땅을 팠다. 그리고 결국 승리의 여신이 미소를 지었다. 승자는 슐리만이었다. 바람과 모래가 뒤섞여 분간이 되지 않던 황량한 그리스의 황무지 언덕 위에서 그는 미케네의 성벽을 찾아냈다. 바람이 세차게 불어오는 미케네 왕국에서 호메로스가 직접 눈으로 보고 기록에 남겼던 사자문 위에 슐리만이 섰다.

미케네에서 그가 발굴한 유물과 유적들은 찬란했던 고대 그리스 역사를 또 한 번 세상에 보여줬다. 아가멤논의 부장품이라고 여겨진 황금 가면에서부터 아트레우스의 보물창고까지 그가 삽을 들고 땅을 파면, 신들은 언제나 활짝 빛의 길을 열어주었다.

그러나 한 인간이 혼자서 벌인 이 위대한 일을 놓고 당대의 역사가들은 흠잡기에 여념이 없었다. 믿고 싶지 않았을 것이다. 자신들은 상상도 하지 못했던 트로이와 미케네가 진짜 존재했다는 역사적 사실을, 고고학적 지식도 없던 아마추어가 혼자서 그 일을 해냈다는 그 엄청난 사실을.

'달은 차고 기울고, 인생은 영원할 수 없다.'

트로이와 미케네에 이어 지중해의 오랜 섬 크레타에 존재했던 고대 크레타 왕국을 발굴하는 것이 어쩌면 그가 꿈꿨던 최종 목표였을 것이다. 하지만 돈을 벌기 위해 달려드는 땅주인들의 욕심 때문에 슐리만은 크레타 발굴을 포기하고 만다. 오랜 타지 생활로 몸이 쇠약해진 것도 이유가 됐다. 훗날 슐리만이 떠난 바로 그 자리에서 영국의 고고학자 에번스는 크레타 왕국의 유적을 발굴해냈다. 슐리만의 예상은 결국 단 한 번도 틀리지 않았던 것이다.

트로이와 미케네, 크레타의 발견은 콧대 높은 유럽 중심주의에 파문을 던졌다. 그곳에서 발견된 유물들은 시간적으로도 아프리카에서 가까운 크레타 섬에서 시작된 문명이 그리스 본토로 이어졌음을 말해주고 있다. 문명의 발전을 자신들만의 전유물이라 여겼던 유럽인들에게는 충격이 아닐 수 없었다.

문명이 발전했던 흐름과 순서에서 유럽이 제일 먼저가 아니라는 사실을 깨닫게 된 것이다. 가설과 논증은 쉼 없이 지식과 문명의 시계추를 흔들어 놓는다. 어찌되었건 인류의 문명은 우리가 상상하는 그 이상으로 오래 전부터 그 꽃을 피우고 있었다는 사실을 깨닫게 된 것은 전적으로 슐리만 덕분이다.

그가 숨을 거두고 영면에 들어가는 순간, 그의 관 위에는 누군가 정성스럽게 한 권의 책을 올려놓았다. 그가 어린 시절부터 꿈을 키웠던 바로 그 책, 호메로스의 〈일리아드〉였다. 그가 평생 동안 마음속에 간직했던 신화와 꿈으로 가득찬 그 한 권의 책과 함께 슐리만은 영원히 땅 속에 묻혔다.

두뇌는 늙지 않는 신체의 유일한 장기다

지금까지 인간의 두뇌에 관한 지식은 한정적이었다. 인간의 다른 세포들이 재생이 되는 것과 달리 두뇌는 재생이 되지 않는다는 믿음이 있었다. 이런 믿음은 거의 100년 동안 깨지지 않았다. 중년의 나이가 되면 인간의 뇌는 능력이 감퇴되고 결국 노화로 이어지는 것이라 여겼다. 하지만 새로운 뇌 과학이 발달하면서 이런 믿음이 깨지고 있다.

과학의 발달은 중년의 뇌에서 어떤 일이 일어나고 있는지를 정확히 보여주고 있다. 뇌 스캐너와 유전자 분석과 같은 새로운 기술적 성과들 덕분에 중년의 뇌가 지닌 새로운 가능성이 계속 증명되고 있다.

사실 많은 사람들은 중년의 나이에 이르면 기억력이 감퇴 되는 것을 경험한다. 생생한 기억을 자랑하던 20대에 비해서 급격하게 기억력이 손실되는 경험을 한다. 방금 전에 들은 이야기도 잘 기억이 나지 않고 사람의 이름이나 단어와 같은 것은 한 번 들어도 까먹기 일쑤다. 그래서 사람들은 중년에 접어들면 뇌가 노화되는 것이라고 믿었다. 중년의 위기라는 이슈는 이런 막연한 근거 위에서 자리를 잡아나갔다.

하지만 중년의 위기가 곧 중년들의 뇌 기능이 감퇴한다는 것을 의미하는 것은 아니다. 그런 과학적 근거는 어디에도 없다. 그저 막연하게 나이가 들면 기억력이나 두뇌의 능력이 감퇴한다고 생각했을 따름이다.

UCLA 대학의 연구진들은 중년의 두뇌가 감퇴한다는 이런 믿음에 정면으로 도전장을 던졌다. 결론적으로 말해서 그들은 뇌세포의 중요한 부품 중 하나인 '미엘린'이라는 신경체가 중년이 되어서도 계속해서 자라고 있다는 것을 발견했다. 미엘린이라는 것은 일종의 두뇌 세포들 사이의 연결망이다. 미엘린이 증가하면 우리는 두뇌의 연결망이 계속해서 자라난다는 것을 인정할 수 밖에 없다. 두뇌가 성장을 멈추지 않는다는 뜻이다.

중년의 뇌가 지닌 또 하나의 신비한 능력은 두뇌의 '양측 편재화'라는 개념이다. 이것은 중년에 이르러서 두뇌가 기능을 보완하기 위해 자동적으로 좌뇌와 우뇌를 유기적으로 활용하는 것을 말한다. 일정 기간 동안 우리의 두뇌는 한쪽만을 우세하게 사용하고 있다. 하지만 신체의 노화가 진행되면서 중년 시기부터 두뇌는 좌,우측 모두 고르게 활용되기 시작한다. 이것이 바로 두뇌의 양측 편재화 과정이다. 이것은 두뇌의 한쪽 기능이 약화되는 것을 막아주는 자동적인 보완작용이다. 이를 통해 중년의 뇌는 과학자들이 소위 '인지적 비축분'이라고 부르는 것을 두뇌에 쌓아둘 수 있다. 일종의 비상시에 꺼내서 쓸 수 있는 비상용 스위치와 같은 것이다. 두뇌 안에 저장된 비축분을 통해서 노화에 대항하는 완충장치 들이 본격적으로 작동을 시작하는 단계, 그것이 바로 중년이다.

사실 그동안 노화 연구는 주로 양로원에서 나이가 들어 몸을 가누기도 쉽지 않은 노인들을 상대로 이뤄졌다. 자연히 노화에 대한 인식이 저급할 수밖에 없었다. 노화에 대한 선입견을 갖고 있는 사람들에게는 노화란 죽음에 이르는 자연스런 과정이었고 막바지에 이른 양로원 노인들은 두뇌의 기능이 감퇴해가는 가장 좋은 표본이기도 했다. 문제는 그런 한정적인 제약 속에서 지금까지 인간의 노화와 노년기 두뇌 연구가 이뤄져 왔다는 점이다.

자연히 노화와 더불어 생겨나는 치매와 같은 질병도 노인들에게는 피할 수 없는 운명과도 같은 것이었다. 여기에 소개하는 한 수녀의 이야기는 치매에 얽힌 가장 극적인 반전을 보여준다. 그 이야기는 1986년 프랑스의 한 수녀원에서 시작된다.

켄터키 대학교의 뇌신경학자 데이빗 스노든과 그의 동료들은 가톨릭 수녀원에서 생활하는 수녀들을 대상으로 두뇌가 어떻게 노화에 이르게 되는가를 오랜 시간 추적했다. 이 연구에 참가한 수녀들은 자발적으로 자신이 사망했을 때, 자신의 뇌를 연구팀에게 기증하기로 약속을 했다.

연구의 대상이 되었던 수녀들 중에는 베르나데트라는 이름의 수녀가 한 사람 있었다. 그녀는 81세부터 84세까지 치른 인지시험에서 모두 최우수 성적을 거뒀다. 그리고 85세 때 심장마비로 사망을 했다. 그녀가 사망하자 그녀의 뇌는 연구팀의 분석실로 옮겨졌다. 그리고 그곳에서 연구진은 놀라운 사실을 하나 발견하게 된다. 놀랍게도 그녀는 오래 전부터 알츠하이머병에 걸려 있던 치매 환자였던 것이다.

그녀의 뇌에서 표본을 분석한 사람들은 누구나 할 것 없이 그녀의 뇌에서 알츠하이머의 대표적인 표식 중 하나인 플라크가 무수하게 엉켜 있었음을 발견했다. 일반적인 알츠하이머를 진단하는 척도로 봐서 그녀의 상태는 가장 심각한 수준을 나타내는 6단계에 해당됐다. 그렇게 심한 알츠하이머 증상을 앓고 있었음에도 불구하고 베르나데트 수녀는 어떻게 678명의 수녀들 가운데 가장 우수한 지적 능력을 소유하고 있었던 것일까?

이것은 인간의 두뇌가 갖고 있는 신비한 복원 능력을 보여주는 대표적인 사례였다. 연구진은 그것을 앞서 말한 '인지적 비축분'이라는 용어로 정의했다. 뇌가 마치 힘의 비축분을 보유하고 있다가 특별한 난관에 처하게 되었을 때 그 능력을 사용하기 시작했다는 뜻이다. 마치 저축을 해뒀던 돈을 형편이 어려울 때 꺼내 쓰는 것과 다를 바가 없는 것이다.

베르나데트 수녀와 같은 사례는 특수한 것이 아니었다. 이후에도 지속적인 연구를 통해서 이와 유사한 사례들이 속속 보고되었다. 영국의 한 체스 선수도 베르나데트 수녀처럼 두뇌가 갖고 있는 인지적 비축분의 활용을 잘 보여주고 있는 사례다. 그 역시 알츠하이머의 증상이 이미 두뇌에서 심각하게 번지고 있었다. 하지만 그는 노년에 죽을 때까지 체스 선수로 손색 없는 활동을 했다. 단지 달라진 것이 있다면, 보통 여섯 수를 앞을 내다보고 체스를 둔 것에 비해서 죽기 전에는 네 수 정도밖에 내다보지 못한 것이 차이라면 차이였다.

인간의 두뇌가 갖고 있는 '인지적 비축분'이란 두뇌를 지속해서 사용하는 사람들에게서는 지극히 정상적으로 나타날 수 있는 현상이다. 과학자들은 이들의 사례를 통해서 뇌 손상이나 뇌졸중을 입은 환자들 사이에서 왜 차이가 발생하는지를 밝혀내려고 노력했다.

그 결과 한 가지 공통점을 발견했다. 그것은 지적인 활동을 오래 해온 사람들에게서는 마치 필요할 때 차출해 낼 수 있는 더 강하고 끈질긴 뇌의 연결망이 존재하고 있다는 사실이었다. 이런 능력을 통해 알츠하이머와 같은 질병이 생겨도 자동적으로 보호막을 형성해서 비상용 발전기를 돌리듯이 뇌의 기능을 복구해내는 것이다.

인지적 비축분에 관한 연구는 최근까지도 활발하게 진행되고 있다. 지금까지 알려진 바에 따르면 이런 인지적 비축분에 가장 큰 영향을 미치는 것은 독서나 교육과 같은 지적인 활동이다. 나이가 들어서도 지속적으로 언어학습을 하거나, 독서 등을 통해 뇌를 단련시키는 사람들이 바로 이런 인지적 비축분이 많은 사람들이라 볼 수 있다. 결국 교육을 많이 받은 사람일수록 치매나 알츠하이머와 같은 질병에 걸릴 가능성도 낮아진다는 결론에 이르게 된다.

인간은 성공을 위해서 비싼 값을 지불하고 교육에 시간과 돈을 투자한다. 하지만 교육이 단지 성공이나 좋은 직장을 얻기 위한 것이 아니라, 이처럼 노년에 이르러서 치매와 같은 질병을 예방하고 극복할 수 있는 방법이라는 사실은 노년에 이른 사람들에게 의미하는 바가 크다.

두뇌 연구에서 괄목할 만한 성과는 특정한 집단에 대한 오랜 시간에 걸친 종단 연구를 통해서도 빛을 발한다. 펜실베니아 주립대학교 심리학자인 윌리스와 그녀의 남편 워너 샤이는 이른바 '시애틀 종단 연구'라는 프로젝트를 진행해 왔다. 그들은 1956년에 시작해서 40년이 넘는 시간 동안 6천 명 가량의 사람들을 지속적으로 관찰했다. 시애틀에 있는 건강관리 단체에서 무작위로 선택한 실험 대상자들은 모두 건강한 성인들로써 20세에서 90세에 이르는 다양한 연령층과 직업군을 갖고 있었다. 연구팀은 이들을 7년 마다 검사해서 그들의 지능이 어떻게 변하는지를 지속적으로 살펴봤다.

그리고 그 결과 두뇌의 기능이 최고조에 달하는 시기는 20대가 아니라, 중년이라는 점을 밝혀냈다. 가장 복잡한 인지 기술을 측정하는 검사에서 40대~60대에 속하는 중년들이 받은 성적은 20대나 30대가 받은 성적보다 월등히 높았다. 검사에 사용한 범주들은 어휘력, 언어 기억, 공간 정향 테스트, 귀납적 추리 등이었다. 윌리스 교수는 이를 토대로 쓴 〈중간의 삶〉이란 자신의 저서에서 '남녀 모두 두뇌 수행력이 절정에 도달하는 시기는 중년이다'라고 자신 있게 밝히고 있다.

맨날 이름이나 까먹고 늙어가는 것에 대한 회한이나 하고 있을 거라고 여겨졌던 중년들이 오히려 뇌의 기능에 있어서는 20대들보다 월등히 앞선 능력을 보유하고 있었던 것이다. 그렇다면 도대체 중년의 뇌가 이처럼 숨겨진 능력과 힘을 발휘하는 이유는 어디에 있을까?

 이것은 뇌신경학계의 여러 연구팀들이 갖고 있던 중요한 문제의식이었다. 서로 다양한 방식으로 그들은 실험과 연구를 계속해 왔고 결국 그들은 몇 가지 공통점에 도달했다. 그것은 중년의 뇌에만 존재하는 경험이라는 가치와 관련이 있었다. 지금까지 우리가 지혜라고 불렀던 바로 그것이다. 삶을 오래 산 사람들이 갖고 있는 경험과 연륜에서 우러나오는 지혜가 바로 비밀을 푸는 열쇠였던 것이다.

 중년에 도달한 사람들에게서는 부정적인 생각보다 긍정적인 생각이 지배적이다. 중년에 도달할수록 사람들은 자신의 삶에서 벌어지고 있는 여러 가지 일들에 대해서 차분하게 관조할 수 있는 능력을 지니게 된다. 그것은 뇌에서 벌어지는 여러 가지 복합적인 기능들과도 관련이 있다. 그것은 '긍정성의 효과'라고 명명되었다. 사람들은 나이가 들면 들수록 부정적인 일보다는 긍정적인 일에 초점을 맞춘다. 나쁜 기억보다는 좋은 기억들을 끄집어내려고 노력한다. 그 결과 삶을 대하는 태도에서도 부정적인 입장보다는 긍정적인 자세가 더 드러나게 된다. 이유는 뭘까?

 그것은 결국 우리 자신이 그렇게 살고 싶기 때문인 것이다. 두뇌는 우리가 원하는 방식으로 우리가 세상을 바라볼 수 있도록 인도해 주는 도구가 된다. 우리가 마음먹은 것, 우리가 간절히 바라는 것을 우리의 두뇌도 눈앞에 보여주고 싶은 것이다. 긍정적인 마음 자세가 중요한 이유가 바로 여기에 있다.

또한 중년의 어느 시점에 이르러 두뇌가 복잡하고 까다로운 문제에 직면하게 되면 우리의 두뇌는 지금까지 한쪽 두뇌만을 사용하던 방식에서 벗어나서 양쪽 두뇌를 동시에 사용하게 된다. 이처럼 두 가지 뇌를 동시에 사용하는 것은 사물을 편향된 자세에서 바라보지 않고 보다 중립적이고 관조적인 입장에서 바라볼 수 있도록 해준다. 나이가 들수록 부정적인 것에 쉽게 휩쓸리거나 흥분하지 않고 차분하게 사태를 지켜보면서 문제의 실마리를 찾아나가는 것도 이런 이유다. 그것은 마치 무거운 의자를 한쪽 팔만 사용하지 않고 두 팔로 들어 올리려는 것과 같은 이치라고 학자들은 설명하고 있다.

결국 나이가 들었다고 배움을 포기하거나 새로운 것에 대한 호기심을 잃어버리지 않을 수 있다면, 우리의 두뇌는 죽을 때까지 배움을 멈추지 않을 것이다. 나이가 들수록 두뇌가 퇴화되는 것은 필연적인 과정이라고 여기던 이전의 낡은 사고방식은 이제 더 이상 현실에 맞지 않는다. 이미 오래 전부터 인간은 삶 속에서 연륜을 지닌 지혜롭고 경험 많은 연장자들을 지도자로 선택해 왔던 경험이 있다. 위험을 피하고 더 안전한 삶을 위해서 많은 경험을 지닌 사람들은 늘 존중 받아왔다. 그것은 부족의 안전을 위해서도 절대적으로 필요한 것이었다. 이런 중년과 노년의 지혜로운 삶이 근대화의 과정 속에서 기계문명 속에 밀려 잠시 뒷전으로 밀려나갔을 뿐이다.

공교롭게도 그들을 뒷전으로 몰아세웠던 과학과 테크놀로지를 통해서 노년의 삶은 다시 새롭게 가치를 인정받고 있다. 헤겔이 말한 것처럼 '당신을 상처 입힌 손이 바로 당신을 치유하는 손'이 되고 있는 것이다. 새로운 뇌 과학과 연구는 인간이 오래 전부터 존중해왔던 지혜로운 사람들을 다시 사회의 전면에 복귀시키고 있다.

80살에 그리스어 공부에 도전했던
카토(Marcus Porcius Cato)

카토 (Marcus Porcius Cato;234 BC - 149 BC)
로마 공화정 말기의 정치인. 율리우스 카이사르와 대적하여 공화정을 수호했다. 스토아학파 철학자 였고 부패가 만연한 로마의 정치 상황 속에서 청렴한 삶을 살아온 상징적 인물이다. 80세에 그 리스어 공부를 시작했다는 유명한 일화를 남겼다.

"어린 시절 나는 로마 정치인 카토가 여든 살에 그리스어를 배우기 시작했다는 플루타르크의 글을 읽고 무척 놀랐다. 하지만 더 이상 그것을 놀랍게 생각하지 않는다. 너무 긴 시간이 걸리기 때문에 젊은이라면 피할 일을 노인들은 맡아서 할 준비가 되어 있다."

(영국 소설가, 윌리엄 서머싯 몸)

보통 언어를 배우기에는 나이가 어릴수록 좋다는 말이 있다. 그래서 영어 공부에 매달리는 대부분의 부모들은 아이가 우리말에 익숙해지기 이전부터 영어 유치원이나 학원에 아이들을 보내려고 한다. 어린 아이들의 해외 언어 연수가 인기를 끄는 것도 이런 이유 때문일 것이다. 하지만 언어가 반드시 어린 시절에만 제대로 습득된다고 믿는 것은 오산이다. 중요한 것은 시기가 아니라 공부를 하는 목적이고 동기일 것이다. 그런 점에서 80세가 되어서 새로운 언어였던 그리스어를 공부하려 했던 로마 공화정의 카토는 한 번쯤 꼼꼼히 살펴볼 필요가 있는 인물이다.

카토는 기원전 3세기 경 로마에 살았던 정치가이자 학자였다. 그는 로마가 전 유럽을 석권하고 사치와 부패로 물들기 직전 시대를 대표하는 인물이었다. 그의 삶은 플루타르코스가 쓴 〈플루타르코스 영웅전〉에도 잘 드러나고 있다. 그는 노년에 이르기까지 검소한 생활과 꾸준한 체력 관리, 애국심과 도덕성 등을 잃지 않았다.

그밖에도 키케로의 〈노년에 관하여〉라는 책에도 카토가 등장하고 있다. 이 책에서 키케로는 로마의 젊은이들과 나이 든 늙은이의 대화를 통해 이야기를 풀어나가고 있는데, 거기에 등장하는 노년의 대화 상대가 바로 카토였다.

키케로는 〈노년에 관하여〉라는 책에서 사람들이 노년에 이른 사람들을 왜 불행하다고 생각하는지 그 네 가지 이유를 제시한다. 일종의 사람들이 갖고 있는 노년에 대한 잘못된 통념을 지적하고 있는 것이다. 중요한 것은 젊은이들뿐만 아니라 노년들 스스로도 이런 선입관에 빠져서 노년의 행복한 삶을 깨닫지 못하고 있다는 점이다. 키케로가 지적한 노년이 불행한 네 가지 이유는 다음과 같다.

첫째는 일을 할 수 없다고 생각하기 때문이다. 둘째는 몸이 허약해졌다고 생각하기 때문이다. 셋째는 쾌락적인 삶을 살 수 없다고 여기기 때문이다. 음주와 오락, 성생활 등이 여기에 해당된다. 넷째는 죽음으로부터 멀지 않다고 생각하기 때문이다.

키케로와 플루타르코스의 책에서 등장하는 나이든 카토의 삶은 이런 네 가지 노년에 대한 선입관을 무너뜨리는 중요한 사례였다. 무엇보다 카토는 80대까지도 정력적인 정치활동에 종사했다. 키케로가 〈노년에 관하여〉라는 책을 쓰면서 노년을 대표하는 인물로 카토를 선정한 것도 바로 그의 정력적인 활동 때문이었다. 그의 멈추지 않는 추진력과 정치적 활동을 보여주는 사례는 많이 있는데, 그 중에서도 대표적인 것은 그가 부패한 로마 정치인과 관료들을 상대로 수많은 소송에 시달렸다는 사실이다.

카토는 말년에 50번이나 명예훼손 등의 혐의로 고소되었다. 마지막으로 그가 고소를 당했을 때, 그의 나이는 86세였다. 당시에는 사회 정의를 부르짖는 젊은 정치인들이나 고소를 당하던 시절이었다. 86세까지 고소를 당했다는 것은 그만큼 카토가 불의를 보고 참지 못했던 인물임을 느낄 수 있다. 하지만 많은 고소 사건에도 불구하고 카토는 90세에 세르비우스 갈바라는 법정관을 노예 학살의 혐의로 재판대에 세운다. 불의에 타협하지 않으려는 고결한 정신력이 없었다면 90세까지 정치 활동을 지속하기란 쉽지 않았을 것이다.

그는 젊은 시절부터 운동이나 체력단련에 관심이 많았다. 17살 어린 나이에 한니발의 카르타고 전투에 참가한 이후부터 노년에 이르기까지 숱한 전투 현장에서 지휘관으로 직접 전투에 참여했다. 그러면서도 전투가 끝난 시간에는 직접 시종과 함께 식사를 준비할 정도로 성실했다. 전투 중에는 몸을 가볍게 하고 정신력을 높이기 위해서 물만 마셨다는 일화도 있다.

교육에 관해서도 큰 관심을 가졌던 카토는 아들에게 읽기와 법률, 체육 등을 직접 가르쳤다. 그가 아들에게 가르친 것들은 신체를 단련시키려는 목적 뿐 아니라 국가를 지키기 위해 훌륭한 전사를 기르기 위한 목적이기도 했다. 그래서 그는 아들이 어릴 때부터 창던지기나 권투, 승마, 무장하고 싸우는 법 등을 가르쳤다. 실제 전투에서 벌어질 상황을 염두에 두고 더위와 추위를 참고 이기는 법을 훈련시켰고, 소용돌이가 휘몰아치는 강물 속에서 급류를 헤엄쳐서 건너는 법까지 가르쳤다고 한다.

그의 노년을 건강하게 만들어준 가장 핵심적인 요소는 봉사였다. 그는 시민과 젊은이들을 상대로 강연을 자주 했다. 그는 기회가 있을 때마다 공공봉사야말로 노년에 이른 사람들의 가장 아름다운 활동이라고 주장했다. 그것을 직접 실천하기 위해서 그는 직접 농사를 짓고 자손들을 위한 책을 썼다.

카토가 생각하기에 공공봉사 활동은 나이든 노년들이 자신의 경험을 후손들에게 전해줄 수 있는 가장 효과적인 수단이자, 노년의 삶에 의미를 부여해주는 긍정적인 활동이기도 했다. 사람은 자신이 왜 살고 있는지 그 의미를 갖고 있는 사람과 의미를 찾지 못하고 그저 시간만 흘려보내는 두 부류로 나누어지는데, 의미를 지닌 사람이 훨씬 너 정력적인 활동을 할 수 있다고 믿었다.

그래서 그는 법률적인 자문이나 재판에서 변호도 서슴지 않고 나섰다. 이런 봉사활동을 하면서 어떤 보수도 요구하지 않았다. 오히려 그런 봉사활동을 통해 사회에 이바지할 수 있는 방법을 찾아낼 수 있다고 믿었다.

그의 지적인 활동은 노년에 들어서도 결코 멈추지 않았는데, 가장 유명한 것은 그가 그리스어 공부를 80세에 시작했다는 점이다. 이것은 그에게는 적지 않은 도전이었다. 노년에 이르면 기억력이 떨어지고 언어 학습은 여러 가지 제약을 받게 되는 것이 어쩔 수 없는 현실이기 때문이다. 그는 로마의 뿌리가 되었던 그리스 문화에 대한 지적인 호기심을 해결하기 위해 그리스 원전을 직접 읽고 싶었다. 그리스어 공부를 하려는 뚜렷한 목적이 있었던 것이다.

보통 사람들 같으면 사실 엄두도 내기 어려운 도전일 수 있었다.

하지만 카토에게는 자신의 삶을 발전시키는데 나이나 시간의 제약 따위는 존재할 수 없었다. 오히려 새로운 언어를 배우는 것 자체가 그에게 긍정적인 삶의 긴장을 가져다 주었다. 분명한 목적과 동기보다 더 사람을 건강하게 만드는 것도 없기 때문이다.

'새로운 언어를 배워라.
그러면 새로운 영혼을 가지게 된다.' (체코 속담)

80살에 그리스어 공부에 도전했던 카토는 어쩌면 새로운 언어를 배우는 것이 지니고 있는 신비한 효능을 이미 간파하고 있었는지 모르겠다. 새로운 언어를 배운다는 것은 한 인간의 고정된 사고 체계가 송두리째 변화하는 것을 의미한다. 우리의 의식이란 것도 결국에는 우리가 사용하는 언어에 의해서 규정되고 영향을 받기 때문이다.
우리가 낯선 나라에 여행을 가서 새로운 언어 속에 빠져들었을 때 느끼는 당혹감과 신비함은 우리의 두뇌를 자극하는 강력한 힘이다. 여행을 다녀온 뒤 느껴지는 인생에 대한 성찰과 깊이도 어쩌면 새로운 언어적 자극을 통해서 우리가 받아들이는 새로움에 대한 갈망일 수도 있다. 모두가 나이가 들면 포기 하는 바로 그 지점에서부터 카토는 남들과 다른 삶을 살았다. 그것이 그가 뒤늦게까지 끊임없이 새로운 세상에 대한 호기심과 열정을 지니고 살 수 있었던 원동력이었다.

그는 결국 자신만의 새로운 영혼을 소유하기 위해서 늦은 나이에 새로운 언어에 도전했다. 새로운 영혼을 꿈꾸고 싶다면, 카토처럼 지금이라도 당장 새로운 언어에 도전해야 할 것이다.

결국 일생 동안 배움의 자세를 잃지 않았던 카토를 통해서 나이가 많아서 배우기에 늦었다는 어리석음을 깨닫게 된다. 오히려 나이가 많기 때문에 배울 것이 더 많다. 나이가 들수록 세상은 점점 더 흥미로운 대상으로 다가오게 된다. 결국 죽을 때까지 뭔가를 배우려고 노력한 인간들은 노년에 이르러서도 활기차고 흥미로운 삶을 살 수 있었다.

어쩌면 이것은 동물과 다른 인간만이 지니고 있는 또 하나의 사회적인 생명력이 존재한다는 증거일 수도 있다. 이것은 사회에서 자신의 가치를 깨닫는 과정에서 시작된다. 때문에 나이가 들어서 배움을 중단하는 것은 인간다운 살 수 있는 생명력의 끈을 스스로 끊어버리는 것과 같다.

이런 배움의 가치를 유대인들은 일찍부터 깨달았다. 배움의 과정은 나이와 무관하며 죽어서 하늘나라에 갈 때까지 끊임없이 배우는 것을 삶의 미덕으로 삼았다. 그래서 가장 위대한 학자, 교사, 정치가라도 그는 끊임없이 배워야 할 존재였다. 그들에게는 배움에는 끝이 없었다.

이런 유대인들의 배움의 자세는 그들이 쓰는 언어 속에 고스란히 담겨있다. 예를 들어 유대인들은 학문적으로 높은 경지에 이른 학자들을 가리켜 '람단'이라고 불렀다. 그런데 '람단'이란 단어는 많이 알고 있는 사람을 뜻하는 것이 아니었다. 오히려 '람단'이란 '배우고 있는 사람'이라는 뜻을 지니고 있었다. 시간을 초월해서, 나이를 초월해서 죽을 때까지 새로운 것을 배우고 지식을 쌓는 것이 가장 존귀한 사람이라는 것을 그 자체에 내포하고 있는 것이다.

어쩌면 그들이 무려 3천 년 동안이나 나라 없는 설움을 견디며 살아남을 수 있었던 것도, 전 세계를 흩어져 있는 유대인들이 하나의 단일한 의식과 문화로 이어질 수 있었던 것도 그들이 이처럼 교육을 가장 중요한 덕목으로 생각했기 때문이다. 그들은 교육의 시작이 가정에서 출발한다고 믿었다. 어릴 적부터 책의 소중함을 일깨워주기 위해서 아이들이 철이 들 무렵에는 성서에 꿀을 발라 핥아먹는 의식을 진행하기도 했다.

그러다보니 그들은 자연히 책을 가장 소중한 존재로 여겼다. 유대인들의 격언 가운데 유독 책에 얽힌 이야기가 많은 것도 이런 이유다.

'여행을 하다가 지금까지 읽어보지 못한 좋은 책을 보게 되면, 반드시 그 책을 사가지고 고향에 돌아가라.'

'만일 가난해져서 물건을 팔아야 한다면, 금, 보석, 집, 땅의 순서로 팔아라. 마지막까지도 팔아서는 안 되는 것이 한 가지 있는데, 그것은 책이다.'

그들이 일상생활에서 얼마나 책을 중요하게 생각했는지를 알 수 있는 대목들이다. 심지어 1736년 라트비아의 유대인 거리에서는 책에 관한 특별 조례가 제정되기도 했다. 그것은 만약 누군가 책을 빌려 달라고 했는데 빌려주지 않았다면, 그는 벌금을 물어야 했다. 그들에게 책이란 삶을 더욱 풍요롭게 만드는 가장 강력한 수단이었다. 그런 수단을 단지 몇몇 사람만 소유한다는 것은 사회 전체적으로 해가 아닐 수 없었던 것이다. 책을 소중하게 다룬 만큼, 책을 보다 많은 사람과 공유할 수 있도록 만든 지혜가 오늘날의 유대인의 지적인 문화를 만든 배경이다.

돌이켜 보면 지금까지 살펴 본 '뒤늦게 발동걸린 인생'들 가운데에 대부분의 사람들 역시 늘 새로운 자극과 환경에 민감하게 반응했던 사람들이 대부분이다. 그들은 새로운 것을 배우는데 게으름이 없었다. 어쩌면 끝까지 배움의 자세를 잃지 않았기 때문에 그들은 쉽게 늙지 않을 수 있었던 것이 아닐까.

경이로운 80대들

이 글을 쓰기 위해 인류 문화에 굵직한 궤적을 남긴 사람들의 연대기를 추적했다. 그러다 우연히 흥미로운 부분을 하나 발견했다. 그것은 80세에 이르러 뭔가 굵직한 업적을 남긴 사람들이 적지 않다는 점이었다. 우리가 익히 알고 있는 위인이나 예술가들 가운데에는 경이로운 80세를 살다간 인물들이 많다.

물론 여기서 80이란 숫자가 특별한 의미를 지니는 것은 아니다. 하지만 대부분 80세가 되면 인생의 뒤안길에 접어드는 나이라는 점을 감안 한다면, 80세에 남보다 더 높은 경지에 오른 사람들의 이야기는 그 자체로 경이로운 측면이 있다.

괴테의 경우 그의 불후의 명작 〈파우스트〉가 완성된 시기는 그의 나이 80세였다. 〈세계사〉를 쓴 랑케는 80세에 글을 쓰기 시작해서 90세에 완성했다. 벤자민 프랭클린이 미국 헌법의 기초를 만들 때, 그의 나이는 81세였다. 〈나일 강의 살인 사건〉으로 유명한 소설가

아가사 크리스티는 80대 이후까지 정력적으로 소설을 썼다.

정치가 가운데는 단연 영국의 처칠이 독보적이다. 그는 젊었을 때부터 정력적인 정치가로 활동을 시작했지만 그가 정작 자신의 역량과 진가를 발휘한 것은 노년기였다. 그는 70세가 되는 1945년 5월 나치의 항복을 받아냈고 선거에 패해 수상 직을 사임한 뒤 무려 6년 동안 6권의 대작 〈2차 대전〉을 집필 했다. 그는 이 작품으로 노벨문학상을 수상했다. 1955년 80세의 나이에 수상직을 사임한 뒤에는 그림과 집필활동에 집중했다. 그는 사망 직전인 89세까지 의원직을 유지했다.

아프리카에서 슈바이처가 의료 봉사활동을 위해 병원을 설립하고 주거지를 옮긴 것은 그의 나이 80세가 되던 1955년의 일이다. 그는 90세로 사망할 때까지 그곳에서 환자를 진찰하고 원고를 썼다. 한가한 시간에는 파이프 오르간을 연주하면서 힘든 일과 사이에서 여유를 찾았다.

발명가 토머스 에디슨이 마지막으로 발명 특허를 얻은 때도 그의 나이 80대였다. 1,093번째의 특허를 신청했을 때, 그의 나이는 83세였다. 그는 이로써 미국에서 가장 많은 특허를 출원한 발명가로 기록되었다. 〈성모의 승천〉으로 유명한 이탈리아 화가 티치아노는 80대에서 90대까지 정력적으로 작품 활동을 했다. 이밖에도 경이로운 80대들은 수 없이 많다. 꼭 유명인이 아니더라도 우리 주변에는 80세를 넘겨서도 정력적으로 자기 분야에서 활동을 멈추지 않고 있는 사람들을 많이 발견할 수 있다. 그리고 이런 경이로운 80대들은 앞으로 더욱 증가할 것이 확실하다.

몇 년 전 미국의사협회가 작성한 연구 보고서에서는 노화의 원인 중에서 가장 첫 번째 원인이 바로 '늙는다고 생각하는 마음'이라고 지적했다. 보고서는 덧붙여서 마음과 육체에 유해하고 노화에 영향을 주는 것은 시간에 대한 공포일 뿐, 시간 그 자체는 아니라고 밝혔다. 시간의 영향을 신경증적으로 두려워하는 것 자체가 늙음의 원인이라는 뜻이다. **결국 우리는 자신이 늙었다고 생각하는 만큼만 늙는다.**

인간은 새로운 정보와 새로운 자극을 통해 인식이 바뀔 수 있다. 당연한 것이지만 새로운 자극을 통해 우리 몸을 지배하는 두뇌가 계속 왕성한 활동을 계속 하는 한, 노화의 속도는 늦춰질 수밖에 없다. 어쩌면 젊게 사는 비결이란 바로 늙어가고 있는 자신을 망각하는 것에서 시작하는 것일지도 모른다.

노년에 즐겁게 배운 것은
죽어도 썩지 않는다

사실 인간에게 배우는 즐거움보다 더 큰 즐거움이 있을까. 먹고 마시고 즐기는 인간사의 모든 일들은 어찌 보면 순간적인 쾌락일 뿐이다. 아무리 배불리 먹고 마셔도 그 순간이 지나면 돌아오는 것은 공허함 뿐이다. 오히려 현대인들의 질병은 너무 많이 먹고 마시는 것에서 생겨난다. 차라리 덜 먹고 덜 마시는 금욕적인 생활이 육체적으로 건강한 삶을 제공해준다.

이성을 갖고 있는 인간에게 있어서 새로운 것을 배운다는 것은 삶에 가장 큰 자극을 준다. 나이가 들면서 육체가 쇠약해지고 나약해지는 심성으로 하루를 살기보다는 새로운 배움에 도전해야 하는 이유가 바로 여기에 있다. 그것이 아무리 사소하고 보잘 것 없는 것이라도 새로운 배움은 자신을 완전히 새로운 인간으로 바꿔놓는다. 그 작은 배움을 통해서 세상은 여전히 배울 것으로 넘쳐나고 있다는 사실을 겸허하게 받아들이게 만든다.

나이들수록 세상을 더 많이 배울 수 있는 기회도 늘어난다. 일본의 수학자이자 노벨상 수상자였던 히로나카 헤이스케는 배움의 즐거움을 이렇게 정의했다.

"창조를 통해 자기의 숨겨진 재능이나 자질을 찾아내는 기쁨, 더 나아가 나 자신을 보다 깊이 이해하는 기쁨이 있는 인생이야말로 최고의 인생이다."

그가 말하고 있는 창조라는 것을 너무 거창하게 생각할 필요는 없다. 보통 우리는 창조라는 것을 특별한 사람만이 할 수 있는 일, 혹은 예술가들만의 전유물이라고 여기는 경향이 있다. 창조는 그들만의 전매특허가 아니다. 취미나 운동을 할 수도 있고 여행을 떠날 수도 있다. 그렇게 자신만의 창조적인 생활을 꾸려나갈 수 있다. 그리고 그 작은 일상의 창조적 행위를 통해서 제2의 인생으로 도약할 든든한 발판이 마련된다. 어떤 면에서 보자면 그 사람의 취미나 기호는 그 사람만의 독특한 인생철학을 보여준다. 취미란 그 사람이 살아온 삶의 방식과 지혜가 비춰지는 거울과도 같은 것이다.

노년의 시기에 창조의 기쁨을 누리기 위해서는 새로운 것을 배운다는 행위가 전제되어야 한다. 그것의 작동원리나 운용 방법, 형식이나 내용 등을 이해하지 않고서는 자신만의 창조를 하기 어렵다.

이렇게 뭔가를 배우고 끊임없이 노력하고 집중하는 가운데 우리의 지능은 더욱 발전한다. 다음에 제시할 한 노교수의 취미 생활은 그래서 의미가 있다. 그는 대학교 물리학 교수로 평생을 연구하는 삶을 살았다. 그랬던 그가 정년퇴임을 앞두고 독특한 취미를 하나 선택했다. 그의 선택은 노년의 삶을 더욱 화려하고 활력 있게 만들어주었다.

그는 40여 년 동안 재직한 학교를 떠날 때, 작은 배를 하나 만들기로 작정한다. 그 배로 어딘가 숨겨진 보물섬을 찾을 채비를 시작한 것이다. 이런 사람에게는 마치 피터 팬처럼 영원히 늙지 않는 젊음이 꿈틀거린다.

취미와 건강은 닥쳐서 해결 할 수 있는 문제가 아니다

　사람이 살면서 건강하게 오래 살기 위해서는 자신이 좋아하는 일을 하는 것이 가장 중요하다. 그런 점에서 봤을 때 한두 가지 정도 자신만의 장기나 취미를 개발하는 일은 삶에 윤활유와 같은 역할을 해준다.

　서강대학교 물리학과 교수였던 이병혁 박사도 그런 부류의 사람이었다. 그는 태양열 연구에 기여한 공로로 대통령상을 받을 정도로 한국 물리학계에 많은 기여를 한 학자였다. 1991년 그가 정년퇴임을 하면서 그는 오래 전부터 꿈꿔온 그의 소망을 실현시킨다. 바로 자신만의 배를 만들어 바다에 띄우는 꿈을 실현시킨 것이다. 그는 오래전부터 연구실 한 편에서 직접 나무를 자르고 합성수지로 배 밑창 방수 작업을 하면서 배를 만들어갔다. 그의 꿈은 그가 학교를 정년퇴직 하는 날 본격적으로 가동되었다. 작은 배로 바다를 항해하겠다는 오랜 꿈은 그렇게 그의 인생에서 현실이 되었다.

요즘엔 우리나라에서도 강이나 바다에서 요트를 타고 다니는 사람을 심심치 않게 볼 수 있다. 파란 물결 위에 잔잔하게 떠 있는 요트를 보고 있노라면 왠지 모를 부러움이 꿈틀거리기도 한다. 그런데 자신만의 요트를 타고 한가하게 강과 바다를 유람하는 것은 일반인은 엄두도 낼 수 없는 일이다. 보통 요트 한 대에 2,3억 정도 하는데, 비용도 비용이지만 배를 직접 모는 것은 어느 정도 숙련된 기술을 요구하기 때문이다.

이런 보통 사람은 누릴 수 없는 취미를 실현시키기 위해서 이병혁 박사는 직접 자신에게 맞는 배를 설계했다. 그리고 틈틈이 모은 나무와 재료들을 가지고 작은 목선을 만들었다. 아무도 그 꿈이 현실이 될 것이라고 믿지 않았다. 그러나 그가 정년퇴임 하던 날, 배는 이미 완성되어 있었다. 그는 배를 트럭에 실을 수 있을 정도로 분해해서 학교를 떠나는 날 미련 없이 바다를 향해 달렸다.

그가 선택한 목적지는 전라남도 신안군의 마진도라는 작은 섬. 그곳은 그의 어릴 적 추억이 깃든 곳이었다. 노년이 된 그에게 오래전부터 간직하고 있던 꿈을 실현시켜줄 어머니 가슴처럼 넉넉한 바다도 있었다.

취미는 그가 인생을 보람되고 알차게 살 수 있는 비결 중 하나였다. 나이가 들어갈수록 삶의 즐거움도 그만큼 사라지기 마련이다. 모든 것이 익숙해지고 더 이상 새로울 것도 없는 무료한 일상 속에 매몰되곤 하는 것이 노년의 인생이다. 그는 무료한 일상과 맞섰다. 익숙해지는 세상의 모든 여유로움과도 맞설 준비를 했다. 낯익은 것들로부터 벗어나고 일상으로부터 일탈할 수 있는 용기. 그것이 그가 배를 만든 까닭이다. 그가 작은 배를 만들고 마진도라는 작은 섬에 이르기까지는 적지 않은 시간이 필요했다.

노년의 가슴 벅찬 삶을 준비하고 있는가? 건강한 노년의 삶을 기대하고 있는가? 그렇다면 지금 당장 가슴이 끓어오르는 열정적인 일을 준비해야 한다. 취미와 건강은 그것이 필요한 순간에 닥쳐서 금방 얻을 수 있는 것이 아니기 때문이다.

영국인 할아버지
미스터 퍼펙트(Mr.perfect)와의 만남

이야기는 몇 년 전 다큐멘터리 제작을 위해 영국을 방문 했을 때 만났던 한 영국인 할아버지에 관한 것이다. 솔직히 나는 그의 이름을 모른다. 그저 스쳐 지나가면서 만난 사람이기 때문이다. 그래도 그는 나에게 아주 강렬한 기억으로 남아 있다. 지금부터 그의 이름을 '미스터 퍼펙트'(Mr. Perfect)라고 부르기로 하자. 그는 적어도 내가 만난 그 어떤 사람보다도 고상하고 수준 높은 취미를 갖고 있었다.

그의 취미는 자동차 수리였다. 그가 며칠 동안 온 힘을 기울여 고치려 했던 자동차는 그가 평생을 타고 다닌 정든 자동차였다. 그 정도 되면 이제 그 자동차는 쇠로 만들어진 어떤 물건이라기보다는 한 인간의 영혼과 잇닿아 있는 평생의 친구 같은 존재가 아닐까. 어쩌면 그래서 그가 그렇게 그 자동차의 수리에 매달렸는지도 모른다.

어쩌면 그것이 그 할아버지가 취미로 자동차 수리를 배운 이유인지도 모르겠다. 아무튼 이 이야기는 영국 런던에서 시작된다.

때는 2008년 여름, 더위도 가시고 계절은 가을의 문턱으로 접어들고 있던 시절이었다. 나는 런던 시내 남서쪽에 위치한 킹스턴대학교 근처에 민박집을 구했다. 사람들은 이 동네를 뉴몰든이라고 불렀다. 주변에 대학교와 윔블던 파크도 멀지 않아 전체적으로 차분하고 평온한 분위기를 느낄 수 있는 곳이다.

낡은 벽돌색 담장과 잔디가 깔린 녹색의 작은 정원들, 숨소리조차 들리지 않을 정도로 조용한 런던의 아침은 여행지에서만 맛볼 수 있는 정취를 안겨준다. 낡은 것과 새로운 것, 부수와 혁신이 조화를 이루며 공존하는 런던이란 도시에서 나의 하루하루는 바쁘게 흘러갔다.

그날 아침도 나는 흰색 페인트가 칠해져 있는 숙소의 작은 현관문을 열고 거리로 나섰다. 비가 내렸는지 거리는 촉촉하게 젖어 있었다. 습기를 뿜어내는 아카시아 나무의 향기가 아침 공기와 함께 더욱 신선하게 전해졌다. 지하철까지의 거리는 빠른 걸음으로 대략 10분 정도, 오가는 사람도 없고 차도 별로 다니지 않는 이른 아침 뉴몰든의 골목길을 걸으며 나는 오늘 취재해야 할 사람들과 방문해야 할 장소들을 하나하나 떠올렸다.

그렇게 거리를 걷고 있을 때였다. 나는 그곳에서 한 노인과 마주쳤다. 그는 자동차 보닛을 열어놓고 뭔가 열심히 수리를 하고 있었다. 일주일 동안의 취재 기간 동안 그는 늘 같은 시간에 어김없이 자동차 보닛을 열어놓고 수리를 시작했다. 자연히 숙소를 나설 때면, 그 노인이 제일 먼저 떠올랐다.

'오늘도 있을까?' 어느새 머릿속에는 오늘 해야 할 일들을 밀어내고 그 정체불명의 할아버지에 대한 생각이 자리를 잡는다. '설마 오늘도 있진 않겠지?' 하는 궁금증에 조바심이 나서 잰걸음으로 모퉁이를 쌩하니 돌았다. 그러자 멀리서 '굿모오닝~!' 하고 인사를 하듯 자동차 보닛이 열려져 있었다. 마치 아침 인사를 하는 것 같다. 벌써 오늘로 9일째다.

'아니 자동차 수리센터에 가면 손에 기름때 하나 묻히지 않고 금방 고칠 수 있는 걸 저 할아버지는 왜 저렇게 고생을 하고 있을까? 혹시 돈이 없어서 그런가?'

'오늘은 기어이 볼트까지 죄다 풀어버렸네. 저러다 부품들이라도 잃어버리면 어쩌려고 저러실까?'

9일 동안 매번 작업은 달랐지만 할아버지가 보여준 행동은 크게 두 가지였다. 자동차 밑에 들어가서 끽끽거리며 뭔가를 만지는 모습이 하나였고, 열어놓은 보닛 안으로 몸을 반쯤 집어넣고 무엇인가를 살펴보는 모습이 또 다른 두 번째 모습이었다.

하루이틀도 아니고 연속해서 같은 시간에 매일같이 벌어지는 할아버지 아침 일과에 점점 호기심이 생겼다. 무엇보다 점잖게 생긴 노인네가 낑낑거리며 자동차를 고치려고 하는 그 의지 자체가 너무나 인상적이었다. 왜냐하면 나는 지금껏 단 한 번도 해보지 않은 것들이었기 때문이다. 아니 자동차 수리라는 건 내겐 거의 엄두도 낼 수 없는 일종의 불가능한 영역이었다.

날이 지날수록 은근히 호기심이 생겼다. 어느덧 취재를 하다가도 문득문득 할아버지가 차를 수리하는 모습이 떠오르곤 했다. 길을 걷다가 영국 할아버지들이 스쳐 지나가면 어김없이 그 자동차 수리를 하던 할아버지가 떠올랐다. 그러다보니 점점 호기심에 커져 도저히 참을 수 없는 지경이 되어버렸다. 영국 취재 일정도 끝나고 이제 영국을 떠나야 하는 날이 찾아왔다.

'그래 이제 내일이면 어차피 떠나는 거 말이나 한 번 걸어보자. 도저히 궁금해서 못 참겠네......'

드디어 영국 체류 마지막 날 아침, 나는 그 낯선 할아버지에게 말을 걸어보기로 마음먹고 할아버지의 자동차를 향해서 발걸음을 옮겼다.

가까이 가서 보니 할아버지의 자동차는 오래된 구닥다리 모델이었다. 기어는 수동식으로 핸들 옆에 붙어 있고 시트의 가죽은 닳을 대로 닳아 반들거렸다. 정말 그렇게 오래된 차가 굴러간다는 게 신기할 정도였다.

"익스큐즈 미"

갑자기 동양인 남자가 말을 걸어오는 게 당황스러웠을 법도 할 텐데, 할아버지는 아무렇지도 않은 듯 보닛에서 허리를 세워 자연스럽게 인사를 한다.

"할로우~!"

중저음으로 낮게 깔리는 브리티시 잉글리시다. 우선 나의 신분과 그 동네에 머물고 있는 이유들을 소상하게 밝혔다. 할아버지는 흥미롭다는 듯이 '오호!' 하면서 맞장구를 쳐준다. 나는 곧바로 제일 궁금했던 질문부터 던졌다.

'도대체 왜 이렇게 매일같이 자동차를 고치고 계신지, 무슨 사연이라도 있는 것인지.....?'

질문을 잠자코 듣고 있던 할아버지는 손에 묻은 기름때를 닦으며 이렇게 말했다.

"트랜스미션이 고장 났어. 이걸 제대로 고치려면 부품을 통째로 바꿔야 한다는데, 오래된 차라서 부품도 쉽게 구할 수 없고, 고치느니 차라리 폐차를 시키는 게 낫다고 하더라구......."

고장 난 트랜스미션을 고치는 일이 좀처럼 쉬운 일은 아닐 것이다. 어려운 부품 이름만 들어봐도 쉽게 고칠 수 있는 것은 아니란 생각이 들었다. 할아버지는 대답을 했고 이제 나도 뭔가 한마디 던져야 하는 분위기였다. 그런데 뭐라고 말을 해야 좋을지 떠오르지 않았다. 어색한 분위기를 느꼈는지 할아버지가 먼저 말을 건넸다.

"아내하고 이걸 참 오랫동안 타고 다녔거든. 옆자리에 앉아서 이런저런 얘기도 하면서 여행도 참 많이 다녔지..."

더 질문을 할 필요도 없었다. 할아버지와 자동차, 둘 사이에는 또 한 사람의 기억이 자리 잡고 있었다. 나는 화제를 바꾸고 싶어졌다.

"사실 참 궁금했습니다. 매일 아침마다 같은 시간에 나와서 열심히 뭔가를 하시는 모습이 참 보기 좋았거든요. 제가 내일이면 영국을 떠나는데 할아버지 자동차가 깨끗하게 수리가 된 모습을 보고 떠나면 참 기쁠 것 같아요."

솔직히 그냥 할 말이 없어서 무심결에 내뱉은 말이었다. 별 뜻도 없는 그저 그런 말이었다. 게다가 그 자동차라는 게 겉으로 봐서 내 눈에는 절대로 더 이상 움직일 것 같지 않아 보였다. 그런 걸 낑낑대며 노인네가 애를 쓰며 고치겠다고 하는데, 그냥 인사만 하고 자리를 뜰 수는 없었다. 적어도 덕담이라도 한 마디 하면서 할아버지에게 용기를 주고 싶었다.

"그래? 내일 떠난다고? 그럼 한번 부지런히 고쳐봐야겠군!"

할아버지는 대답을 마치자 다시 그 보닛 속으로 몸을 구부리고 들어갔다. 막상 가려웠던 곳을 긁고 나니까 별로 대단한 것도 아니란 생각도 들고, 하여간 그날 하루 동안은 더 이상 할아버지 때문에 제대로 집중을 못하는 상황은 일어나지 않았다. 늦게까지 취재가 이어졌고 일정이 모두 끝난 뒤에는 간단하게 영국식 펍에 가서 일행들과 맥주를 한 잔 마시며 런던에서의 마지막 밤을 즐겼다.

히드로 공항까지는 숙소에서 버스를 타고 1시간 정도를 가야 한다. 아침시간이라서 차가 막힐 테니 일찍 서둘러야 한다며, 친구들이 전화를 연신 해댔다. 커다란 짐 가방은 런던에서 취재하면서 받은 갖가지 자료들로 터질 듯했다. 어떻게 모은 자료인데 이것을 버리겠는가? 구겨 넣고 밀어 넣고 한참 동안을 가방과 씨름했다.

조금 더 일찍 출발했어야 했는데 늦잠을 잔 게 화근이었다. 털털거리며 굴러가는 여행용 캐리어 바퀴소리가 조용한 뉴몰든 주택가 골목에 울려 퍼졌다. 다른 때 같으면 미안한 마음도 들었겠지만 지금은 그런 걸 따질 겨를이 없었다. 비행기를 놓치는 것보다 이 상황에서 더 난감한 문제도 없을 것이기 때문이다.

늘 하던 대로 빨간 벽돌 교회에서 좌회전을 했고 순간스쳐 지나가는 자동차를 탄 사람들이 그렇게 부러울 수가 없었다. 양쪽 어깨에 가방 하나씩 메고 두 손으로 가방을 끌면서 버스정류장을 향해서 걸어갔다. 그런데 문득 뭔가 허전했다. 매번 지나가던 길, 매번 마주치던 건물들, 그런데 한 가지 다른 게 있었다. 바쁜 마음에도 불구하고 잠시 생각에 잠겼다. 순간 할아버지의 자동차가 떠올랐다. 늘 같은 시간에 보닛을 열어놓고 나의 호기심을 자극했던 할아버지의 자동차, 호기심에 못 이겨 어제 아침 처음으로 말을 걸어보았던 할아버지의 모습이 보이지 않았던 것이다.

'어디가 아프신가?'

노인들은 하룻밤이 다르다고 하니 혹시 어제 몸살이라도 난 것이 아닐까 하는 생각이 스쳐갔다. 할아버지와 함께 그가 수리하던 자동차도 떠올랐다. 언제나 아침이면 입을 활짝 벌리고 '굿모오닝~!' 하고 인사해 주었던 할아버지의 자동차가 보이지 않았다.

'어라? 자동차도 없네.'

순간 휴대폰이 울렸다. 일행 중의 한 명이 버스정류장에서 기다리고 있는데 왜 안 오냐며 목소리를 높였다. 빨리 가겠노라 말을 하고 전화를 끊었지만 이미 내 시선은 이리저리 움직이고 있었다. 그렇게 한참을 찾던 중, 차도 옆에 일렬로 쭉 늘어선 자동차들 사이로 뭔가 낯익은 것이 보였다. 잰걸음으로 다가갔다. 최신 모델의 자동차

들 틈에 끼어 가지런히 주차되어 있는 할아버지의 그 낡은 자동차였다.

 늘 열려 있던 보닛은 단단하게 닫혀 있고 유리창에 묻어 있던 새똥도 말끔히 지워져 있었다. 낡았지만 깨끗하게 세차를 하고 왁스로 광을 내서 반짝반짝 빛나는 할아버지의 자동차가 그곳에 있었다. 자동차 앞에서 잠시 멈췄다. 할아버지는 안 계셨지만, 그것은 할아버지가 나를 위해 보내는 '굿바이' 인사였다.

 차는 예상대로 엄청 막혔다. 거의 30분 정도를 남겨놓고 히드로 공항에 도착했다. 온몸에 땀이 흠뻑 젖을 정도로 뛰어다니며 출국수속을 마쳤다. 가까스로 탄 비행기 좌석, 숨을 고르며 눈을 감았다. 순간 나의 마음은 다시 런던의 작은 골목길로 향하고 있었다. 멀리서 자동차 보닛 속에 몸을 집어넣고 있는 할아버지 모습이 보인다. 직접 보지는 못했지만, 그날 할아버지의 하루는 아마 이랬을 터이다.

 '낯선 사람이 말을 걸어온다. 자동차를 왜 매번 같은 시간에 고치고 있냐고 묻는다. 참 별걸 다 묻는구먼. 내가 제일 아끼는 거니까 내 손으로 고치고 싶은 거지, 이 사람아... 그래도 아무도 관심조차 두지 않던 노인네에게 이렇게 친절하게 말을 걸어주니 고맙네. 즐거운 대화였어. 내일 떠난다구? 그렇구먼. 내일 떠나기 전에 고친

걸 보고 싶다고. 어이쿠! 이거 무리 인데…… 그래도 저 친구를 위해서 한번 실력발휘를 해볼까.'

물론 본 적도 없고 들은 적도 없는 내 상상 속의 이야기다. 하지만 난 내 상상이 틀리지 않았을 거라 믿는다. 아마 할아버지는 그날 하루 종일 다른 어떤 날보다 열심히 땀 흘려 자동차를 수리했을 것이다. 간절히 원하는 것은 이루어진다고, 할아버지는 단조로운 삶 속에서 나와 나눈 짧은 대화에서 힘을 얻었을지도 모른다. 어쨌든 하루만에 할아버지는 정말 최선을 다해서 자동차를 고쳤고 세차까지 말끔하게 했다. 좀처럼 하지 않던 왁스칠로 마무리도 했다.

그날 내가 히드로 공항에 늦게 도착한 데는 할아버지의 자동차도 한몫을 했다. 나는 그날 할아버지 자동차 앞에서 한참을 서 있었다. 아무 일 없었다는 듯 그냥 갈 수는 도저히 없었다.

'자네 말대로 다 고쳤어. 잘 가게, 굿바이!'

할아버지는 그렇게 나에게 한마디 인사를 하고 있었다. 나도 한마디 남기고 싶었다. 터질듯 부풀어 오른 가방 지퍼를 다시 열었다. 서둘러서 노란색 포스트잇을 찾았다. 늘 메모를 위해서 찾기 쉬운 데

두었는데 그날따라 쉽게 찾아지지 않았다. 누가 보면 아시아에서 온 옷장사라고 하겠네. 길거리에서 가방을 이렇게 풀어놓고 뭐하는 거지. 그래도 꼭 한마디 남기고 가고 싶었다. 도저히 그냥 갈 수는 없었다. 드디어 가방 맨 아래에서 노란색 포스트잇을 찾았다. 볼펜을 꺼냈다. '근데 뭐라고 쓰지?' 또 생각에 잠겼다. 전화벨은 울리고 있는데 나는 지금 뭐하고 있지……

다음 날 아침 할아버지는 다시 자동차 앞으로 다가왔을 것이다. 그리고 내가 붙여놓은 노란색 포스트잇을 봤을 것이다.

'퍼펙트(perfect)!'

내가 적은 메모지를 보고 할아버지의 기분이 좋아지길 바란다. 어쩌면 할아버지는 오랜만에 자동차에 키를 꽂고 시동을 걸었을지도 모른다. 부르릉~! 낡았지만 여전히 박력 있는 할아버지의 자동차가 서서히 움직이기 시작한다. 정말 오랜만에 할아버지는 즐거운 여행길에 올랐을 것이다.

히드로 공항에 도착했던 첫 날, 나는 마중 나오기로 했던 사람들이 지각을 하는 바람에 공항에서 한참을 기다려야 했다. 짐을 실은 카트를 끌고 이리저리 돌아다니다, 공항 서점에서 책을 한 권 샀다. 낯익은 것들로부터 벗어나려는 노력이 없이는 결코 성공할 수 없다는 저자의 말이 인상 깊게 느껴져 그냥 주저 없이 샀다. 그 책에는 이런 말이 있다.

'나는 가끔 낯선 사람에게 말을 거는 일을 즐긴다. 심지어 길에서 우연히 만난 여성에게 다가가 전화번호를 달라고 말할 때도 있다. 그런 일들은 생각만큼 쉬운 일이 아니다. 그녀의 전화번호가 맞는지 틀리는지도 중요하지 않다. 어차피 내가 이걸 하는 이유는 익숙해져 있는 내 모든 것들로부터 벗어나는 것이 목적이기 때문이다. 그래서 때로는 낯선 사람과의 한마디가 많은 행운을 가져다주기도 한다.'

영국에 계시는 내 기억 속의 미스터 퍼펙트 할아버지를 위해서 건배!

평생공부가 장수의 비결이다

과학적인 근거가 밝혀진 것은 아니지만, 이 책을 쓰면서 한 가지 흥미로운 사실을 하나 발견했다. 그것은 지적인 생활을 오래한 사람일수록 장수했다는 사실이다. 혹시 지적인 활동과 수명의 연장 사이에는 어떤 보이지 않는 연관성이 있는 것은 아닐까.

현재로서는 그저 지적인 생활로 평생을 살아온 사람들의 삶을 통해 그 연관성을 추적할 수 있을 뿐이다. 하지만 인간의 육체를 관장하고 지배하는 것이 두뇌라는 점을 염두에 둔다면, 두뇌를 적극적으로 활용하는 삶은 어떤 이유에서건 장수와도 깊은 연관성을 지니고 있는 것 같다.

평균수명이 40세 정도에 불과하던 16세기에 미켈란젤로가 90세까지 장수할 수 있었던 것이나, 80세까지 왕성한 지적 활동을 했던 괴테나 칸트도 마찬가지 경우에 속한다. 그들은 당대의 가장 대표적인 지성인들이었고 가장 두뇌를 많이 사용한 사람들이었다. 그리고 남들보다 장수한 인물들이었다. 이런 사례들을 보면 적극적인 독서와 사색, 창의적인 활동은 분명 우리 삶에 커다란 활력과 에너지를 안겨주고 있는 것이 분명하다.

두뇌는 이성적인 판단과 사고를 하는 기능도 있지만, 실제적으로 우리 몸에서 일어나는 모든 기관의 활동을 조절하는 역할을 한다. 특히 뇌 속에서 존재하는 여러 가지 호르몬을 통해서 우리 몸 전체가 조절되고 있다. 중요한 것은 두뇌 활동 자체가 우리 몸의 건강한 상태를 조절하는 가장 핵심적인 역할을 맡고 있다는 사실이다. 따라서 뇌가 건강하게 기능하는 것만큼 건강에 좋은 것도 없다 운동이 건강에 도움을 주듯이, 두뇌의 운동에 해당되는 지적인 활동이야말로 건강에 필수적인 요소인 것이다.

영혼과 육체를 지닌 인간에게 있어서는 육체의 건강을 위한 다양한 운동이나 활동만큼이나 정신 건강을 위한 지적인 활동이 균형을 이뤄야 한다. 여기서 우리가 근육을 강화시키기 위해서 무거운 역기를 들거나 벤치프레스를 들어 올리며 근육에 자극을 주듯이 두뇌를 강화시키기 위해서도 두뇌를 자극할 수 있는 운동이 필요하다. 두뇌를 자극할 수 있는 지적인 활동 중에서 독서만큼 간편하고 좋은 것도 없다.

독서야말로 작은 서재나 벤치 위에 앉아서도 세계를 여행 할 수 있고, 수 천 년의 세월을 거슬러 올라가는 시간 이동을 가능하게 한다. 수많은 사상가들이 남겨놓은 문학과 작품을 통해 우리의 지성과 감수성이 깨어나는 일종의 자각 활동이다.

누구나 자신의 삶을 돌이켜 보면 삶이 기로에 놓여 있을 때, 그 길을 찾도록 인도해 준 것도 결국은 한 권의 책인 경우가 많다. 어쩌면 지금까지 살펴 본 지성인과 예술가들의 삶에 공통적으로 존재했던 열정적인 삶으로 들어가는 비밀의 열쇠는 독서가 아닐까. 이런 과정을 거쳐 우리는 또 하나의 소박한 결론에 이르게 된다. 결국 책을 좋아하는 사람이 오랜 삶을 살았다.

독서가 뇌세포를 되살린다

　과거 과학자들은 인간의 뇌세포가 하루에도 몇 십 만 개씩 죽는다고 생각했다. 나이와 더불어 인간의 두뇌도 퇴화를 한다고 믿었던 것이다. 하지만 최근의 연구는 이런 속설이 잘못된 것임을 입증하고 있다. 인간의 뇌세포는 다른 어떤 기관보다 장기적인 자기 유지 기능을 지니고 있다. 기억을 담당하는 뇌의 한 부분인 해마의 경우 지름 1센티미터의 작은 부분에 불과하지만, 2,3개의 뉴런과 복잡한 네트워크를 형성하면서 우리의 기억 능력을 강화시켜주고 있다. 최근의 뇌과학 연구들을 통해 두뇌를 더 많이 쓸수록 해마도 증식을 계속하고 있다는 것이 증명되었다. 결국 기억력이나 판단력도 노력하기에 따라서 얼마든지 좋아질 수 있다는 것을 의미한다.

　최근 뇌신경 과학자들은 우리가 책을 읽는 기능을 하는 두뇌의 특별한 부위들을 밝혀냈다. 그곳은 관자놀이 근처의 측두엽과 전두엽

등에 해당된다. 책을 읽을 때는 이런 부위가 활발하게 기능을 하고 있다. 중요한 점은 책을 읽는 행위를 통해 두뇌가 끊임없이 자극을 받고 새로운 뇌세포의 증식으로 연결된다는 점이다. 이것은 책을 읽은 행위를 통해서 우리가 새로운 것을 배우고 경험하는 과정이 반복되기 때문이다. 새로운 것을 배우는 인간에게는 뇌가 늙을 틈도 없다.

〈책 읽는 뇌〉라는 책을 쓴 인지 신경과학자 매리언 울프는 독서와 뇌의 연관성을 오랫동안 연구해 왔다. 그녀에 의하면 글을 읽는다는 행위는 소리를 듣는 행위와는 차원이 다른 고차원적인 활동이다. 소리를 듣는 행위가 청각 기능에 의해서 선천적으로 수용되는 감각적 기능이라면, 문자를 읽는 행위는 단지 선천적인 기능이 아니다. 여기에는 매우 오랜 시간에 걸친 인간의 수고스런 학습 과정이 뒤따른다. 말을 하거나 소리를 듣는 행위가 유전적으로 연결된 인간의 선천적 기능이라면, 문자를 읽는 행위는 단지 유전적으로 물려받은 것이 아니라 인간 두뇌의 오랜 진화 과정이 만들어 놓은 산물이다. 결국 '독서란 뇌가 새로운 것을 배우고 스스로 재편성하는 과정에서 탄생한 인류의 기적적인 발명'이라는 것이 그녀의 결론이다.

독서라는 행위는 곧 그 책을 쓴 작가의 의식과 세계 속으로 들어가는 것을 의미한다. 그래서 마키아벨리는 책을 읽기 전에 그 작가가 살던 시대의 복장을 차려 입거나 식사를 할 때 테이블 위에 한 사람 분의 음식을 더 준비하게 했다고 한다. 그것은 마키아벨리가 갖고 있던 글을 쓴 작가에 대한 경외심을 표현하는 방식이었다.

다른 사람이 쓴 책에는 그 사람의 생각이나 감정은 물론이고 그 사람이 수십 년 동안 경험했던 다양한 이야기들이 담겨 있다. 책을 읽으면서 독자는 책을 쓴 사람의 경험을 간접적으로 체험한다. 만약 작가가 북극의 오로라에 관해 썼다면, 독자는 자기가 가보지 못한 북극 오로라의 세계를 머릿속으로 상상하면서 끊임없이 자기를 작가와 동일시한다. 그 과정은 실로 엄청난 에너지가 포함된 두뇌의 활동이 아닐 수 없다.

결국 독서는 다른 사람의 생각, 다른 시대, 다른 문화의 영역을 통해서 자기 자신을 풍요롭게 만드는 인간만의 아주 특별한 행위다. 책에 담긴 텍스트의 메시지를 이해한다는 것은 자신만의 독자적인 추론과 생각, 상상이 가능하다는 뜻이다. 독서는 책에 기록된 주어진 정보를 뛰어넘어 그 이상의 훌륭한 사고를 가능하게 한다. 결국 한 권의 책을 통해서 독자와 작가는 곧바로 연결된다. 프루스트의 말을 빌린다면, 그것은 '작가의 지혜가 끝나는 곳에서 우리의 지혜가 시작' 되는 것이기도 하다.

반복적인 책 읽기를 통해 뇌에 인지적인 자극이 이뤄질 경우, 그것은 뇌세포에 활력을 주고 심지어 죽어가는 뇌세포를 살릴 수 있는 놀라운 현상이 나타난다. 뇌의 회춘이라는 기적이 일어날 수 있는 것이다. 이것은 최근의 두뇌과학자들이 발표한 연구 결과에서도 잘 드러나고 있다. 한 연구 결과에 따르면, 문맹 노인들과 글을 읽는 정상 노인의 치매 발병률에는 큰 차이가 나타나고 있다. 글을 읽지 못하는 문맹 노인의 경우에는 치매에 걸릴 확률이 38.5% 정도였는데 반해서, 글을 읽을 줄 아는 정상적 노인의 경우에는 이 수치가 6%대로 떨어졌다. 책을 읽는다는 행위 하나가 노인 집단의 치매 발병률을 5배나 낮출 수 있는 것이다.

뿐만 아니라 독서는 만성적인 스트레스에 시달리는 사람들에게도 효과가 있는 것으로 나타났다. 심한 스트레스에 시달리는 경우에도 독서를 했을 경우와 독서를 하지 않았을 경우에 집중력에서 차이가 나타났다. 스트레스를 받으면 많이 발생하는 하이베타파의 경우에도 독서를 했을 경우에 현저히 감소되는 것으로 나타났다. 독서라는 행위 자체가 스트레스 감소에도 효과가 있다는 것이 입증된 것이다.

일반적으로 독서를 할 때는 영화를 보거나 게임을 할 때와는 달리 우리 눈에 전달되는 이미지의 자극이 상대적으로 약하다. 단순히 하얀 종이 위에 있는 까만 글자들만을 바라보기 때문에 강렬한 이미지 자극이 전달되는 영화나 TV, 게임을 할 때보다 훨씬 뇌에 가해지는 자극도 줄어든다. 결국 스트레스를 풀기 위해 영화나 TV, 게임에 몰두하는 것보다 한 권의 책을 읽는 것이 훨씬 적은 피로를 느끼게 된다. 현대인들의 만성적인 스트레스를 푸는 데도 독서가 효과적이란 뜻이다.

여기에 독서의 자기 성찰적 기능도 빼놓을 수 없는 긍정적 기능이다. 독서는 자기를 돌아보는 거울이 된다. 삶과 죽음의 의미를 생각해 볼 수 있고 지금까지 살아온 인생을 차분하게 되돌아 볼 수 있는 성찰의 시간을 준다.

다른 이의 삶을 통해 나의 삶이 살아왔던 과정을 되돌아보고 아직도 달하지 못한 미래에 대한 꿈을 꾸게 해준다. 이것은 5천 년 인류의 문명사에서 책이 지닌 가장 강력한 힘이기도 하다. 인간은 책을 통해 자신이 살아가는 이유와 의미를 되찾게 되었다. 살아가야 하는 이유를 깨닫는 순간보다 더 강렬하게 두뇌가 활성화되는 순간이 또 있을까.

제4장.
여행을 통해 인생을 배우다

별빛을 받으며 '순례자의 길'을 걷다
산티아고 데 콤포스텔라

"나는 교과서보다는 화랑, 극장, 영화관, 연주회장 등에서 더 많은 것을 배웠다. 여행도 크게 도움이 되었다. 다른 문화권에서 한동안 살아본 경험은 자신의 세상을 다르게 볼 수 있는 렌즈를 마련해 주었다. 너무 익숙하여 아무런 의문도 들지 않았던 사물을 새롭게 돌아보게 했다." (찰스 핸디, 영국 작가)

여행을 즐기고 여행을 통해 삶의 새로운 활력과 의미를 되찾는 것은 인간에게 주어진 가장 큰 선물이다. 이럴 때 여행은 단지 놀이나 여가가 아니라 하나의 세상을 향한 공부다. 세상을 향해 나아가는 여행자들에게는 세상을 배울 수 있는 기회도 그만큼 늘어난다. 그래서 때로는 아주 우연히 여행을 하다가 평생을 바쳐 할 일을 발견한 사람들도 있다. 그들 역시 '뒤늦게 발동걸린 인생'들이었다.

원래 작가나 예술가들은 창작에 투여되는 시간의 몇 배나 되는 시간을 여행에 투자한다. 여행은 창작하는 사람들에게는 가장 생산적인 공부이다. 그들에게는 여행을 통해 낯선 환경 속으로 들어가는 것 자체가 자극이다. 낯선 곳에서 잠을 자고, 처음 먹어보는 음식의 맛, 시장과 광장에서 들려오는 이국적인 언어 자체가 창작의 자극이 된다. 일상에 매몰된 삶에서 느낄 수 없는 새로움이 있다. 그래서 그들에게 여행이란 하나의 새로운 자신을 발견하는 과정이다. 작가나 예술가들이 여행에 많은 시간을 투자하는 이유가 바로 여기에 있다.

결국 우리는 다른 세계로 나아가는 것에 대한 두려움부터 떨쳐버려야 한다. 새로운 세상을 접하는 순간부터 우리는 새로운 개념을 생각하게 된다. 여행과 새로운 생각은 그럴 때 하나로 연결된다.

여행을 통해서 인생을 배운다는 주제를 놓고 볼 때, 가장 대표적인 것은 '산티아고 순례의 길'이다. 이 길이 언제 어떻게 시작되었는지 정확히 알 수는 없지만 아주 오래 전부터 수도사들이 이 길을 따라 걸으며 수양을 했던 것으로 전해지고 있다.

그들이 목적지로 삼은 산티아고란 예수의 열두 제자였던 야곱의 무덤이 있는 스페인 북서쪽의 도시를 가리킨다. 오로지 두 발로 걸어갔던 수도사들의 고행을 따라서 여행자들 역시 도보로 목적지까지 걸어가야 한다. 그래서 이 순례의 길은 세계에서 손꼽히는 고행의 길이자 자기를 찾아가는 숭고한 여정이다.

목적지로 향하는 길은 여러 갈래가 있지만, 대부분의 여행자들은 프랑스 생장피드포르에서 스페인 산티아고 데 콤포스텔라에 이르는 장장 800킬로미터의 길을 선택한다. 그 길고 먼 길을 순례자들은 오직 자신의 두 발을 이용해서 하루 6,7시간씩 30킬로미터 정도의 거리를 이동한다. 이 길을 통해 지금까지 천 년이 넘는 시간 동안 무수히 많은 지식인과 예술가, 성직자와 사상가들이 자기 자신을 깨닫는 과정에 합류했다.

〈연금술사〉로 유명한 노벨상 수상작가 파울로 코엘료를 비롯해서, 미국의 영적 치료사이자 은퇴자들의 정신적 샤파를 자처하는 조이스 럽, 그녀는 심지어 나이 63세의 노년에 장장 40일에 이르는 길고 긴 여정을 끝마쳤다. 헐리웃 스타 셜리 맥클레인도 전혀 어울릴 것 같지는 않지만 힘든 과정을 이겨내고 순례자의 길을 완주했다. 독일의 한 코미디언은 청력감퇴와 담낭제거라는 신체적 제약을 이겨내면서 이 길에 올랐다.

순례대회가 열렸던 2010년에는 전 세계에서 무려 600만 명이 이 순례의 길을 다녀갔다. 이미 9세기부터 수도사들이 이 길을 걷기 시작한 것으로 알려지고 있는데 당시에는 예수의 제자 야고보 성인의 무덤이 안치되어 있다는 이유 하나만으로도 길을 걷기에 충분한 이유가 있었다. 11세기 무렵 사라센의 공격으로 스페인이 위협에 처했을 때, 스페인 전사들은 '산티아고'를 외치며 사라센과 대적했다. 그들에게는 산티아고가 자신을 수호하는 성인이라는 믿음이 있었다. 세속적인 가치로 따질 수 없는 정신적인 숭고함이 깃들어 있는 길이 되었다. 이미 중세부터 이 길에는 연간 50만 명 이상의 사람들이 순례의 길에 올랐다. 때로는 목숨을 건 위험한 길이기도 했다.

과연 이 길에서 그들은 무엇을 깨달았던 것일까? 그들은 무엇을 찾고 싶었던 것일까? 아마도 그들이 찾고 싶었던 것은 신의 존재에 대한 흔들리지 않는 믿음이었을 것이다. 자신의 내면과 만나고 싶은 강렬한 욕망 때문이었을 것이다. 그런 전통이 천 년을 이어져 오면서 현대인들은 신앙 대신에 영적인 삶을 통해 자기를 찾고자 한다. 자기가 누구이며 어떤 삶을 살아야 할 것인지 그 답을 찾기 위해 그들은 길고 먼 그 길을 걸었다.

순례의 길은 그 자체가 고통이다. 고통 속에서 그들이 찾으려 했던 답은 대부분 그들이 일상의 생활로 돌아간 다음부터 서서히 모습을 드러낸다. 독일의 유명 코미디언 하페 케르켈링의 경우도 마찬가지였다. 그는 이 여행을 통해 자신의 병마와 싸웠고 자신이 진정 원하는 삶에 대한 실마리를 찾아냈다. 그는 여행을 마치고 돌아와 여행기를 썼고 독일은 물론이고 전 유럽에서 베스트셀러 작가로 등극

했다.

  파울로 코엘료의 순례길은 1986년도에 시작되었다. 그에게는 사실 말 못할 고민이 한 가지 있었다. 17세 때부터 정신병원을 드나들 정도로 정신적인 질환이 심각했던 것이다. 그는 삶에 대한 회의와 좌절 속에서 삶을 포기하려고 한 적도 있었다. 그런 그가 산티아고의 길을 걸으면서 자기의 내면과 만났다. 그 과정을 통해 그는 자신의 고통과 맞설 수 있는 힘과 지혜를 얻었다.

  산티아고의 길을 걸으면서 그는 자신이 앞으로 무엇을 하며 살아가야 할지를 결심했고 이를 위해 안정적인 직장마저도 포기했다. 그리고 오랜 꿈이기도 했던 작가의 길에 들어설 수 있었다. 그가 산티아고의 길에서 얻은 경험은 그의 소설 〈순례자〉에 그대로 녹아들었다. 이후 그의 수많은 작품들은 바로 산티아고의 영감에서 나온 것이라고 스스로 고백 할 정도다.

  그는 자신의 오랜 정신병과 싸웠고 작가가 되기 위한 꿈을 이루기 위해 힘겨운 고행의 길을 향해 첫 발을 내디뎠다. 그래서 그가 목적지인 산티아고에 도착했을 때, 그는 이미 자신의 상처를 다룰 줄 아는 작가가 되어 있었다. 산티아고의 신비한 능력은 이런 것들이 아닐까. 사람들은 그 길을 통해 자신의 인생이 변화되었고 진정한 삶의 기쁨과 마주할 수 있는 기회를 얻었다고 고백하고 있다. 그들은 살아가야 할 이유와 의미를 찾은 것이다.

순례자들은 800킬로미터의 길을 도보로 걸어야 하지만 도보로 100킬로미터 이상, 자전거 또는 승마로 200킬로미터 이상을 순례한 다음 최종 목적지인 산티아고에 도착한 경우에도 완주를 인정해 주고 있다. 순례의 길을 완주한 사람들에게는 순례자 협회에 제공하는 콤포스텔라 완주 증명서라는 명예가 수여된다.

'별들의 벌판'이란 이름이 붙어있는 콤포스텔라(compostela)는 그 이름처럼 인적도 없는 황량한 벌판 위에서 별빛을 받으며 오늘도 지친 영혼을 달래줄 순례자들을 기다리고 있다.

보고 싶습니다. 아버지...

"세상은 책이다. 여행 하지 않는 사람은 기껏해야
한 장의 글을 읽은 사람에 불과하다."
(성 아우구스티누스)

당신이 살아 온 인생의 시간들 속에서 당신에게 가장 큰 영향을 미친 사람은 누구인가? 혹은 가장 커다란 영향을 받은 사건은 무엇인가? 분주한 일상의 생활 속에서도 중요한 사람, 중요한 사건과의 만남은 끊이지 않고 이어진다. 그리고 누구에게나 삶의 결정적 순간을 장식하는 책 한 권쯤은 존재하는 법이다.

책을 읽고 세상을 보는 눈이 바뀌기도 하고 간절히 찾고 있던 어떤 진리와 정의로운 가치에 도달하는 것도 사실 책을 통해 이뤄지는 것이 대부분이다. 어느 날 한 권의 책에 눈이 번쩍 뜨이고 책을 쓴 작가의 삶이 남의 이야기처럼 느껴지지 않을 때가 있다. 그 순간은 이미 작가의 삶이 자기의 삶 속에 투영된 상태다. 그리고 자신이 발견하지 못했던 자신의 꿈과 미래를 찾게 된다. 의외로 많은 사람들의 삶 속에는 이렇듯 책들이 개입되어 있다. 그들의 인생 터닝 포인트에 놓여 있는 한 권의 책, 그것이야말로 인생이라는 바다 위에서 길을 잡아주는 나침반이다.

우리는 삶을 바꾸기 위해서 여행을 한다. 휴식을 취하기 위해서 떠나는 것만이 여행이 아니다. 오직 자신이 바라는 어떤 간절함을 찾아서 우리는 여행을 떠나기도 한다. 그래서 여행은 떠나기 전과 돌아온 뒤의 모습이 서로 다를 수밖에 없다. 삶의 전환점에는 잊지 못할 여행의 기억들이 존재한다. 때로는 우연한 만남을 통해서 삶의 변화가 시작되기도 한다. 그런 여행자들에게는 언제나 의미 있는 책 한 권쯤은 손에 쥐어져 있기 마련이다. '책과 여행', 그래서 나는 이 두 가지가 나의 인생에서 가장 흥미로운 주제라고 생각한다.

여행은 떠날 때는 흥분과 기대감으로 교차하며 돌아올 때의 마음은 냉정하고 차갑다. 어떨 때는 그래서 여행이란 떠남만으로 이뤄져 있으면 좋겠다는 생각도 한다. 여행을 떠나기 전의 설렘과 긴장, 새로운 미지의 세계에 대한 동경, 그것을 알고 싶고 찾아보고 싶은 마음. 그것보다 우리의 삶을 가슴 뛰게 만드는 것이 또 있을까. 그것에 비하면 여행에서 돌아올 때의 심정은 그저 '어서 이 무거운 가방을 풀고 따듯한 샤워나 하고 싶다'는 간절함으로 가득하다.

하지만 우리는 언젠가는 다시 여행 가방을 꾸린다. 그 무거운 여행 가방을 끌고 또 어느 이름 모를 공항과 도시를 한없이 걷게 된다. 떠날 수 있다는 자체가 우리를 흥분시키기 때문이다.

여행을 뜻하는 영어 단어 '트래블(travel)'은 원래 프랑스어 '트라바이(travail)'에서 나왔다고 한다. 트라바이란 곧 '고된 일과 노동'을 뜻하는 단어다. 여행이란 개념은 그렇게 처음부터 아주 힘들고 고된 일이라는 의미를 담고 출발했다. 조금 다른 각도로 해석한다면, 힘들고 고생스러운 여행일수록 더 오래 기억된다는 의미로 받아들일 수도 있을 것이다. 나는 그런 여행의 의미를 믿는다. 누구나 힘들고 어려운 순간이 있다. 하지만 막상 그 순간이 지나 세월을 되돌아볼 여유가 찾아오면 기억 속에 숨쉬는 것들은 늘 아름답게 간직되기 마련이다. 힘들고 어려운 기억도 역시.

책과 여행, 시간과 기억에 관해서 나에게도 남들에게 다 털어놓지 못한 이야기가 하나 있다. 그 이야기는 루이 칸(Louis Kahn)이란 한 건축가의 삶에 얽힌 이야기와 관련이 있다. 2006년 나는 '길(road)'에 관한 다큐멘터리 한 편을 제작한 적이 있다. 매일 매일 집과 회사, 학교나 친구를 만나기 위한 약속 장소로 향하면서 우리는 길을 통과한다. 일부러 길의 존재를 의식하지 않는 한 길이라는 물리적 공간은 그저 이동을 위한 통로이자 수단일 뿐이다. 하지만 '길'에는 인생에 관한 철학적 의미가 내포되어 있다. 우리가 길을 인생에 비유하는 것처럼 말이다.

길에 관한 다큐멘터리를 만들면서 나는 길에도 여러 종류가 있다는 것을 알게 됐다. 보통은 길과 거리, 그리고 루트처럼 조금씩 그 형태도 다르다. 모든 것이 현대화되고 빠르게 변하는 시대 속에서 우리가 가장 많이 접하는 것은 거리(street)다. 도시가 만들어지고 건물과 건물들 사이의 공간에서 길을 잃지 않기 위해 사람들은 거리를 만들었다. 길보다는 확실하고 빠르다. 소박한 골목길 따위에 비할 수 없을 정도로 분주하고 변화다. 거리는 현대적인 뉘앙스를 지닌 계획적이고 도시적인 개념이다. 따라서 거리 안에서는 사람보다 자동차, 상가, 고층빌딩 같은 물질적인 대상들이 중심을 차지한다.

또 하나의 색다른 길이 있는데, 그것이 바로 루트(route)다. 루트에는 편안한 안락감 같은 것은 없다. 길이 아닌 곳에서 인간의 힘으로 스스로 길을 만들어가는 것이 바로 루트다. 가장 힘들고 위험한 모험을 담고 있다. 인간의 땀과 고생의 흔적이 그대로 스며든다. 같은 목적지를 향해서 나아가더라도 가는 과정이 다르고 때로는 루트 자체를 개척하는 과정 자체가 의미 있는 일일 수도 있다. 하지만 루트는 동전의 앞뒤 면처럼 도전과 위험이 공존한다.

　이렇게 거리나 루트라는 개념과 달리 길은 본질적으로 인간에게 매우 가까운 개념이다. 제주 올레길이나 북한산 둘레길이 인기를 끌고 있는 것도 어쩌면 사람들이 잃어버린 자신을 찾고자 하는 욕망의 표현이 아닐까. 작은 실개천을 따라 걸어 가는 시골길이나 어린 시절 동네 친구들과 공놀이를 하던 골목 길, 풀숲을 헤치며 언덕 위에 서 있는 아름드리 나무를 향해 걸어가던 오솔길은 생각만 해도 우리의 마음을 포근하게 해준다. 그런 길에 관한 다큐멘터리를 제작하면서 나는 한 건축가를 알게 되었다. 그 역시 아주 독특한 자신만의 길을 걸어간 사람이었다. 바로 건축가 루이 칸이었다.

　미국에서 매년 건축가들이 뽑은 가장 위대한 건축가의 명단에 언제나 당당히 1위를 차지하는 사람, 다른 어떤 건축가도 흉내낼 수 없는 숭고하고 웅장한 건축 미학을 선보였던 건축가.

　루이 칸은 옛 소련의 에스토니아에서 유대인으로 태어나 아버지를 따라 미국으로 이민을 갔다. 어릴 적 화롯불에서 석탄이 타오르는 것이 너무 궁금해서 가까이 다가갔다가 얼굴에 화상을 입고 평생토록 화상 입은 얼굴 때문에 콤플렉스를 갖고 있었다는 독특한 이력의 소유자. 그는 대학 시절 그림을 그려야만 생활비를 벌 수 있을 정도로 가난했다. 훗날 유명세를 탄 뒤에는 큰돈을 벌 수 있었음에도 불구하고 세속적인 부와 명예를 뒤로한 채 오직 진실의 미학과 양심의 소리에 귀를 기울이며 숭고한 예술의 길을 걸어갔던 사람.

사실 그의 이야기에는 나의 마음을 움직이는 이야기가 한 가지 더 있었다. 그것은 마지막까지 그가 숨기려 했던 그의 아들에 관한 이야기였다. 루이 칸에게는 혼외로 얻은 아들이 하나 있었다. 나는 이 루이 칸이라는 사람을 이해하고 싶었다. 아니 루이 칸이라는 사람을 통해서 나의 아버지를 이해하고 싶었다는 게 더 정확한 표현일지 모르겠다. 그가 마지막 숨을 거둔 뉴욕의 펜스테이션 지하철역에서부터 방글라데시의 다카까지 나에게는 그를 쫓을 이유가 있었다. 남들 눈에는 조금 이상하게 보일 수도 있을지 모른다. 하지만 거기에는 나만의 그럴 만한 사정이 있었다. 루이 칸과 그의 아들에 관한 이야기는 내 아버지와 나를 너무나 닮아 있었기 때문이다.

1974년 뉴욕의 펜실베이니아 기차역. 낡은 코트를 입은 한 노인이 화장실에서 심장마비를 일으켰다. 유난히 작은 키와 화상으로 상처 입은 얼굴 그리고 주소가 지워진 여권. 무연고자로 분류된 이 작고 초라한 노인의 시신은 며칠 동안 시체안치소에 방치되어 있었다.

건축가 루이 칸은 그렇게 세상을 떠났다. 그의 나이 74세였다. 신문의 부고에는 그에게 부인과 딸 하나가 있다고 적혀 있었다. 하지만 그에게는 세상에 알려지지 않은 두 명의 또 다른 아내 그리고 그들로부터 낳은 배다른 딸과 아들이 더 있었다. 그는 세 가족을 거느리고 살았던 셈이다. 그 아들인 나타니엘 칸은 당시 11세였다. 그는 아버지의 장례식장에서 처음으로 자기의 배다른 누이들 그리고 그 어머니들을 보았다.

뉴욕 시민들이 하루에도 가장 많이 분주하게 드나드는 곳, 60만 명이나 되는 유동 인구가 이른 아침부터 밤늦게까지 숨가쁘게 이동하는 공간. 타임스퀘어나 센트럴 파크같은 관광지 얘기가 아니다. 바로 집과 일터를 오가는 뉴요커들의 생활의 중심, 펜실베이니아 기차역이다. 뉴욕 시민들에는 펜실이베니아 기차역이라는 긴 이름 대신 펜스테이션이라는 애칭이 더 익숙한 곳.

어둡고 침침한 형광등 불빛, 색 바랜 타일조각들, 기차가 들어올 때면 발을 딛고 서 있는 바닥이 덜컹덜컹 울렁거릴 정도로 낡고 오래된 기차역이다. 사실 그곳에는 관광객들의 시선을 끌 만한 매력적인 것이 별로 없다. 하지만 나는 내 발로 펜스테이션의 계단을 밟아보고 싶었다. 음습하고 탁한 실내공기를 마시며 갑자기 심장마비로 호흡조차 가눌 수 없었던 한 노인과 만나보고 싶었다.

루이 칸과 그의 아들 나다니엘 칸. 두 사람의 삶을 이해할 수 있는 다큐멘터리 한 편이 있다. 아들 나타니엘 칸이 직접 만든 〈나의 건축가(My Architect)〉라는 작품이다. 이 다큐멘터리 영화는 감독인 나타니엘 칸이 자기 아버지이자 건축가였던 루이 칸의 삶과 창작의 여정을 찾아가는 스토리를 담고 있다.

아버지가 살아온 행적을 쫓는다? 세상에는 닮고 싶은 사람이 있다. 그런 이들을 자신의 영웅이라 부른다. 때로는 창작의 원천이 된다. 그런데 나에게 두 사람은 닮고 싶은 영웅이나 창작의 원천보다 훨씬 본능적인 것을 담고 있다. 그것은 바로 '아버지와 아들'이라는 언제나 가슴을 울리는 평범 하면서도 특별한 관계 때문이었다. 둘의 이야기는 놀라울 만큼 나와 내 아버지의 이야기를 닮고 있다. 그래서 나에게는 더 각별하게 다가왔겠지만……

건축계에서는 누구나 그 이름만으로도 고개를 숙이고 침묵하게 만드는 존재, 루이 칸. 하지만 아버지의 장례식장에 가서야 난생 처음으로 배다른 형제들과 아버지의 또 다른 여자들(형식적으로는 또 다른 어머니들)이 있었다는 사실을 알게 된 아들의 심정은 그날 어떠했을까.

아버지를 결코 이해할 수 없었던 아들은 그렇게 인생의 길에서 한참 동안을 방황했다. 언젠가는 자신의 품으로 돌아올 것이라는 희망 하나로 평생 외롭게 아버지를 기다렸던 어머니는 늘 아들의 가슴에 남아 있는 응어리였다. 그런 아들은 우연히 다큐멘터리 감독의 길로 들어선다. 그리고 카메라를 들고 아버지를 찾아 나선다. 이미 이 세상에 존재하지 않는 아버지였지만 그가 세상에 남겨놓은 건축물들이 아버지와의 시간 여행을 인도한다.

하나둘 아버지의 영혼이 담긴 건축물들과 만나면서 아들은 조금씩 아버지를 이해하기 시작한다. 어차피 여행의 시작은 원망스러웠던 아버지를 만나 화해를 하기 위한 목적이었다. 하지만 말처럼 쉬운 길은 결코 아니었다. 평생을 작은 오두막에 살며 남편을 기다렸던 자신의 어머니, 흐릿한 어린 시절 아버지와의 짧은 기억들, 목적지를 향한 아들의 발걸음은 그래서 결코 가볍지만은 않았다.

세상 사람들은 숭고한 건축물이라 떠받드는 아버지의 건축물들 앞에서 아들은 감히 휘파람을 불며 롤러 블레이드를 탄다. 세상 사람들은 건축의 최고 경지를 보여준 성전이라 부르는 건물들 앞에서 보란 듯이 건물 사이를 뛰어다닌다. 그것은 세상에 없는 아버지에 대한 원망이자 어릴 때 투정 한 번 제대로 부려보지 못했던 아들만이 할 수 있는 솔직하고 용기 있는 행동이었다. 그의 모습은 마치 롤러 브레이드를 타면서 '나의 아버지가 이 모든 걸 만들었어'라고 자랑하고 있는 어린애의 모습처럼 보인다. 그래서 그 장면은 눈물 나도록 아름답고 또 슬프다.

이유는 알 수 없지만, 내가 하고 있는 일과 전혀 관련이 없는 분야들 중에서 가장 매력적으로 느껴지는 것이 바로 건축이다. 거기엔 이유를 알 수 없는 본능적인 애정 같은 것이 있다.

사실 어린 시절 나는 항상 건축 자재더미와 함께 살았다. 마당 건너 작은 창고에는 삽이며 곡괭이며 시멘트, 합판들이 늘 쌓여 있었고 드라이버나 몽키 스패너를 장난감처럼 가지고 놀면서 어린 시절을 보냈다. 그리고 그렇게 톱밥과 흙더미들 속에서 나의 어린 시절 기억들이 대부분 만들어졌다.

나의 아버지도 일종의 건축에 종사한 분이셨기 때문이다. 몇 차례의 부도와 실패를 거듭하면서 집짓는 사람이셨던 나의 아버지는 결국 재기하지 못했다. 그리고 자신의 인생에서 실패한 아버지는 가족으로부터도 멀어져 갔다. 아주 멀리. 그리고 그런 아버지에게는 어느 날 새로운 여자가 생겼고 한 번도 보지 못했던 배다른 동생도 태어났다는 소식도 들려왔다. 하지만 그것이 전부였다. 아버지의 존재는 우리와 너무 멀리 떨어져 있었다.

그런 아버지에 대한 기억 때문에 나에게 아들의 존경을 한없이 받는 아버지의 존재란 늘 복잡한 감정으로 다가온다. 그걸 한마디로 부러움이라고 해두자. 다시 다큐멘터리 영화로 돌아가자.

이 영화에서 아들은 시대를 풍미한 건축가 루이 칸에 관해 객관적인 시선을 잃지 않으려 애쓴다. 아버지라는 단어를 쓰기보다 그저 그의 이름을 부르는 아들, 남들의 환호성에 귀를 닫고 일부러 냉정하게 바라보려는 시선까지 모든 게 조금은 독특하다. 하지만 아버지의 품속에서 잠들어 보지 못한 아들끼리는 통하는 게 있는 법이다. 나의 눈에는 그래서 그의 냉정함이 더 애처롭게 느껴졌다.

웅장하면서도 자연주의적인 가치를 건축물에 표현해낸 수준 높은 건축가로 평가받는 루이 칸, 하지만 솔직히 따져 보면 그것은 그가 죽고 난 뒤의 평가다. 죽은 자에 대한 평가는 원래 후하지 않은가.

1974년 펜실베이니아 기차역에서 그가 심장마비로 숨을 거뒀을 때 그의 마지막을 알아본 사람은 아무도 없었다. 그의 일그러진 얼굴만큼이나 외롭고 처절한 죽음이었다. 너덜너덜 해진 옷과 낡은 여권, 오죽했으면 갈 곳 없는 주검들이 향하는 공중 시체안치소에서 그의 시신은 3일이나 머물렀다.

자신의 외모에 심한 콤플렉스를 가졌고 유대인에 대한 멸시에도 견디기 힘들어 했지만, 그는 언제나 당당했다. 최선을 다한 삶이었기에 그의 말년은 눈부시게 찬란했다. 오늘날까지 전 세계 건축가들에게 존경과 찬사를 받고 있는 그의 작품들은 모두 죽기 얼마 전에 만들어졌다. 그가 뉴욕 펜스테이션에서 갑작스런 심장마비로 쓰러지기 직전 여행을 하고 돌아온 곳도 파리나 런던 같은 곳이 아니라 뜻밖에도 물과 가난의 도시라 일컬어지는 방글라데시 다카였다. 그곳에는 루이 칸의 일생일대 최대의 역작 중 하나가 만들어지고 있던 중이었다.

　영화는 비틀어져 있던 아버지와 아들이란 관계 속에서 끊임없이 정상궤도를 찾아 나선다. 평생 외롭게 다른 여자의 남자였던 아버지만을 기다리며 살아왔던 어머니 그리고 얼굴도 모른 채 살아왔던 배다른 누이들과도 그렇게 감독은 하나하나 화해를 시도한다.

　그 시점부터 아들이 잡은 카메라의 시선은 미국을 벗어나 또 다른 나라로 향한다. 뜻밖에도 그곳은 세상에서 가장 가난하고 더럽다는 곳이었다. 세상의 찬사를 한 몸에 받던 최고의 건축가가 왜 그 더럽고 냄새나는 곳에서 마지막 인생을 보냈을까? 그것은 아들이 가장 알고 싶었던 아버지의 이야기였다. 인도에서 시작해서 마지막 종착점인 방글라데시까지. 그의 작품들 가운데 최고라고 평가받는 작품들은 거의 그가 죽기 얼마 전 바로 이 버려진 땅에서 만들어졌다.

　이제 영화는 아버지가 노년의 마지막 힘든 몸을 이끌고 헌신의 힘을 쏟은 한 곳으로 향한다. 바로 방글라데시 국회의사당이었다. 그곳에서 감독은 오래 전 아버지와 함께 공사에 참여했던 현지 건축가를 만난다. 그 역시 세월의 흔적은 지울 수 없는 법, 주름 잡힌 손으로 악수를 나누며 그는 아들에게 한 번도 꺼내지 않았던 건축가 루이 칸에 관한 이야기를 들려준다.

"갖고 있는 것이라고는 가난과 흙더미밖에 없었던 우리들이 그를 찾아갔을 때, 놀랍게도 그는 흔쾌히 설계를 맡아주었어. 우리는 거의 맨주먹으로 이 국회의사당 건물을 만들었지. 이 건물은 우리에게는 민주주의에 대한 희망이야. 그래서 이 건물이 우리에게는 너무나 소중한 거야. 그게 너의 아버지야. 너희들에게는 소홀했을지 모르지만 우리에겐 은인이야. 넌 아버지를 이해해야 해……"

눈물을 글썽이며 옛날을 회상하던 그 건축가의 입을 통해서 아들은 비로소 위대한 건축가인 자신의 아버지와 만난다. 그리고 그 순간 아버지의 품이 그토록 그리웠던 아들은 아버지가 왜 늘 바쁜 사람이었는지, 왜 늘 기다려도 오지 않는 나쁜 아버지였는지를 이해하게 된다.

물과 가난의 나라 방글라데시 그리고 루이 칸의 영혼이 담긴 방글라데시 국회의사당 건물. 아버지의 행적을 찾아 멀고 먼 길을 돌아온 아들은 마침내 이곳에서 오래된 여행의 마침표를 찍는다.

나는 이 다큐멘터리를 보고 나서야 비로소 내가 왜 건축에 대해서 그동안 아무 이유도 없이 본능적인 매력을 느껴왔는지 알 수 있었다. 건축에 대해 아무것도 모르는 내가 왜 건축이라는 말에 그토록 민감하게 반응을 했는지 이해하게 되었다. 그것은 멀리서나마 아버지의 모습을 지켜봤던 한 아들로서 어쩌면 자연스런 일이었을 것이다. 누가 뭐래도 아버지와 아들은 그렇게 운명처럼 닮아가게 되어 있다.

어느 누구에게나 아버지에 관한 이야기를 한다는 것은 조금은 낯설고 어려운 일이다. 자랑할 만한 것이 많은 아버지를 두었다면 이야기하는 게 쉽겠지만 그 반대의 경우에는 사실 적지 않은 용기도 필요로 한다. 철이 들기 전까지 아버지의 존재는 그저 내 삶의 작은 부분 이상으로 다가오지 않았다. 별로 간절히 기억하고 싶지 않은 부끄럽고 그저 그런 기억.

인생이란 게 늘 그렇지만, 그 아버지의 존재가 사라져 버린 순간부터 아들은 진짜 아버지와 만나고 싶어진다. 공교롭게도 나의 아버지도 루이 칸처럼 74세를 일기로 생을 마감했다. 그리고 나도 그의 죽음을 한참 뒤에야 알 수 있었다.

과연 난 언제쯤이면 집짓는 사람이었던 나의 아버지를 이해하게 될까. 아들로서 부족했던 그에게 이런 자리를 잠깐 빌려 한마디 건네고 싶다.

"보고 싶습니다. 아버지……"

봉 브와야지(Bon Voyage)
여행자들의 주기도문

사실 책과 여행이란 주제를 가지고 글을 쓸 생각을 하게 된 계기는 유럽을 취재하면서 만난 두 명외 젊은이들 때문이었다. 지금 생각해 봐도 그들을 만난 것은 참 행운이다. 누구에게나 한두 가지 정도 운이 따르는 일이 있게 마련이다. 제비뽑기에서 늘 제일 좋은 것을 뽑는다거나 먹을 복이 있어서 맛있는 음식이 차려진 곳에는 어김없이 짠하고 나타나는 사람들이 있다. 나에게도 그런 식의 행운 한 가지가 있는데, 다름 아니라 좋은 사람을 우연히 만나는 복(福)이다. 돌이켜보면 늘 그랬던 것 같다.

다큐멘터리를 제작하는 작업은 짜여있는 각본대로 움직이지 않기 때문에 현장에서 어떤 사람을 만나서 어떤 이야기를 나누게 되는지가 매우 중요하다. 물론 사전 정보수집 차원에서 미리 뒷조사 같은 걸 하는 경우도 있지만, 취재원을 확보하지 않고 무작정 현장에서 길을 찾아가는 경우에는 무슨 일이 닥칠지 아무것도 예상할 수 없다.

그때도 그랬다. 2009년 10월, 유럽에서 기차를 타고 나만의 유레일 루트(Eurail Route)를 지도 위에 그리는 작업을 하면서 나는 말 그대로 그 넓은 유럽의 대지 곳곳을 헤매고 다녔다. 생면부지 아는 사람 하나 없이 달랑 배낭 하나 짊어지고 다니면서 때로는 기차를 놓쳐 다음 기차가 올 때까지 기차역에 쭈그리고 앉아 노숙도 해봤다. 그럴 때는 언제나 영화에서처럼 처량하게 부슬부슬 비도 내린다.

하지만 그때마다 짠하고 등장하는 고마운 사람들, 나는 그들 덕분에 늘 새로운 경험에서 남들보다 한두 가지 정도는 더 얻는 행운을 누리곤 했다. 그래서일까. 나는 처음 만나는 낯선 사람에게도 말을 잘 거는 편이다. 어차피 직업적인 이유에서도 필요하고 또 낯선 사람에게 말을 걸기 전 망설이는 몇 분 동안의 긴장감이 때로는 즐겁기도 하다.

낯선 사람들에게 먼저 말을 걸고 자연스럽게 대화로 이어지고 때로는 그것이 인연이 되어서 친구가 되기도 한다. 무엇보다 낯선 사람에게 말을 걸기 위해서는 어느 정도 방법을 알고 있는 게 좋다.

내가 알고 있는 한 노인은 이런 낯선 사람과의 대화를 즐기는 일종의 '낯선 대화 마니아'였다. 그는 항상 말쑥하게 차려입은 모습으로 공공장소에 등장한다. 때로는 손에 작은 지도 하나를 들고 서 있을 때도 있다. 그리고는 사방팔방 전후좌우 이리저리 무언가를 찾는 시늉을 한다. 잠시 후 그의 눈에 말을 걸고 싶은 낯선 여성의 모습이 들어온다. 그가 서 있는 방향으로 여성이 걸어올 때 그 순간 할아버지의 행동도 더욱 커진다. 때때로 그 대상이 젊은 여성일수록 할아버지의 행동도 더욱 커진다.

마침내 한두 걸음 앞에 다가온 여성에게 그는 길을 묻는다. 목적지는 아무 곳이라도 좋다. 가급적이면 몇 분이라도 같이 걸을 수 있는 거리에 있는 곳을 정하는 게 좋다고 한다. 그래야 불쌍한 힐아비지를 위해서 직접 길을 안내하겠다고 앞장을 설 테니까 말이다. 그렇게 할아버지는 아주 자연스런 방식으로 몇 분 동안 낯선 여성과 함께 길을 걷는다. 그러면서 이런저런 이야기를 나눈다. 그는 이런 짧은 낯설음을 즐기는 마니아다. 그 이상은 없다.

주책없는 노인네라고? 글쎄 꼭 그렇게만 바라볼 필요가 있을까. 세상은 저만의 방식으로 즐겁게 살아가는 것, 그게 삶을 끝까지 즐길 수 있는 비결 아닐까. 어쨌든 판단은 당신의 몫이다. 그가 낯선 사람과 몇 마디 이야기를 나누는 행위를 도덕적으로 문제 삼는다면 세상이 너무 삭막하지 않을까. '정의롭기만 한 인간은 잔인한 인간'

이라고 바이런은 말했다.

　중요한 것은 낯선 사람과 자유롭게 대화를 나누는 방식이고 사람을 대하는 세련된 태도다. 적어도 이런 자유와 세련됨만은 그냥 얻어지는 것이 아니다. 나름대로 노력하지 않고서 얻어지는 것은 없다. 그리고 세상을 살면서 이런 재밌는 일 몇 가지는 갖고 있어야 늙어 죽을 때까지 세상사는 재미를 잃지 않을 테니까 말이다.

　그 할아버지만큼은 아니지만 나도 어느 정도는 낯선 사람과의 대화를 즐기는 편에 속한다. 그냥 그런 짧은 대화가 즐겁기도 하고 때로는 모르는 것을 알게 되어서 좋다. 아무래도 잘 알고 있는 친한 사람보다는 모르는 사람에게서 전혀 몰랐던 새로운 것을 알게 될 확률도 높다.

　그때 나는 그렇게 낯선 유러피언들과 만나고 싶었다. 카페나 식당, 심지어 도서관 계단이나 기차역 광장에서도 나는 배낭을 짊어지고 자유롭게 유럽 대륙 곳곳을 여행하는 낯선 젊은이들과 이야기를 나눴다. 그들은 대부분 갑작스런 이방인의 등장에 당황하거나 어색해하지 않았다. 불쑥 던지는 인터뷰 요청에도 언제나 진지하면서도 즐겁게 대답을 해주었다.

　그들과 대화를 나누는 것은 색다른 즐거움이었다. 논리적이면서도 또 한편으로는 단순히 그 논리의 틀 안에 모든 것을 가둬놓을 수 없는 묘한 정서가 흘러넘친다. 그것은 여행자끼리 통하는 일종의 주파수 같은 것이 있기 때문이다. 감성이나 논리보다 훨씬 풍부하고, 개인적이면서도 끊임없이 자기만의 틀에 갇히는 걸 피하려는 절제된 모습, 그것이 바로 내가 유럽의 젊은 여행자들과 나눈 여행의 묘미였다.

하지만 역시 그중에서도 가장 인상적인 사람들을 꼽으라면 베를린으로 향하는 열차 안에서 만난 두 젊은이를 꼽고 싶다. 6시간이나 걸리는 긴 여행 동안 우리는 목적지인 암스테르담에 도착할 때까지 쉬지 않고 이야기를 나눴다. 대학교 3학년으로 자신들을 독일에서 온 리자와 드류라고 소개한 그들은 유럽의 여느 젊은이들처럼 자유롭고 낙천적이면서도 유머를 잃지 않는 젊은이들이었다.

미국에서 시작된 금융위기가 유럽을 덮치면서 유럽 경제도 어렵긴 마찬가지였다. 경제난이 계속되고 취업률이 하락함에 따라 이제 막 사회 진출을 앞둔 젊은이들의 마음 고생도 이만저만이 아니다. 게다가 대부분 스무 살을 전후해서 부모로부터 독립하는 것이 일반화되어 있다 보니 아르바이트만으로 생활을 꾸려가는 젊은이들의 경우 생활이 여간 힘든 것이 아니다.

이렇게 어려운 생활 속에서도 그들이 뒤로 미루거나 포기하지 않는 것이 한 가지 있으니, 그것은 바로 여행이다. 그들의 삶에 여행은 일종의 생활필수품이나 다를 바 없었다. 시간이 나서 가는 것이 아니고 돈이 많아서 가는 것이 아니다. 그냥 자연스럽게 마음이 차고 기울면 훌쩍 배낭 메고 떠나는 그런 것, 그게 그들의 여행하는 방식이었다.

그들의 터질 듯이 꽉 찬 배낭에서는 길거리 노숙도 불사하겠다는 단호한 의지가 역력하게 드러난다. 침낭은 물론이고 버너와 코펠 같은 간단한 취사도구들도 필수품으로 갖추고 있다. 그리고 꼭 가방 속에는 언제나 한 두 권의 책이 있다. 책과 여행으로 단련된 유럽의 젊은이들, 대학 3학년이라 믿기지 않는 풍부한 경험과 세상을 향한 뚜렷한 주관은 놀라웠다. 어쩌면 책과 여행이 그들을 그렇게 만든 것이 아닐까? 그들을 성장시키는 것은 절반 이상이 바로 책과 여행이었다.

리자와 드류도 그런 젊은이들이었다. 이번 여행을 위해서 석 달 동안 각자 아르바이트를 해서 돈을 모았다. 그들이 정한 여행지는 동유럽. 자신의 뿌리이기도 한 폴란드를 비롯해서 헝가리, 체코, 루마니아, 불가리아 등이 목적지다. 여행비용을 아끼기 위해서 인터넷을 통해 숙소도 미리 정해 두었다. 그들의 이야기를 듣다 깜짝 놀랐던 것이 한 가지 있다. 그것은 '홈스와프'(Home Swaf)라는 일종의 '숙소 교환' 프로그램이었다.

'세상에! 여행을 위해서 집을 교환한다고?!'

그 당시만 해도 처음 들어보는 이야기였다. 때로는 스와프라는 단어가 갖고 있는 부정적인 뉘앙스 때문에 '홈 익스체인징(home exchanging)'이라고 표현하기도 한다. 말만 다를 뿐 집을 통째로 바꾸는 점에서는 똑같다.

사실 여행에서 가장 비용이 많이 드는 것이 숙박비다. 아무리 싼 게스트하우스에서 묵는다고 해도 하루 숙박비로 1인당 4만~5만 원가량은 지불해야 한다. 하루 이틀 정도라면 그리 문제될 것도 없겠지만, 장기간 여행을 한다고 가정 하다면 숙박비가 만만치 않다. 그런데 만약 이 경비를 하나도 들이지 않을 수 있다면, 여행이란 것도 그만큼 부담이 덜 되지 않을까. 내가 만난 두 사람이 '홈 스와프'를 선택한 이유가 바로 이 때문이었다. 어차피 여행을 떠나면 자신들이 살고 있는 집은 텅 비게 된다. 그렇게 한 달이고 두 달이고 비어 있는 집이지만, 울며 겨자 먹기 식으로 집주인에게 월세도 내야 한다. 그러니 집은 그대로 놔둔 채 사는 사람만 살짝 바꿀 수 있다면, 서로에게 만족스런 결과가 얻어지는 것이다.

그들의 '홈 스와프' 이야기를 듣고 놀란 것은 그것만이 아니었다. 그들은 집 자체에 대한 생각이 아예 나와 달랐다. 그들에게 집이란 편하게 잠을 자고 식사를 하고 가족과 함께 행복한 생활을 영위하는 삶의 공간 그 자체다. 투자의 개념 따위는 애초부터 머릿속에 없다. 집이란 공간이 안전하고 은밀한 사적인 공간이란 점에서는 동일하지만, 그렇다고 집을 위해 인간이 맞춰서 살아야 한다는 의무감 같은 것은 그들에게서 찾아 볼 수 없다.

나는 그들의 이야기를 들으면서 문득 우리가 집에 대해서 지나치게 집착을 해온 것은 아닌가 하는 생각이 스쳤다. 중요한 것은 집이란 공간이 결코 사람보다 더 소중한 존재가 될 수는 없다는 점이다.

집에 관한 개념의 차이는 여행에 대한 개념에서도 차이를 가져온다. 보통은 조금만 더 돈을 모아서 더 편하게 여행을 즐기자는 것이 우리가 갖고 있는 여행의 출발 방식이다. 반면에 그들의 출발은 보다 간소하고 어떤 면에서는 합리적이다. 빈 집을 서로 교환해서 경비를 아끼고 그 돈을 다른 곳에 사용한다면, 여행이란 거창한 이벤트가 아니라 생활 속의 한 부분이 될 수도 있다는 생각. 그들의 여행이 우리보다 훨씬 가볍게 느껴지는 이유가 바로 이런 데 있었다.

늘 그렇듯이 생각이 생각을 만든다. 생각의 차이 하나가 행동의 차이를 불러오고 그 생각의 차이 하나로 삶의 질이 달라질 수 있다. 이런저런 생각을 하는 사이에 어느덧 기차는 목적지에 다다랐다. 우리는 서둘러 각자의 짐을 챙겼다. 리자와 드류도 분주하게 짐 정리를 시작했다. 빠뜨린 것이 없는지 서로 상대편의 짐칸도 확인해 줬다. 잠시 동안 침묵이 흐른다. 나의 목적지는 암스테르담, 그들의 목적지는 암스테르담에서 한 정거장 전에 정차하는 할렘이란 곳이다.

정거장에 내려서 그들은 생면부지의 낯선 사람들에게 전화를 할 것이다. 그들의 안내를 받아 처음 가보는 낯선 집으로 들어갈 것이다. 그곳에는 그들이 한 번도 본 적 없는 낯선 사람들의 삶이 고스란히 남아 있을 것이다. 그리고 그렇게 리자와 드류가 살고 있던 집에도 낯선 여행자들이 편안한 안식을 찾아 들어설 것이다.

기차가 덜컹거리며 멈추려고 한다. 서로 자리에서 일어 난다.

"봉 브와야지(Bon Voyage)!"

여행자들만의 주기도문인 '봉 브와야지'로 작별인사를 한다. 힘든 여행길에서 여행자의 안전과 행운을 빌어주는 그 인사말은 언제 들어도 정겹다.

"봉 브와야지(Bon Voyage)!"

나도 그들의 여행을 축복해 준다. 드류와 악수를 했다. 리자와는 가볍게 포옹을 했다. 처음 들어왔던 모습과 반대로 두 사람은 커다란 배낭을 메고 다시 열차의 좁은 통로로 나선다. 기차가 서서히 멈추자 리자가 고개를 돌려 내게 손을 흔들어 보인다. 정겹고 아쉽다. 어차피 이런 게 여행의 감상일 테지만, 그 짧은 헤어짐에도 가슴에는 뭔가가 남아있는 느낌이 든다.

 늘 그렇듯이 여행에는 만남이 있고 또 헤어짐이 있다. 하지만 아쉽다. 언제 또 저들을 볼 수나 있을까. 아마 그건 불가능한 일일 것이다. 영원히 다시 볼 수 없는 존재에게도 아쉬움이 생겨나는 것 그것이 바로 여행의 묘미 다. 그런 생각을 하는 사이 둘은 어느새 기차에서 내릴 차비를 하고 있다.

 그 순간 리자의 검정색 배낭 사이로 살짝 삐져나 온 작은 물건 하나가 눈에 들어온다. 리자가 읽고 있던 〈율리시즈〉라는 책이었다. 문득 내게는 그녀의 여행용 배낭이 커다란 책가방처럼 보였다. 세상을 배우기 위해 언제나 짊어지고 다니는 여행자의 책가방. 그들은 지금 또 어디를 여행하고 있을까?

'Bike Ergo Sume'
자전거를 탄타 고로 나는 존재한다

　자전거가 발명된 이후 지금처럼 자전거에 대한 인기가 높은 적이 또 있었을까. 지금 불고 있는 자전거의 열풍은 우리나라는 물론이고 가히 전 세계적이다. 현재 지구상에는 약 10억 대 이상의 자전거가 존재한다. 생산량도 꾸준히 증가해서 한 해 평균 5백만 대 이상의 자전거가 생산되고 있다. 이런 수치는 자동차 생산량의 두 배에 이른다. 다른 어떤 교통 수단보다 자전거는 친환경적이다. 그러다 보니 교통수단이란 개념을 뛰어넘어 이제는 어떤 문화적 아이콘이 된 느낌이다. 적당한 속도감과 환경보호, 그리고 활력 있는 운동을 통해 건강을 증진시켜주는 1석 3조의 효과를 볼 수 있는 유익한 교통수단이다.

　하지만 지금처럼 페달을 이용해서 움직이는 자전거가 발명된 것은 인류의 역사를 통틀어 보면 그리 오래된 일이 아니다. 19세기 초에 발명되었으니 고작해야 200년 정도밖에 되지 않았다. 화약이나 범선 같은 발명품들이 천 년 이상의 역사를 지니고 있는 것에 비하면 신상품에 속하는 것이다.

사실 자전거의 등장에는 몇 가지 의미 있는 시대의식의 변화가 뒤따랐다. 이것은 개별적 존재로서의 '개인'이라는 가치를 스스로 깨닫게 되는 과정과 놀랍도록 일치한다. 신과 왕권, 귀족이 지배하던 시절, 이동할 수 있는 권리는 몇몇 소수의 특권이었다. 한 인간의 자유로운 이동이 제약을 받는다는 것은 그가 보고 생각하고 느끼는 것들의 제약을 가져 온다. 이동조차도 누군가의 허락을 받아야 했고 더 먼 곳을 향해서 산을 넘고 바다를 건너 미지의 세계로 이동할 수 있는 수단이 없었다.

결국 인간의 자유로운 이동은 새로운 세계와의 접촉, 자유로운 의식의 발견이자 스스로를 성찰하는 자각의 과정이었다. 중세 시대 수도사들이 아무런 도움 없이 무작정 거친 황무지와 벌판을 걸으며 순례의 길을 걸어갔던 것도 이와 무관하지 않다. 그들은 죽을지도 모르는 여행의 길을 통해서 신의 존재와 자신의 신앙을 증명하고자 했다. 그래서 그들의 여행에는 숭고함이 깃들여 있었다. 그들의 순례 여행은 우리가 상상할 수 없을 정도 강렬한 자유의지와 자아를 찾고자 하는 열망이 숨겨져 있었다.

자유롭게 이동할 수 있는 권리는 곧 근대의 시작이다. 근대적 인간관이 형성되면서 본격적으로 이동수단도 보통사람들의 사적인 소유가 된다. 바로 이 시기에 자전거가 개발되었다는 것은 의미심장한 부분이다. 자전거는 지극히 개인적인 이동수단이다. 그것도 자신의 몸을 힘들게 움직여야 한다. 자전거 위에서 넘어지지 않고 몸의 균형을 잡기 위해 애를 써야 한다. 땅 위에서 중심을 잡기 위해서는 끊임없이 두 발을 이리저리 움직여야 한다.

이런 모습들은 가만히 앉아서도 어디든 이동할 수 있는 귀족들의 입장에서는 이해하기 어려운 모습이었다. 그들의 눈에 자전거를 탄 사람들의 발놀림은 그저 우스꽝스럽고 경망스러운 짓이있다. 자전거가 처음 도로에 나타났을 때 이를 본 귀족들은 '천박한 물건'이 돌아다닌다고 조롱했다. 애초부터 고상한 귀족들의 품위에는 전혀 어울릴 수 없는 물건이었다.

하지만 귀족들의 조롱과 멸시는 오래갈 수 없었다. 자전거를 탄다는 행위는 이전엔 상상도 할 수 없는 새로운 경험을 주었다. 그것은 바로 자유와 해방감이었다. 생각보다 빠른 속도감은 그 당시로서는 혁명적인 것으로 느껴졌다. 특히 이런 해방감은 남성보다 여성들에게 더 의미 있게 다가왔다. 집에서 평생 가사를 돌보고 아이들을 키우며 순종적인 삶을 살아야 했던 여성들에게는 매우 큰 변화의 바람이었다.

자전거를 타기 위해서 우선 여성들은 복장부터 바꿔야 했다. 펄럭이는 긴 치맛자락을 입고서는 자전거에 앉기조차 불편했다. 해결 방법은 둘 중 하나였다. 치마를 자르거나 아니면 아예 남자들의 전유물이었던 바지를 택하거나. 여성들이 바지를 입기 시작한 시점과 여성들이 자전거를 타기 시작한 시점은 공교롭게도 일치한다. 여성들은 자전거를 타면서 남성중심의 사회가 주는 억압과 기득권에서 해방되는 느낌을 맛봤다.

이렇게 이동의 특권이 무너졌다. 누구든 원하는 곳이면 어디든 갈 수 있었다. 게다가 자전거를 타고 얼굴에 바람을 가르며 달리는 동안 가정에서 쌓였던 울분과 스트레스도 사라졌다. 자전거가 여성들의 심리적 해방감에 기여한 것은 당시로서는 우리의 예상을 뛰어넘는다.

이렇듯 자전거는 뒤늦게 세상에 모습을 드러냈지만, 사람들에게 자유라는 공기를 마음껏 향유할 수 있도록 해 주었다. 자전거의 등장은 근대적 자아의 형성과 보조를 맞춰 나란히 달려 나갔다. 어떤 면에서 보자면 그것은 근대 이성의 출발을 알린 데까르트의 'Cogito Ergo Sum' (나는 생각한다. 고로 나는 존재 한다)이란 명제만큼이나 출발부터 심상치 않은 물건이었다. 현대에 이르러 데까르트의 명제는 이제 이렇게 바뀌고 있다.

'Bike Ergo Sum'
'나는 자전거를 탄다. 고로 나는 존재한다.'

이야기를 싣고 달리는
유럽의 야간열차

유럽 대륙을 기차만으로 여행을 하던 때의 일이다. 그 때 다른 어떤 것보다 야간열차를 타고 유럽의 여러 나라를 여행한 기억은 지금도 나에게 소중한 기억으로 남아 있다. 우리에게는 낯선 문화지만, 여러 나라를 자유롭게 이동해야 하는 유럽인들에게 야간열차는 시간과 경비를 동시에 아낄 수 있는 좋은 방법 중 하나다. 대부분 야간열차는 밤늦게 출발해서 이른 아침 목적지에 도착한다. 기차 안에서 침대에 누워 하룻밤을 보낸다는 자체가 색다른 경험을 느끼게 해준다.

유럽의 야간열차는 등급에 따라서 큰 차이가 있지만 1등석의 경우에는 침대는 물론이고 샤워실까지 마련되어 있어 여간 편리한 것이 아니다. 사실 침대칸 안에 샤워실이 갖춰져 있을 줄은 꿈에도 몰랐다. 비록 한 사람 정도 들어가서 겨우 몸을 세울 수 있을 정도의 작은 공간이지만 기차 안에서 샤워를 할 수 있다는 점은 피곤에 지친 여행객 입장에서 여간 즐거운 일이 아니다.

스페인으로 향하는 기차에 올랐을 때의 일이다. 출발 전부터 곳곳에서 낯선 스페인어가 들려왔다. 파리에서 출발한 바르셀로나행 특급 야간열차가 목적지에 도착하는데 소요되는 시간은 12시간. 이 시간 동안 여행자들은 누구나 오랜만에 차분하게 이런저런 생각을 정리할 수 있다. 차창 밖으로 펼쳐지는 석양에 물들어가는 전원의 풍경들을 바라보는 것 자체가 일종의 정신적인 힐링을 안겨준다.

어떤 기차를 타든지 기차는 이야기를 품고 있는 기분이 든다. 일상생활에서는 전혀 경험할 수 없는 색다른 감정으로 우리를 인도한다. 특히 야간열차의 정취와 낭만은 보통의 기차에 비해서 몇 배는 더 진하다. 그래서인지 몰라도 기차라는 공간은 글을 쓰거나 창조적인 생각을 하는 사람들에게 최적의 장소다. 많은 작가들이 단지 글을 쓰기 위한 목적으로 기차에 오르기도 한다는데, 야간열차에 올라 창가에 앉아 스치듯 지나가는 창밖 풍경을 바라보니 그들의 마음이 이해가 갔다.

이런 경험은 예술가만의 전유물일 수 없다. 하루 종일 사방이 벽으로 둘러싸인 답답한 사무실에서 일해야 하는 직장인들도 뭔가 일이 잘 안 풀려 답답하거나 혼자서 깊은 생각에 잠기고 싶을 때 기차를 타면 뜻밖에도 새로운 아이디어가 생겨나고 활력을 느끼게 되는 경우가 있다.

그렇다면 어떤 이유에서 우리는 기차를 탔을 때 일상에서는 경험하지 못하는 새로운 감정에 휩싸이는 것일까? 왜 작가들은 기차에서 글을 쓰는 것이 더 창조적인 자극을 준다고 말들 하는 것일까?

나는 그것이 기차 안에서 일어나는 시청각적인 자극들과 관련이 있다고 생각한다. 열차 안에서는 창밖으로 펼쳐지는 자연과 전원의 풍광 속에서 일종의 영화처럼 거대한 화면 속으로 빠져드는 특별한 체험을 경험하게 된다. 일종의 파노나라마처럼 세상을 보다 넓은 시각으로 바라보게 되는 경험 때문이 아닐까. 좁은 시야를 벗어나서 보다 넓은 시야를 확보하게 되는 파노라마 뷰 (panorama view)가 기차의 차창 밖에서 일어나는 것이다.

여기에 기차의 빠른 속도로 인해서 기차 밖의 풍경에 시각적으로 일그러지고, 흐릿한 잔상까지 생기는 환상적인 경험, 즉 일루젼 (illusion)이 일어난다. 이것이 우리가 기차를 탔을 때 경험하는 새로운 시각적인 경험들이다.

우리는 기차를 타고 가면서 넓은 파노라마처럼 시야가 펼쳐지는 전경, 그리고 시각적인 잔상, 일루젼을 동시에 경험한다. 그것이 우리의 머리와 가슴속에 간직되어 있던 기억들을 불러일으킨다. 알 수 없는 상상의 세계로 우리를 인도한다.

결국 감각의 틀이 변하면서 우리가 갖고 있는 관념에도 변화가 생겨난다. 가장 대표적인 변화는 '시간'에 대한 관념이 변하는 것이다. 그동안 우리는 오래도록 시계 바늘의 움직임이나 태양의 위치, 그림자의 길이 등으로 시간의 흐름을 느껴왔다. 어떤 경우에도 시간은 과거에서 시작해서 현재를 거쳐 미래를 향해 달려간다. 그 반대는 존재하지 않는다. 그런데 기차를 타면 우리가 느끼고 생각하는 시간에 대한 관념에도 변화가 일어난다.

우선 기차의 차창으로 눈을 돌려보자. 분명 유리창 너머로 자연의 풍경을 바라보고 있지만 뭔가 우리가 늘 봐 왔던 것과 다른 느낌이 들지 않는가. 그것은 공교롭게도 우리가 즐겨 보아왔던 어떤 것과 비슷한 모양새다. 바로 영화의 구조다.

달리는 기차의 유리창은 공교롭게도 영화관에서 보는 화면의 프레임(frame)을 닮았다. 1초에 24장의 필름들이 돌아가는 영사기처럼 기차의 차창은 무의식적으로 우리에게 마치 영화를 보는 듯한 느낌을 들게 만든다. 영화만큼 시간과 공간의 틀을 자유롭게 해 주는 것도 없다. 기차를 타면 과거의 시간 속으로 거슬러 올라가는 플래쉬백 같은 회상이 자연스럽게 일어나는 이유가 바로 여기에 있다.

파노라마 뷰는 시간의 흐름을 실감할 수 있는 매우 다이내믹하고 독특한 경험이다. 캄캄한 극장에서 눈앞에 전개되는 스크린에 집중하듯이 차창 밖의 풍경에 빠져들게 된다. 마치 영화관 속에서 묵묵히 화면을 응시하듯 우리는 우리가 만들어 온 인생이라는 영화 속으로 빠져든다. 시간을 거슬러 올라가며 우리의 삶을 되돌아본다. 기차를 타면 향수에 젖거나 과거의 달콤했던 혹은 슬퍼했던 기억을 떠올리는 것도 이런 이유 때문이 아닐까.

거기에다 반복적으로 울려오는 열차의 엔진소리와 규칙적인 흔들림, 그것은 마치 우리가 세상에 태어나기 전부터 들어 왔던 어머니의 심장 박동을 연상시킨다. 인간은 편안하고 안정된 장소에 들어가면 시선이 자기의 내부로 돌아온다. 외부의 위협에서 벗어나서 자신의 존재를 바라보게 된다. 그리고 기차라는 지극히 개인적인 공간 속에서 느끼는 고독감으로 자신과 소통하는 연결고리를 얻는다. 과거를 거슬러 올라가는 자기 성찰의 순간이다.

기차바퀴의 마찰음(사운드), 열차의 반복적인 흔들림(운동), 그리고 차창을 통해 전달되는 시각적 이미지(시각), 이 세 가지 특색 있는 경험을 한꺼번에 모두 얻을 수 있는 공간은 기차 안이 유일하다.

새로운 자극에 눈을 뜬 우리의 두뇌는 그동안 규칙적으로 제공받았던 정보와는 차원을 달리하는 시청각적인 정보들로 세상을 해석하기 시작한다. 그것이야말로 창작을 위해서는 더 없이 좋은 자극들이다.

　기차가 오래 전부터 소설이나 영화의 주된 배경이 된 까닭은 바로 이런 이유들 때문이다. 누구보다도 먼저 이런 신비스런 경험을 한 사람들이 바로 작가들이었다. 그들은 이미 오래 전부터 보는 것이 달라지면 생각하는 것도 달라진다는 사실을 깨닫고 있었던 것이다.

북스토어 트래블
(Bookstore Travel)

언젠가 북스토어(서점)만을 여행의 목적지로 삼아서 여행을 다닌 적이 있었다. 서점이 점점 사라지고 있는 세상에서 나는 책들의 향기를 가까이서 맡을 수 있는 그런 작은 서점들을 찾고 싶었다. 그래서 어느 도시를 방문하든 제일 먼저 찾는 곳 중의 하나가 바로 서점이다.

서점에는 내가 방문한 도시의 모든 정보들이 담겨 있다. 지도를 한 장 사는 것도 빼놓지 않는다. 가급적이면 중고서점을 찾는 것도 도시를 탐험하는 재미 중의 하나다. 낯선 골목 사이를 누비다 찾아간 중고 서점들에선 도심 한가운데 버티고 서 있는 대형 서점에선 느낄 수 없는 인간의 정취가 존재한다. 그래서 중고서점을 지금도 좋아한다.

기억에 남는 작은 서점을 꼽으라면 역시 그 중에서도 파리의 중고

책방, '애비 북샵(Abby Bookshop)'이 가장 기억에 남는다. 그곳은 파리 생미셸의 작은 골목들 사이로 길을 헤매다 갑자기 내 앞에 모습을 드러냈다. 그곳엔 책만큼이나 오래된 사연과 정취가 곳곳에 간직되어 있었다. 그리고 그 작은 서점에서 나는 멋진 노년을 준비하고 있던 한 캐나다인을 만났다. 바로 서점의 주인이자 미국의 명문 콜럼비아대 학을 졸업한 브라이언 스펜스 씨였다.

젊은이들로 늘 북적이는 파리의 생미셸. 소르본 의과대학을 비롯해서 파리의 지성들이 모이는 까페와 많은 서점들이 밀집한 지역이다. 그곳 생미셸 지하철역을 나와서 파리미네리라는 작은 거리를 찾아 들어가면 까페와 기념품점들이 밀집한 상가 골목들 사이로 오래된 화랑들이 늘어서 있는 곳에 이르게 된다. 그림들을 구경하며 길을 서성이다보면, 화랑 밀집 지역과 조금 떨어진 외진 곳에 불쑥 나뭇잎이 그려진 캐나다 국기 하나가 걸려 있는 것을 발견하게 된다.

짙은 밤색을 띤 아담한 아치 형태의 나무 문짝과 현관 앞에 늘어선 와인 박스에 가득 담긴 중고서적들. 호기심 어린 시선을 갖고 안으로 들어서자 오래된 책들의 향기가 코를 자극한다. 일자형의 좁은 공간 안에는 천장에 닿을 정도로 높은 책장이 겹겹이 세워져 있다. 그렇게 높다랗게 쌓아 올린 책 더미들 때문에 순간 숨이 막힐 정도다. 제대로 서 있을 수 있는 공간도 별로 없다. 두 사람이 책을 찾기 위해 서로 지나치려면 몸을 옆으로 납작하게 돌려 세워야 한다.

3만여 권의 중고책들이 빼곡하게 쌓여 있어 어디에서 무슨 책을 찾아야 할지 어리둥절하기만 하다.

하지만 이런 곳에서도 단 한 사람만은 모든 책들의 위치를 정확히 알고 있다. 바로 이 중고서점을 운영하는 스펜스 씨다. 그는 언제나 낯선 손님들과 이야기 나누기를 즐긴다. 대부분은 책과 관련된 내용이 화제가 되지만, 간혹 인생과 철학에 관한 진지한 토론이 오가기도 한다. 그럴 때면 그는 어김없이 자신이 직접 손수 내린 커피를 한 잔 대접한다. 커피포트 옆에는 오리지널 캐나다산 메이플 시럽도 있어 취향에 따라 달콤한 커피 맛도 즐길 수도 있다. 추운 거리에서 한참을 걸어 다닌 사람이라면 꽁꽁 언 몸을 녹이기에 안성맞춤이다.

산더미처럼 쌓여진 책 더미 속에서 책을 정리하고 있는 스펜스씨의 모습은 영락없는 책방 아저씨의 모습이다. 문득 그가 명문 콜럼비아 대학을 졸업하고 이런 중고서점을 운영하고 있는 이유가 궁금해졌다. 그래서 초면임에도 불구하고 그에게 몇 마디 사적인 질문을 던졌다. 색 바랜 구레나룻 수염을 만지며 그가 질문에 답을 하기 위해 잠시 생각에 잠겼다.

"어떤 도시를 가든지 변화한 도심 안에는 대형 서점들이 없는 곳이 없습니다. 그런데 수많은 책들로 가득 찬 곳에서 오히려 예전보다 좋은 책 한 권 찾기가 더 어려워졌다는 것은 왜일까요. 책은 많아지는데 거꾸로 사람들은 점점 더 볼 만한 책을 찾기가 어렵다고 말들을 합니다. 그건 서점이 갖고 있던 본래의 기능이 사라지고 있기 때문입니다. 거기에 작은 서점이 존재해야 하는 이유가 있습니다."

그에 의하면 독서는 유행을 쫓는 것과는 다른 것이다. 사람들에게는 저마다 서로 다른 삶의 고민이 있고 그것은 획일적으로 답을 찾을 수 있는 것이 아니라고 그는 믿는다. 자신만의 고민에 대한 답은 그 자신에게만 어울리는 책을 통해 해결될 수 있다. 책을 통해 서로 이야기를 나누고 교감하는 것도 작은 서점의 고유한 기능이다. 베스트셀러 코너에 꽂힌 책들이 유행처럼 뜨고 지는 것과는 별개로 사람들을 책으로 이어줄 수 있는 공간의 존재. 작은 서점은 단지 책만 사가는 대형 서점에서는 찾아볼 수 없는 사람들 사이의 교감이 이뤄진다. 그는 계속해서 이야기를 이어갔다.

"혹시 대형 서점에 나가서 옆 사람과 책에 대해 이야기를 나눠 본 적이 있나요? 한 번 해 보세요. 십중팔구 당신은 아마 이상한 사람으로 오해를 받을 것입니다. 바로 이런 이유 때문에 내가 작은 서점을 오픈 한 것입니다. 적어도 이 공간 안에서는 책을 소재로 옆 사람과 대화를 나눠도 어색하지 않습니다. 사람들은 이곳에서 책을 통해 서로 많은 것들을 서로 나눌 수 있습니다."

그의 말에 공감이 갔다. 서점은 점점 대형화되고 동네 작은 서점들은 문을 닫고 사라져 간다. 이제 독자에게 책을 골라주는 것은 베스트셀러 목록이나 신간 서적 코너다. 더 이상 사람들은 책을 가지고 서로 나눌 수 있는 이야기 거리가 없다. 패스트푸드처럼 빨리 포장해서 빨리 읽어 버리고 그래야만 유행에 뒤지지 않을 수 있다. 하지만 그의 말처럼 책은 유행을 쫒는 패션이 아니다. 책을 읽은 사람들끼리 서로 느낌과 정서를 함께 나누고 싶어서 그가 시작한 것이 바로 중고서점이었다.

1980년대 그는 뉴욕 콜럼비아 대학을 졸업했다. 그 때 그에게는 두 가지 길이 있었다. 한 가지는 대학에 남아서 학생들을 가르치는 일이었고, 다른 하나는 서점을 오픈하는 것이었다. 그는 이 두 가지 선택 중에서 과감하게 후자를 선택했다. 그것은 대학에 남아 학생들을 가르치는 것보다 더 교육적인 일이라고 믿었기 때문이다.

캐나다 토론토에서 처음 서점을 열고나서 얼마 후, 우연한 기회에 유럽 여행을 하게 된다. 그리고 그 여행은 그의 인생을 송두리째 바꿔놓았다. 파리를 여행하면서 그는 캐나다에서 느끼지 못했던 문화의 저력과 예술과 창작을 위해 지역의 작은 공동체들이 협력하는 건강한 모델을 발견했다. 그의 중고서점은 그가 꿈꾼 모든 것들의 결정체였다.

실제로 그의 애비 북샵에서는 사람들이 언제나 모르는 사람과도 친구가 될 수 있다. 무엇보다 구조 자체가 사람들과 부딪치고 말을 걸 수 있도록 좁게 만들어져 있다. 의도적으로 그렇게 만든 것인지 아니면 자연스럽게 책이 많아져서 그렇게 된 것인지는 모르겠지만 책으로 둘러싸인 애비 북샵의 작은 공간 안에서는 옆 사람의 작은 숨소리까지도 들릴 정도로 사람과 사람 사이가 좁다. 그곳에서 만난 한 캐나다 관광객은 그곳의 첫인상을 이렇게 말했다.

"대형 서점에 비하면 이곳은 정말 형편없이 작은 곳이죠. 화려한 조명도 없고 번쩍이는 장식으로 꾸며진 책장도 없습니다. 하지만 분명 뭔가 다르네요. 대형서점에서는 내가 도움을 청하기 전에는 아무도 나에게 관심을 두지 않습니다. 그냥 책만 사는 것이 목적인 셈이죠. 하지만 여기는 누군가와 책에 대해서 이야기를 나눌 수 있다는 것이 새롭고 즐겁습니다. 이곳에선 왠지 좋은 인연이 생길 것 같은 기분이 드네요."

두 시간 가량 예정했던 그와의 인터뷰가 순식간에 끝났다. 인터뷰를 마치고 스펜서 씨와 작별을 고하기 위해서 함께 건물 밖으로 나설 때였다. 그가 갑자기 건물 현관문 앞으로 나를 불러 세웠다. 그가 손으로 가리킨 곳에는 낡고 오래된 나무 문짝이 두 개 서 있었다. 여느 유럽의 현관문과 다를 게 하나도 없는 평범한 나무 문짝 두 개였다. 어리둥절한 표정을 짓고 있는 나에게 그가 씽긋 미소를 지으며 말문을 열었다.

"내가 이곳에 서점을 열고나서 있었던 이야기를 하나 해 드리죠. 여기 현관 문짝 두 개가 보이죠. 어때요 서로 같은 문짝처럼 보이지 않나요?"

아무리 봐도 그저 흔한 나무 문짝 두 개일 뿐. 약간 흠이 난 모양이나 색깔이 다른 것을 빼고는 특별히 달라 보이는 것은 아무것도 없었다. 그는 계속 이야기를 이어갔다.

"사실은 이 두 문짝은 같이 만들어진 것이 아닙니다. 한쪽 문이 망가지면서 새로 하나를 만들어 끼운 것이죠. 저기 왼쪽에 보이는 문짝은 20년 정도 됐구요. 오른쪽 문짝은 놀랍게도 300년 전에 만들어진 문짝입니다. 두 개의 차이가 무려 280년이 된답니다. 그런데 어때요? 전혀 차이가 없어 보이죠? 어쩌면 운명적으로 서로 짝을 이뤄야 하는 것들은 이렇게 시간이 지나면서 서로 모양이 비슷하게 닮아가나 봅니다."

  20년 전에 만들어진 문짝과 나란히 서 있는 300년 된 문짝. 아무리 꼼꼼히 살펴봐도 두 개는 그저 한 날 한 시에 만들어진 것처럼 보였다. 그의 말처럼 세상엔 이렇게 서로 운명적인 만남이란 것이 있는 것일까. 결국 서로 같아져야 하는 것들은 이렇게 시간을 뛰어넘어 같은 모양으로 하나가 되는 것일까.

  그가 서점을 처음 오픈할 생각을 갖고 장소를 물색하러 다녔을 때만 해도 그는 이 거리가 책과 오랜 인연을 간직한 유서 깊은 장소였다는 사실을 몰랐다. 서점이 자리한 길의 이름은 'Rue de la parcheminerie', 즉 '양피지(parchment)를 만드는 거리'라는 뜻이다. 시간을 좀 더 거슬러 올라가면 더 흥미로운 우연이 하나 발견된다. 13세기에는 사람들이 거리를 'Rue des ecrivans'이라 불렀다. 이름하여 '필경사들의 거리'라는 뜻이다. 사람들이 하나하나 손으로 글씨를 써서 책을 만들던 시절, 이 거리에서는 필경사들이 책을 만들고 있었다.

스펜스 씨는 서점을 오픈하고 난 뒤에야 이곳이 오래 전부터 유서 깊은 책과 서점의 거리였다는 사실을 알게 되었다. 8백 년을 뛰어넘어 옛 필경사들이 양피지에 책을 써내려가던 이 거리에 그의 중고서점이 자리를 잡은 것이다. 우연이지만 흥미롭고 운명적인 우연이 아닐 수 없었다. 그의 말처럼 서로 만나야 하는 것들에게는 세상 어느 곳에 있든지 서로 자석처럼 이끌리는 어떤 강렬한 에너지가 존재하고 있는 것은 아닐까.

그와 작별 인사를 하고 골목길로 들어섰다. 왠지 골목길 모퉁이에서 지금이라도 한아름 책을 들고 누군가 튀어나올 것 같은 분위기다. 밤을 새워가며 책을 만들고 책에 관한 이야기를 했던 사람들과 묵묵히 이 거리에서 중고서점을 운영하고 있는 스펜스 씨를 이어주고 있는 지식과 영혼의 향취 같은 것이 곳곳에 배어 있는 듯했다.

거리를 빠져나오면서 나는 다시 한 번 고개를 돌려 거리를 되돌아봤다. 멀리서 스펜스 씨가 책을 정리하는 모습이 보였다. 찾아오는 사람은 그리 많지 않지만 그래도 그는 언제나 책더미 속에서 하루를 보낸다. 그를 뒤로 해서 '280년 시간의 차이'를 뛰어넘은 두 개의 문짝이 햇빛을 받아 반짝거렸다.

그 거리 안에는 두 개의 시간이 공존하고 있다. 중세 유럽의 필경사들이 살았던 책의 거리, 그리고 오늘 외롭지만 꿋꿋하게 중고서점을 지키고 있는 캐나다인 스펜스 씨가 서 있는 작은 골목길. 두 개의 문, 두 개의 시간. 짝을 이루는 것들은 오늘도 내일도 또 그다음 날도 그렇게 운명처럼 서로의 모습을 닮아가고 있을 것이다.

체크포인트 찰리,
베를린 시민들의 역사 수업

내가 독일인 베르나숄겐츠씨 가족을 처음 만난 곳은 독일 분단의 상징으로 유명한 베를린의 '체크포인트 찰리'였다. 체크포인트 찰리란 냉전 시대 베를린 장벽과 더불어 설치됐던 검문소를 가리킨다. 베를린 장벽으로 두 개의 독일이 나눠지자 서독과 동독은 오직 이곳을 통해서만 통행을 허가했다. 검문소를 통과하기 위해서는 통행허가증이 필요했고 그 누구도 이곳을 허락 없이 드나들 수 없었다. 이렇게 당시 베를린에는 모두 3개의 검문소가 있었는데, 체크포인트 찰리는 그 중에서 사람들의 왕래가 가장 많았던 검문소 중의 하나였다.

냉전시대를 소재로 한 첩보영화를 보면 비밀리에 작전을 펼치고 공산주의 진영인 동독을 빠져나오는 첩보원들이 신분증을 제시한 뒤 지그재그로 차를 몰고 검문소를 빠져나오는 장면이 나온다. 그곳이 바로 체크포인트 찰리다. 당시 이곳에는 미군과 소련군이 무장한 채로 길 하나를 사이에 두고 대치를 하기도 했다. 총에는 실탄이 장전되어 있어 언제든 불법적인 통과자들을 향해 발포할 준비까지 되어 있었다.

냉전 시대 독일에서 가장 긴장감이 감도는 지역, 언제라도 일촉즉발의 총격전이 발생할 수 있는 곳이 바로 체크포인트 찰리였다. 그런데 삼엄한 경비망을 뚫고 당시 서방 세계로 탈출하려는 동독 사람들은 자동차 트렁크에 몸을 숨겨 몰래 체크 포인트 찰리를 빠져나오기도 했다 가혹 군인들의 검문에 걸린 사람들은 다시 감옥으로 끌려가 모진 고문을 당하거나 처형을 당하기도 했다. 이렇듯 체크포인트 찰리는 분단 독일에서는 비운의 역사가 깃들여 있는 장소다.

1989년 베를린 장벽의 붕괴와 함께 체크포인트 찰리의 운명도 바뀌었다. 이제는 하루에도 수백 대의 관광버스가 관광객들을 실어 나르는 베를린의 대표적인 관광 명소로 변모했다. 비운의 역사가 베를린을 상징하는 관광 명소가 된 것이다.

관광 명소라고 말을 하지만 사실 이곳에는 해외의 다른 유명 관광지에 비해서 변변한 시설 하나 없다. 검문소로 사용했던 나무판자로 지은 임시막사와 도로에 설치된 오래된 사진들이 전부다. 그래도 쌀쌀한 가을 날씨 속에 관광객들이 끊이지 않고 모여든다. 우리로 치자면 휴전선이나 판문점 정도에 해당되는 곳인데, 체크포인트 찰리에 의외로 많은 독일 아버지들이 아이들을 데려오고 있는 모습이 여간 신기하지 않았다.

그곳에서 한눈에도 조금 색다른 모습의 독일 가족을 하나 발견했다. 전형적인 백인 남자와 흑인 혼혈 아이들, 그곳에 있던 대부분의 백인 가족과 달리 그들의 특별한 가족 구성에 먼저 나의 시선이 끌렸다. 열심히 아이들에게 무언가를 설명하는 아버지에게 다가가 말을 걸었다.

그는 자신의 이름을 베르나숄겐츠라고 소개했다. 그가 이곳을 처음 방문한 것은 베를린 장벽이 붕괴되기 20년 전인 1969년, 당시 그는 열 살의 나이였다. 어느덧 중년을 넘겨 40여 년 만에 다시 이곳을 찾은 셈이다. 그는 베를린 장벽 붕괴 20주년을 기념해서 아이들과 한 가지 약속을 했다. 그것은 바로 독일의 역사가 살아있는 현장들을 답사하는 것이었다. 독일은 왜 전쟁을 일으켰고, 나치는 왜 그 많은 유대인들을 학살했는지, 여행을 떠나기 전 아이들과 함께 자료를 찾고 토론을 했다. 그리고 그들 스스로 역사 탐험의 루트를 만들었다. 베르나숄겐츠씨는 왜 이런 여행을 자처하고 나선 것이었을까? 그에게는 몇 가지 이유가 있었다.

"나는 이곳을 떠올리면 무서운 기억이 있습니다. 길 하나를 사이에 두고 미군 탱크와 소련군 탱크가 마주 보고 있었고 언제라도 충돌이 일어나면 서로 총을 쏠 태세였죠. 군인들은 큰 소리로 상대방에게 욕을 하고 화가 난 표정으로 서로를 감시했습니다. 내가 아는 어떤 사람은 동베를린에 살다가 어떻게든 그곳을 탈출하려고 했습니다. 어느 날 그는 베를린 장벽과 잇닿아 있는 건물 위에서 철조망 위로 뛰어 넘으려다가 동독 경비병들에게 걸려 그만 목숨을 잃어버렸습니다. 독일에 이런 슬픈 역사가 있었다는 것을 아이들도 알아야 하지 않겠어요. 우리의 다음 행선지는 아우슈비츠입니다."

베르나숄켄츠씨, 그 낯설고 긴 이름을 아직도 기억하는 이유는 바로 그가 갖고 있던 자식 사랑이 남달랐기 때문이었다. 그리고 그것을 실천할 수 있는 용기도 부러웠다.

아이들과 서 있는 그의 가족을 사진에 담았다. 지금도 남아 있는 그의 가족사진에는 백인 남자와 흑인 혼혈 아이들이 함께 웃으며 미소 짓고 있다. 겉으로는 평온한 듯 보이지만 유럽에는 엄연히 인종 차별이 존재한다. 단지 정도가 심하고 덜한 것에 차이가 있을 뿐이다.

흑인 아이들을 키워야 했던 백인 아버지는 어쩌면 그래서 더 간절한 심정으로 독일의 비극적 역사와 마주서고 싶었던 것은 아닐까. 나치가 벌인 유대인들에 대한 비극적인 인종차별과 그 역사의 현장들, 그것은 지금 그가 살고 있는 시대에서 아이들이 느끼는 흑인에 대한 인종 차별과 다를 게 없었을 것이다. 학교나 동네에서 피부가 검기 때문에 경험했을 수도 있을 아이들의 차별에 아버지는 분노했다.

하지만 그가 분노한 방식은 달랐다. 그들에게는 분노 자체가 곧 답은 아니었다. 흑인 혼열 아이를 둔 백인 아버지는 자신만의 방식으로 아이들이 독일 사회에서 자신에 대한 정체성을 찾기를 바라고 있었다. 답을 찾아주기보다는 아이들 스스로 답을 수 있는 길을 택했다.

그 가족과의 만남은 나를 체크포인트 찰리에서 한참 동안 서성이게 만들었다. 얼마 동안 생각에 잠겨 무작정 길을 걸었다. 생각이 꼬리를 물고 이어졌다. 그들과 우리는 무엇이 다른 것일까. 감추고 싶은 역사, 비운의 역사 속에서 아버지는 현실과 마주했다. 그의 판단은 현명했고 그의 행동은 용감했다. 문득 그가 했던 말 한마디가 떠올랐다.

"책에 담긴 사진 몇 장만으로 역사를 이해할 수는 없잖아요. 그렇게 그저 책에 있는 사진만 보는 것과 자신의 두 눈으로 직접 현장을 보고 체험하는 것은 같을 수가 없습니다."

그의 말은 계속해서 머릿속에 맴돌았다. 순간 나는 몇 년 전 프랑스 시골 마을에서 만났던 파리의 아이들에 관한 기억 한 가지가 떠올랐다. 그때도 아이들을 데리고 온 선생님은 나에게 비슷한 말을 했다. '손으로 직접 만지는 것, 그것이 체험입니다.' 더럽고 냄새나는 프랑스 시골의 농장에서 선뜻 누구도 살아있는 동물들 곁으로 다가갈 수 없을 때, 그들의 마음을 변화시킨 것도 손으로 동물과 나눈 체험과 느낌이었다.

자연체험 학습을 위해 파리에서만 나고 자란 아이들이 시골 농장으로 견학을 왔을 때, 아이들은 똥냄새도 맡아 본 적도 없고 양과 젖소들은 그저 사진으로만 봤을 뿐이었다. 아이들은 버스에서 내리자 농장 곳곳에서 풍기는 악취에 코부터 막기 시작했다. 심지어 어떤 아이들은 양들이 다가오자 울음을 터뜨리기도 했다.

선생님의 설명이 시작되었지만, 누구 하나 가까이 다가서려고 하지 않았다. 수업을 진행하던 교사는 당황해서 얼굴이 벌겋게 상기되어 갔다. 수업은 엉망진창이 되고 분위기는 싸늘하게 식어갔다.

그때였다. 가만히 옆에서 듣고만 있던 농장 주인이 여자 아이 하나를 번쩍 안았다. 그리고 성큼성큼 우리 안으로 들어갔다. 짚더미가 수북하게 깔려 있는 양들의 우리 안에는 막 태어난 새끼 양 한마리가 새근새근 잠을 자고 있었다.

놀란 것은 아이들뿐이 아니었다. 아이들을 이끌던 선생님도 말을 잊어버렸고 코를 막고 시끄럽게 떠들던 아이들도 놀란 표정으로 그 광경을 지켜봤다. 말없이 새끼 양에게 다가간 농부는 아이의 손을 잡아 새끼 양의 등에 올려놓았다. 그리고는 아이에게 이렇게 말을 건넸다.

"어때 따뜻하지?"

갑작스런 농부의 돌출행동에 잔뜩 겁을 먹고 있던 소녀는 새끼 양을 어루만지면서 표정이 변화하기 시작했다. 조금 전까지 두려움에 떨던 아이들도 하나둘 새끼 양 주위로 모여들었다. 그리고 모두가 저마다 한 번씩 양털 위에 손을 얹었다. 아이들의 출현에 새끼 양도 잠에서 깨어났다. 하지만 오히려 눈을 뜬 새끼 양은 아이들에겐 더 좋은 친구였다. 비록 선생님의 강의는 중단됐지만 더 이상 코를 막고 딴청을 피우거나 겁먹은 표정으로 멀찌감치 서 있는 아이들은 하나도 없었다.

예상하지 못한 해프닝을 마무리하고 농부가 옷에 묻은 지 푸라기를 털어내며 이렇게 말했다.

"눈으로 양을 아무리 많이 봐봤자 소용없어요. 이미 아이들은 책에서 양이 어떻게 생겼는지 다 봤잖아요. 그런데 손으로 양의 체온을 느껴보지는 못했을 것 아닙니까. 체온은 아마 책에 나오지 않았을 것입니다. 눈으로 보는 것과 직접 손으로 만져서 양의 체온을 느끼는 것은 그렇게 큰 차이가 있는 것이죠. 아이들이 이곳에 와서 처음에 적응을 못해 울거나 소란이 벌어지면 이 방법이 제일 좋아요."

농부의 말은 사실이었다. 새끼 양의 체온을 손으로 느낀 아이들은 점점 다른 동물들에게도 관심을 기울였다. 옆에 서 있던 젖소는 물론이고 심지어 닭장에서 계란도 직접 꺼내보는 아이도 있었다. 냄새 나는 소똥 치우기를 돕는 아이들도 있었다. 새끼 양의 체온 하나가 그곳에 온 파리의 도시 아이들을 완전히 변화시킨 것이다.

시간과 공간을 달리 하는 것이지만 베르나숄겐츠 씨의 이야기는 나에게 두 곳에서 목격한 서로 다른 경험을 하나의 끈으로 연결시켰다. 단지 안다는 것과 느낀다는 것이 갖고 있는 신비스런 차이점을 깨닫게 했다. 그것은 '지식(knowledge)'은 많아지지만, '이해

(understanding)'는 부족해지는 오늘과 같은 현실 속에서 나를 일깨우는 신선한 자극이었다.

뭔가를 본다는 것은 이해할 수 있는 것이다. 볼 것이 많기 때문에 이해해야 하는 것도 그만큼 많은 것이 요즘 세상이다. 그러나 뭔가를 체험한다는 것은 그것을 온전히 느끼는 것이기 때문에 머리로만 아는 것보다 훨씬 더 크고 강렬한 자극을 준다. 결국 사람은 살면서 느꼈던 한두 가지의 강렬한 느낌을 가지고 인생이란 갈림길에서 자신의 길을 선택을 하게 되는 것이 아닐까. 그것이 그에게는 직업이 되기도 하고 평생을 같이 할 짝이 되기도 한다. 그렇게 사람은 자신의 운명과 만나기도 한다.

차가운 초겨울 바람이 체크포인트에 세워진 표지판을 세차게 흔들었다. 고개를 들어보니 방금 전까지 거리에 있었던 베르나숄겐츠 씨 가족들은 더 이상 모습을 찾을 수 없었다. 지금 쯤은 또 어디로 향하고 있을까. 흑인 혼혈 아이들이 체험하게 될 아우슈비츠는 그들에게 어떤 모습으로 비춰지게 될까. 그들을 상상하는 것만으로도 나는 그들의 여행에 동참을 하고 있는 기분이 들었다.

그리고 그 뒤로도 나는 몇 번 더 또 다른 '베르나숄겐츠 가족'들을 세상 곳곳에서 만날 수 있었다. 시간과 공 간을 달리 하지만 여전히 그 가족들은 모두 나에게 각별하다. 그들을 통해 나는 부끄러운 과거를 마주할 수 있는 용기를 배웠다. 그리고 아주 가끔이지만 부끄러운 역사를 마주한 사람들이 펼쳐가는 미래를 상상하는 즐거움에 빠져보기도 한다.

내 인생에 힘을 준 여행 친구들

내가 처음 유럽 땅을 밟은 것은 1995년 겨울이었다. 그해는 혼돈과 방황으로 점철되었던 스물아홉 살의 힘겨운 고비를 넘기고 내가 막 서른 살로 넘어가던 시점이기도 했다. 누구나 그렇듯이 나이가 한 살 먹는다는 것과 새로운 세대로 진입하는 것은 그 느낌이 다를 수밖에 없다. 서른이 되면서 나는 내 꿈과 미래를 치열하게 고민하고 싶었다. 모든 것을 부정하고 삐뚤어진 눈으로 바라보던 내 삶의 철학도 서서히 방향 전환을 하고 있던 때이기도 하다.

그때 나는 영화감독이 되겠다는 꿈을 갖고 있었다. 예술영화의 본고장으로 정평이 난 프랑스로 떠난 이유도 거기에 있었다. 적어도 그 당시만 하더라도 나는 프랑스 영화의 작가주의적인 경향과 예술 지향적인 흐름에 매력을 느끼고 있었다. 하지만 막상 프랑스에 대해서 알고 있는 것은 별로 많지 않았다. 게다가 프랑스어라고는 '봉

주르' 정도밖에 할 수 없었던 때이니, 나에게는 무엇보다 말을 배우는 것이 급선무였다.

유학에 필요한 모든 경비를 스스로 마련해서 떠났던 터라 하루라도 빨리 말을 배워 그 사회에 적응하는 것 말고는 다른 생각이 없었다. 한마디로 나에게는 시간이 돈이었다. 파리의 낭만이나 예술품을 감상하며 여유를 부릴 겨를이 없었다. 그래서 파리에서 도착하자 서둘러 떼제베(TGV)를 타고 알프스 근처의 작은 시골 마을 샹베리(Chambery)라는 곳으로 향했다. 볼 것 많고 놀 것 많은 파리보다는 아무래도 한적하고 인적이 드문 시골 마을이 외국어를 배우기에는 낫겠다 싶었다.

'최대한 빨리 프랑스어를 습득해서 파리로 복귀한다.' 그것이 그때 내가 갖고 있던 조금은 무모한 프랑스 생활의 목표이자 계획이었다. 그래서 떠나기 전 프랑스 지도를 펼쳐 놓고 며칠을 고민하던 끝에 나는 알프스 산자락 끝에 위치한 조용한 시골 전원풍의 도시 하나를 발견했다. 시골벅적한 대도시의 번잡함도 없고 양떼가 푸른 초원 위를 뛰어다니며 풀을 뜯는 그런 동화 속 풍경 같은 이미지가 너무나 인상적으로 다가왔다. 결국 내가 선택한 샹베리라는 곳은 어릴 적 만화 영화에서 보았던 알프스 소녀 하이디를 만날 것 같은 그런 분위기의 작은 마을이었다.

샹베리에서의 생활은 순식간에 흘러갔다. 새로운 학기가 시작되고, 전 세계에서 몰려온 학생들로 학교는 북적거렸다. 개강 첫날이 되자 나는 아침 일찍 노트와 필기도구를 챙겨서 강의실로 향했다. 그때 내가 속했던 클래스는 프랑스어 초급반이었다. 고등학교 때 제2외국어로 배운 초급 불어 정도의 수준으로는 고작 단어 몇 개와 문장 몇 마디 읽을 정도밖에 되지 않았다. 그래도 꿈은 야무져서 속성으로 초급 과정을 마치고 중급으로 올라가 6개월 안에 모든 과정을 끝마친다는 계획까지 세웠다.

그러니 이건 다른 나라의 언어를 배우겠다는 순수한 마음 자세보다는 일종의 프랑스어와 결전을 벌이겠다는 결연한 각오나 투지 같은 것에 사로잡혀 있었다고 말하는 게 적당할 것 같다. 전투복만 안 입었을 뿐이지 거의 전쟁에 나가는 군인 같은 마음 자세라고나 할까. 지금 생각해 봐도 참 어이 없고 웃기는 일이었다.

교실에 들어서자 이미 교실 안은 학생들로 가득 차 있었다. 그들은 대부분이 겨울 방학을 맞아 따듯한 남쪽 나라를 찾아 온 북유럽 출신의 대학생들이었다. 스웨덴, 노르웨이, 핀란드. 나는 이전까지 북유럽 사람들은 만나 본 적이 없었다. 인종적으로 추운 지방 사람들에게서 공통적으로 나타나는 붉은 빛을 띤 하얀 피부와 반짝이는 금발 머리카락, 그래서인지 모두가 하나같이 차갑고 냉정해 보이는 모습들이었다. 그것이 그들에 대한 나의 첫인상이었다.

　금발 머리로 가득 찬 교실 안에 아시아에서 온 나의 모습은 그들에게도 조금은 낯설게 보였던 것 같다. 그래서 일부러 구석진 자리로 가서 자리를 잡고 앉았다. 난생처음 들어보는 탁하고 강한 억양의 북유럽 언어, 온통 금발로 뒤덮인 강의실, 순간 머리가 어질어질했다. 과연 내가 여기서 수업을 제대로 받을 수나 있을까. 걱정부터 앞섰다.

　그날 내 옆자리에는 단발로 머리를 단정하게 자른 헬레나 라고 하는 금발머리 스웨덴 여자애가 앉아 있었다. 수업이 시작되고 옆자리 친구와 자기소개를 하는 시간이 되었다. 어설픈 프랑스어와 영어를 섞어가며 우리는 서로에 대해 이야기를 나눴다. 그녀 역시 겨울 방학을 맞아 친구들과 함께 이곳으로 왔다고 했다. 스키 타는 것을 좋아하는데 스웨덴의 겨울은 해가 너무 짧아서 스키를 탈 수 없기 때문에 일부러 알프스의 스키장에서 가까운 샹베리를 선택했다고 귀뜸을 해줬다. 속전속결, 임전무퇴의 정신으로 프랑스어 수업에 임하고 있던 나와는 그 출발이 달라도 한참이나 달랐다.

　실제로 그날 이후로 헬레나를 비롯한 북유럽 아이들은 시간만 나면 알프스 스키장으로 향했다. 주말에는 매주 영국식 펍이나 클럽에서 파티가 이어지고, 물론 나는 도서관이나 숙소에 처박혀서 프랑스어 문법책을 열심히 외우고 있던 때였다. 그러다 보니 그들과 친해질 기회는 좀처럼 찾아오지 않았다. 아니 내가 일부러 피하고 있었는지도 모른다. 그러던 어느 날 우리에게는 아주 우연한 일이 일어났다. 그 일은 차갑고 냉정해 보이기만 했던 금발 머리들과 나를 세상에 둘도 없는 친구 사이로 만들어준 사건이기도 했다. 그 일은 어느 문학 수업 시간에 일어났다.

프랑스 언어 연수는 단지 말만 가르치는 것에 머물지 않는다. 언어에만 국한되지 않는 다양한 문화적 주제들이 매번 수업 내용으로 보충되었다. 사실 그것이 언어를 제대로 배울 수 있는 방법임은 분명하다. 문법적인 체계 안에서 언어를 배우는 것과 달리 생활과 문화에 대한 이해가 곁들인 종합적인 학습은 비록 시간은 오래 걸릴지는 몰라도 학습의 효과는 훨씬 뛰어나다.

그날은 소설이나 시와 같은 문학을 주제로 한 토론을 진행되는 수업 시간이었다. 수업은 학생들 각자가 자기 나라의 문학 작품과 작가들을 소개하는 발표에서부터 시작되었다. 미국 학생들은 헤밍웨이를, 영국 학생은 셰익스피어를, 스페인 학생은 〈돈키호테〉의 세르반테스를 발표하는 식이었다. 북유럽 학생들 역시 내가 이름을 잘 모르지만 상당히 많은 수의 자기 나라 작가들과 문학작품을 소개했다. 나는 그때 황순원의 〈소나기〉를 마음속으로 준비하고 있었다.

발표 전날부터 나름대로 열심히 밤을 새워 가면서 자료도 찾으면서 준비를 했다.

그런데 학생들의 발표가 끝나자 교사는 짓궂은 과제를 하나 더 냈다. 사실 짓궂은 과제라는 표현도 따지고 보면 나에게만 국한되는 문제지 다른 학생들은 전혀 걱정할 이유가 없는 것이었다. 어쨌든 그날 나를 괴롭혔던 그 과제는 수업이 끝난 뒤 서점에 가서 자기 나라를 대표하는 소설을 찾아 오라는 주문이었다. 소설가의 이름과 프랑스어로 번역된 제목을 적고 책의 종류와 숫자까지 찾아내라는 숙제였다.

지금이야 우리나라 문학도 외국어로 번역이 되어서 많은 나라에 보급되고 있지만, 그 시절만 하더라도 한국 문학은 세계인들에게는 생소한 것, 관심 밖의 존재였다. 게다가 파리 같은 큰 도시라면 모르겠지만, 알프스 산자락에 위치한 이 시골 마을 서점에 한국 문학이 있을 것을 기대한다는 것은 풀숲에서 바늘 찾기고 모래밭에서 깨알을 찾는 격이었다.

수업을 마치고 서점으로 향하면서 괜히 얼굴도 달아오르고 속도 불편해졌다. 그냥 중간에 포기하고 어디라도 숨어버리고 싶었다. 그때만 해도 이미 일본의 출판문화는 '망가(漫)'를 중심으로 프랑스는 물론이고 유럽 전역을 석권하고 있었다. 어느 곳을 가도 일본 책을 전시하는 코너들이 따로 있을 정도였다. 중국 문학 역시 오랜 전통과 풍부한 고전으로 사람들 사이에서 시들지 않는 인기가 있었다. 하지만 한국 소설은 예외였다. 그들에게 한국 문학은 아예 관심의 대상조차 되지 못하던 때의 일이다.

그러니 길을 걷는 내내 머릿속이 복잡해졌다. 이런 내 불편한 마음을 아는지 모르는지 함께 서점으로 향하는 친구들은 삼삼오오 짝을 이뤄 이야기꽃을 피우고 있었다. 나 역시 그들과 발을 맞춰 같이 가고는 있지만 가는 길이 편할 리 없었다. 단발머리 헬레나도 내 그룹에 속해 있어 우리는 함께 팀을 이뤄 서점 안으로 들어섰다.

한가롭게 신문을 보고 있던 시골 마을 서점 주인은 갑작스런 학생들의 출현에 조금 당황한 기색을 보였다. 서점 안은 순식간에 책을 찾기 위해 분주하게 움직이는 학생들로 북새통을 이뤘다. 나는 일부러 그들을 멀리하고 조용히 아시아 코너로 향했다. 혹시나 하는 마음으로 책꽂이에 세워져 있는 책들을 훑어봤지만, 역시 돌아오는 건 허탈한 마음뿐이었다.

물론 '코리아(Korea)'라는 단어가 들어가는 책들이 몇 권 있기는 했다. 하지만 문학 작품과는 거리가 먼 것들일 뿐, 가장 많은 수를 차지하고 있는 것은 한국전쟁과 관련된 책들로 하나같이 비참했던 한국의 과거가 담겨 있는 책들이었다. 어느 정도 예상은 했지만 실제로 이렇게 빈약한 수준일 거라고는 생각하지 않았는데, 이런 곳에서 혼자서 한국 문학을 찾고 있는 나 자신이 부끄럽기만 했다. 쥐구멍이라도 있으면 숨고 싶다는 표현이 딱 적당한 표현일 것이다.

그렇게 서점 구석을 서성이며 시간을 때우고 있던 순간이었다. 헬레나를 비롯한 친구들이 언제 다가왔는지 가슴 한아름 책을 안고 서 있었다. '코리아(Korea)'라는 단어가 들어가 있는 책은 모조리 뒤져 온 것 같았다. '겉으로 내색은 안 했지만, 얘네들도 내 마음을 알고 있었구나……'

나를 위해 찾아온 그 '코리아(Korea)'의 책들, 오래되어 색도 바랜 먼지투성이 그 책들은 사실 숙제를 해결하기에 적당한 것들은 아니었다. 심지어 그것들 중에는 북한에 관한 내용이나 촌스런 7,80년대 서울의 모습이 등장하는 오래된 관광 가이드북도 있었다. 하지만 그것은 그 자체가 나에겐 감동이었다. 나는 그때 나에게 그 책을 넘겨주며 한 친구가 했던 말을 잊지 못한다.

"소설은 아니지만, 그래도……"

그날 나의 예상은 틀리지 않았다. 예상대로 소설은 단 한 권도 없었다. 하지만 그날의 해프닝은 나에게 많은 것을 생각하게 했다. 금발머리 냉정하고 차가운 아이들이라 여겼던 그 친구들에 생각이 변한 것도 물론이다. 난 그날, 국가는 돈이 아니라 문화로도 가난할 수 있다는 사실을 처음 깨달았다.

그리고 그렇게 또 시간이 흘렀다. 그날 이후로 나는 그들과 더욱 친한 사이가 되었다. 그렇게 함께 웃고 떠들고 추억을 쌓으면서 다시 6개월이란 시간이 흘러갔다. 예정됐던 수업이 모두 끝나고 이제 우리에게도 헤어질 시간이 다가왔다. 헤어지는 날, 친구들은 나에게 기념으로 간직하라며 자신들의 사진과 메시지를 담은 작은 노트를 한 권 선물해 주었다. 우리 모두의 아쉬움이 담긴 노트였다.

나는 그들과 작별 파티를 마치고 조용히 숙소를 돌아와 제일 먼저 노트부터 펼쳐 보았다. 그 안에는 연필로 그려진 나의 얼굴도 있었고 같이 생활했던 모습이 담긴 사진도 붙어 있었다. 언제 찍었는지 모를 정도로 자연스럽고 때로는 내 등 뒤에서 짓궂게 손가락으로 장난을 치고 있는 모습도 담겨 있는 사진이었다. 그리고 그들은 정성껏 완벽하지 않은 프랑스어로 작별의 아쉬움을 노트에 옮겨 적었다.

하나하나 페이지를 넘길 때마다 소중했던 작은 마을 샹베리에서의 추억과 감정이 고스란히 마음속으로 전달되었다. 그리고 나는 비뚤비뚤한 글씨체로 써내려간 한 친구의 메시지를 발견했다. 뜻밖에도 그것은 한글이었다. 그때 내가 그 짧은 문장을 보며 받았던 가슴

벅찬 감동은 지금도 그렇고 아마 평생토록 잊지 못할 것 같다. 거기엔 이런 글씨가 적혀 있었다.

'모두들 서운해 할 거야……'

비록 어린아이 글씨처럼 엉성하긴 했지만 정성을 들여 또박또박 써내려간 한글 문장이었다. 한국 소설이라고는 한 권도 찾을 수 없었던 프랑스의 시골 마을에서 한글이라고는 한 번도 구경해 본 적이 없는 유럽의 친구들이 주변에 살고 있던 한국인을 찾아가 물어물어 알아낸 작별의 서운함을 담았던 그 한 문장.

아마 그날 밤 그 아이는 낯선 글자 몇 개를 쓰기 위해서 썼다가 지우고, 지웠다가 쓰기를 반복했을 것이다. 그래서 썼다기보다는 차라리 그렸다는 표현이 더 적당할 것 같은 한 마디의 메시지.

나는 지금도 가끔씩 그 노트를 꺼내 본다. 그 노트를 꺼내 볼 때마다 나는 마치 시간을 뛰어넘어 샹베리의 시골 마을로 돌아가는 착각이 든다. 그곳에는 스무 살을 갓 넘긴 헬레나를 비롯해서 친구들의 모습이 그대로 살아 있다. 모두들 이젠 중년의 나이에 접어들었을 테지만, 순수했던 그 시절에 대한 기억은 하나도 변함이 없다. 그래서일까 노트를 펼쳐 보면 기분이 좋아진다. 늘 가까운 곳에 두고 있는 것으로 봐서 분명 내게는 소중한 것이 틀림없다. 해가 갈수록 노트에 쓰여 있던 잉크 자국도 점점 희미해져 가고 있다. 하지만 '모두들 서운해 할거야'라고 써내려간 그 한마디는 색이 바래 완전히 노트에서 지워진다고 해도 쉽사리 내 마음에서 사라질 것 같지는 않다.

그 뒤로 나는 유럽에 도착할 때마다 그때 내가 만났던 유럽의 친구들이 떠오른다. 아쉽게도 그들을 다시 만난 적은 단 한 번도 없다. 하지만 유럽에 도착하면 언제나 그곳이 파리의 샤를 드골 공항이든, 런던의 히드로 공항이든, 또는 그 어느 도시의 공항이든 어김없이 자연스럽게 그 친구들이 떠오른다. 언젠가 운이 좋으면 우연히 스치듯 그곳에서 만날 것 같기도 한 그들. 그래서 언제나 그들이 참 많이 보고 싶기도 하다.

그들 덕분에 나는 여행의 의미를 깨달았고 작은 여행 하나가 사람의 인생을 변화시킬 수 있다는 믿음을 얻게 되었다. 그래서 여행은 세상을 보고 배우는 나에게 가장 행복한 한 권의 책이다.

에필로그: '제2의 인생'을 위한 의미 있는 변화의 데이터들

이제 글을 마칠 시간이 됐다. 마지막으로 이번 작업을 하는 과정에서 내가 만났던 사람들과 현장에서 보고 들은 것들을 다시 한 번 정리하면서 마무리를 하려고 한다. 먼저 우리 주변을 둘러싼 사회 구조의 변화를 들 수 있을 것 같다. 가장 주목할 변화는 크게 두 가지 부문에서 두드러지게 나타나고 있다. 바로 일(직장)과 수명이라고 하는 우리 삶의 가장 기본적인 조건들이다. 이것은 노년의 삶을 준비하는 사람들에게 가장 관심있는 분야이기도 하다. 우선 몇 가지 의미 있는 데이터 들을 살펴볼 필요가 있다.

최근 미국 인구청이 발표한 자료는 인간의 수명이 얼마나 빠르게 늘어나고 있는지 실감하게 해준다. 미국의 경우 1960년에서 1994년 사이에 노인층에 해당되는 85세 이상 인구는 274%나 증가했다. 구체적으로는 86세에서 94세에 이르는 초고령층의 인구가 가장 빠른 속도로 증가하는 추세에 있다. 생명연장의 꿈이 공허한 얘기가 아니란 것을 말해주고 있는 수치다. 덕분에 예전에는 죽음 직전의 무의미한 인생이라 여겨졌던 90세 이상의 극노년층의 인구까지도 390만 명에서 510만 명으로 증가했다.

평균수명 경우에도 1900년대 초반에는 약 47세였던 것이, 2021년에는 83.6세를 기록했다. 60대에 직장을 은퇴하고 집에서 놀면서 그저 여생을 보내기에는 너무 많은 인생이 남아 있는 것이다. 이것은 4,50대부터 본격적으로 제2의 인생을 위해 치밀한 준비를 하지 않으면 다가 올 노년기에 제대로 적응하기 어려울 수도 있다는 것을 의미한다.

두 번째의 변화는 일과 직장, 즉 노동환경의 급속한 변화를 들 수 있다. 디지털이 지배하는 세상 속에서 산업 시대의 조직적이고 숙련된 노동은 그 기능과 의미를 잃어가고 있다. 특히 직장의 개념 자체가 가장 급속하게 모습을 변모하고 있는데, 이런 현상들은 중년기의 인생들에게 남은 여생을 어떻게 보내야 할지에 대한 힌트를 준다.

우선 서구 선진 사회에서 나타나고 있는 1인 기업의 증가 추세에 주목할 필요가 있다. 효율성과 합리성에서 한발 앞서 가는 선진국일수록 일과 직장에 대한 유연성은 점점 강화되고 있다. 이를 반영하듯 빌 게이츠는 2050년이 되면 현재 노동인구의 약 50퍼센트 정도가 집에서 일을 할 것이라고 전망했다. 그리고 그의 예언은 이미 현실로 나타나고 있다. 디지털과 모바일 기술의 발달로 전통적인 사무 공간의 개념이 바뀌고 있는 것이다. 최근 스타벅스와 같은 커피 전문점들이 단순히 커피를 파는 곳에서 사무실과 같은 분위기를 연출하는 오피스 공간으로 변화하고 있는 것도 그 단적인 예다.

2000년에 영국 노동고용청에서 조사한 자료에 따르면 영국 노동력의 23퍼센트가 이미 주당 여러 시간을 집에서 근무하고 있는 것으로 나타났고, 40퍼센트에 가까운 응답자가 그런 근무조건을 환영하고 있는 것으로 조사됐다. 영국의 경우에는 이미 1996년에 1인 기업의 비율이 전체의 67퍼센트를 넘어섰다. 5명 이하의 작은 회사들이 차지하는 비율은 자그마치 영국 전체 회사의 90퍼센트에 달한다. 이런 변화의 추세는 미국이나 일본의 경우에도 비슷한 양상이다.

이런 급격한 노동 구조의 변화는 중년을 넘어서 새로운 일을 찾고 있는 사람들에게 많은 것을 시사하고 있다. 더 이상 전통적으로 익숙한 형태의 직장과 일을 고집하기보다는 보다 유연하고 자유로운 사고를 할 필요가 있음을 말해주는 근거들이다.

사실 우리 주변을 돌아보면 새로운 일을 찾거나 사업을 시작하려는 사람들로 넘쳐난다. 의욕은 있지만 막상 현실화시키기에는 여러 가지 어려운 제약이 따르는 것도 사실이다. 하지만 현실적인 제약보다 더 우리를 소극적으로 만들고 있는 것은 새로운 도전에 대한 두려움이다. 이것은 우리들이 갖고 있는 전통적인 사고방식에 기인하고 있다. 사업을 하려면 먼저 사무실과 집기부터 갖춰야 하고 고용할 직원들에게 지급 할 월급 걱정부터 앞선다. 일의 성과와 결과보다는 형식적인 것들을 먼저 고민하게 된다. 당연히 이익보다는 적자를 먼저 고민하게 되고 결국은 어렵사리 마음먹었던 사업 구상이나 도전 정신도 물거품처럼 사라져 버리고 만다. 문제는 결국 일과 직장에 대한 전통적인 사고방식에서 벗어나지 않는다면 새로운 환경에 적응하는 것도 힘들어진다는 사실이다.

　이 모든 것들은 일과 삶에 대한 우리들의 생각이 변해야만 가능하다. 이미 우리가 익숙해져 있던 직장은 사라지기 시작했다. 그렇다면 남은 선택은 우리 스스로 일을 만들고 일할 수 있는 터전을 만드는 방법밖에 없다. 중요한 것은 디지털 환경의 변화 속에서 이 모든 것들이 혼자 힘으로도 충분히 해결할 수 있게 되었다는 점이다.

　새로운 형태의 사무 자동화나 아웃소싱에 대해서 조금이라도 관심을 기울인다면 혼자서 일을 만들고 지속적인 수입을 올리는 직장을 세우는 것은 그리 어려운 일이 아니다. 심지어 제품을 생산하는 제조업의 경우에도 1인 기업 형태의 사업은 얼마든지 가능하다. 공장 설비에서부터 노동자를 고용하고, 자재비와 물류비 따위를 걱정하느라 엄두도 내지 못하던 사업들이 이제는 얼마든지 개인 혼자의 힘으로도 가능한 시대에 우리는 살고 있는 것이다.

디지털과 모바일 환경이 만들어 주고 있는 새로운 기회 덕분에 누구나 좋은 아이디어만 있다면 자유롭게 일과 직장을 얻을 수 있는 기회가 주어지고 있다. 너무 늦었다고 포기하거나 앞으로 닥쳐올 변화의 파도에 두려움을 갖기보다는 세상을 좀 더 배우고 공부할 필요가 여기에 있다.

지금까지 살아오면서 배운 경험과 지식을 바탕으로 미래를 위한 답도 우리가 스스로 찾자. 그리고 그 답을 찾는데 우리보다 앞서 자신의 삶을 성공적으로 살아갔던 사람들의 경험과 지혜는 더없이 중요하다. 그들의 앞선 인생과 지혜가 우리가 원하는 결과들로 우리를 가장 빠르게 인도할 것이다. '뒤늦게 발동걸린 인생들의 이야기'를 담은 이 책 한 권이 새로운 세상을 향한 당신의 첫 번째 발걸음과 함께 하기를 기원한다.

'세상을 지혜롭게 사는 방법은
지혜로운 사람을 자신의 롤모델로 삼는 것이다.'

글을 맺으며

 세상에는 자기의 경험과 이야기를 함께 나누고 싶은 사람들이 많다. 나 역시 그런 부류에 속하는 사람이다. 다큐멘터리 제작자로 평생을 살아오면서 나는 늘 사람들의 살아가는 삶의 현장과 모습 속에는 누구에게나 진솔하면서도 아름다운 이야기가 하나쯤은 꼭 숨어 있다고 믿어왔다. 그렇게 시간이 훌쩍 20년이나 지나가 버렸다.
 어느덧 지긋한 중년의 나이가 되어버린 내 모습을 보면서 깜짝 놀라기도 하고 아쉬움도 많이 드는 것이 사실이다. 그런 내 모습을 보면서 지금 나에게 가장 필요한 이야기는 무엇일까 고민해봤다. 어쩌면 〈뒤늦게 발동걸린 인생들의 이야기〉라는 다소 황당하고 발칙한 제목을 생각한 것도 그 즈음이었다. 사실 다른 무엇보다 이번에는 나 자신에게 꼭 필요한 이야기를 하고 싶었다.
 '새로운 꿈을 꾸기엔 너무 시간이 늦은 것은 아닐까? 뭔가 새로운

일을 도전하기에는 너무 힘이 부족한 것은 아닐까……?'

내가 책에서 던진 이런 질문들은 바로 나 자신이 숨을 헐떡거리며 스스로에게 던지고 있던 물음들이었다. 그리고 늘 그렇듯 이번에도 책과 여행을 통하여 답을 찾으려고 노력했다. 돌이켜 보면 그 순간들이 가장 행복했고 의미 있는 시간들이었다.

'모든 책에는 고유한 운명이 있다.'

과연 이 한 권의 책은 어떤 운명을 지니고 있을까. 글을 마치려고 하니 어느새 훌쩍 중년이 되어버린 어린 시절 친구들의 모습이 떠오른다. 그들이 보내준 격려와 응원은 이 책을 마칠 때까지 큰 힘이 되었다. '제2의 인생'을 함께 찾아 나서고 있는 그들에게도 행운이 함께하길 기원한다.